HEINER WILMER

MOSE

AF636235

Den noch Zögernden

Feuer.
Der Gott Abrahams, der Gott Isaaks und der Gott Jakobs,
nicht der Philosophen und der Gelehrten.
Gewissheit, Gewissheit, Empfinden, Freude, Frieden.
Der Gott Jesu Christi.
Deum meum et deum vestrum.
Dein Gott ist mein Gott.

Blaise Pascal

HEINER WILMER
UNTER MITARBEIT VON SIMON BIALLOWONS

MOSE

Wüstenlektionen zum Aufbrechen

HERDER

FREIBURG · BASEL · WIEN

Wo nicht anders angegeben,
ist als Bibelübersetzung zugrunde gelegt:
Die Bibel. Die Heilige Schrift
des Alten und Neuen Bundes.
Vollständige deutschsprachige Ausgabe
© Verlag Herder GmbH, Freiburg im Breisgau 2005

DIE BIBEL

Außerdem wurde verwendet: Einheitsübersetzung der Heiligen Schrift,
vollständig durchgesehene und überarbeitete Ausgabe
© 2016 Katholische Bibelanstalt, Stuttgart
Alle Rechte vorbehalten. (EÜ)

MIX
Papier aus verantwortungsvollen Quellen
FSC® C014496
FSC www.fsc.org

Aktualisierte Neuausgabe 2022
Originalausgabe erschienen unter dem Titel »Hunger nach Freiheit.
Mose – Wüstenlektionen zum Aufbrechen«

© Verlag Herder GmbH, Freiburg im Breisgau 2018
Alle Rechte vorbehalten
www.herder.de

Umschlaggestaltung: Verlag Herder
Umschlagmotiv: Vergoldet: © oleskalashnik – shutterstock_770264464
Satz: Daniel Förster, Belgern
Herstellung: GGP Media GmbH, Pößneck

Printed in Germany

ISBN Print 978-3-451-03304-9
ISBN E-Book 978-3-451-82653-5

INHALT

VORWORT

Stellen Sie sich vor, jemand würde Ihnen sagen, Sie seien zu einer großen Liebe fähig. Zu einer einzigartigen Liebe, völlig neu und unerhört. Zu einer Liebe, die sich selbst hergibt, sich völlig verschenkt. Doch mit Ihrem Tod würde die Erinnerung an Ihre Liebe ausgelöscht. Klänge das nicht äußerst merkwürdig?

Doch so außergewöhnlich das bereits wäre, es wäre noch etwas fordernder, wenn derselbe, der zu Ihnen von dieser Liebe spricht, Ihnen kurz zuvor gesagt hätte, Sie seien ein Totschläger. Nein, kein Scherz und keine bloße Metapher: ein wirklicher Totschläger. Und zwar einer, der von null auf hundert dazu geworden sei. Ohne Vorstrafenregister. Schließlich stecke das in jedem.

Und als ob all das noch nicht genügte: Wirklich schwierig wird es, wenn diese Person Ihnen überdies sagt, Sie hätten das Zeug zur Führungspersönlichkeit. Tatsächlich! Sie sollten ganz auf die Macht der Sprache setzen. Denn nicht die Wirklichkeit bringe das Wort hervor, sondern im Gegenteil: das Wort führe zur Wirklichkeit. Das ist nicht ganz leicht zu akzeptieren, versteht sich, vor allem, wenn man bedenkt, dass Sie stottern.

Klänge all das nicht reichlich seltsam und außergewöhnlich in Ihren Ohren?

Warum erzähle ich Ihnen das? Weil es in diesem Buch um Mose geht, was aber eigentlich heißt: Es geht um Sie und um mich. Wer sich selbst verstehen will, wer bis in die tiefsten Tiefen seiner

Seele dringen will, der kommt an Mose nicht vorbei, an seiner Leidenschaft, seinem Streben, seiner Angst, seinem Hass, seiner Liebe, seinem Blick für das unendlich Schöne, das nie Dagewesene und Geheimnisvolle. Mose, das ist der größte und älteste Schlüssel zu unserer Seele, aber auch zu unserer abendländischen Kultur, Politik und Führung.

Und Mose ist der Schlüssel zu Gott, selbst in seinem Aufstand gegen Gott. Seiner Rebellion. Wie können wir im Leben wachsen, ich meine, richtig frei werden, wenn wir uns nicht an Gott messen?

MENSCH MOSE

Tod in Venedig

Die Müdigkeit und die Anspannung stecken mir noch tief in den Knochen, als ich durch die pittoresken Gassen Venedigs laufe. Wir sind in der Karwoche, und ich fühle mich ziemlich kaputt. Seit wenigen Tagen bin ich wieder in Europa, zurück von einer Reise. Einer langen und vor allem harten Reise, vermutlich einer der härtesten meines ganzen Lebens.

Ich stamme von einem Bauernhof im Emsland, und früher bedeutete Reisen für mich, in die Stadt zu fahren oder auch nur in einen anderen Ort. Das sollte sich aber rasch ändern, ich hatte in Freiburg, Paris und Rom studiert. Vor drei Jahren wählten mich die Mitbrüder zum Leiter meines Ordens, Generaloberer nennt man das bei uns. In diesen drei Jahren bin ich sehr, sehr viel gereist, war auf allen Kontinenten unterwegs, abgesehen einmal von Australien oder der Arktis.

Doch diese Reise, die gerade hinter mir liegt, war anders. Mehrere Monate durch Mosambik, Angola, den Kongo, Kamerun, Tschad und nach Madagaskar. Noch nie zuvor war ich längere Zeit in Afrika gewesen, geschweige denn in Ländern wie dem Kongo, die sicher nicht zu den beschaulichsten und ruhigsten Flecken dieser Erde gehören. Fast vierzehn Wochen war ich unterwegs, um die Mitbrüder meiner Gemeinschaft in diesen afrikanischen Ländern und in Madagaskar zu besuchen, in

Flugzeugen und Baumbooten, in großen und kleinen Autos, über Flüsse und Huckelpisten.

Vor meiner Reise war ich nervös gewesen, angespannt, hatte Respekt und ein bisschen Sorge – vor Krankheiten wie Malaria oder dem Denguefieber. Vor nicht langer Zeit war unser stellvertretender Generaloberer an einer Gehirnmalaria verstorben, und der einzige deutsche Generalobere vor mir, Pater Alphons Maria Lellig SCJ, war kurz nach einer Afrikareise in den Fünfzigerjahren ebenfalls von einer Krankheit dahingerafft worden. Kein gutes Omen für meine Reise, die ich im Januar 2017 antrat.

Jetzt, vier Monate später, bin ich nicht nur erleichtert, diese Reise heil überstanden zu haben, sondern auch dankbar, weil ich unglaublich viele Menschen getroffen habe, weil ich Erfahrungen habe sammeln können, die mein Bild vom Leben verändert haben, hoffentlich verändert haben, die meine Überzeugungen beeinflusst haben. Ich habe in meinem Leben viele Überzeugungen gehabt und nicht wenige davon wieder verworfen. Gleichzeitig habe ich viele neue gefasst, manche davon auch wieder verworfen, andere aber behalten. Sie haben sich verfestigt, verfestigen sich sogar immer weiter – ein Prozess. Überzeugungen, die wachsen und stärker werden, weil ich sie im täglichen Erleben bestätigt sehe und fühle.

Zu diesen Überzeugungen, die über die Jahre in mir gewachsen sind, gehört die, dass ich die moderne Kunst für einen Seismografen unserer Zeit halte. Es hat etwas gedauert, bis ich die Kunst – die moderne sowieso – für mich entdeckt habe. Für mich als Mensch, für mich als Ordensmann ist sie inzwischen unverzichtbar geworden. Ich glaube, dass sich in der Kunst das widerspiegelt, was die Menschen einer Zeit umtreibt, was sie beschäftigt, was sie lieben und hassen, was sie ersehnen und verabscheuen, was ihnen Hoffnung gibt und was ihnen Angst einjagt.

Eine meiner prägenden Kunsterfahrungen habe ich gemacht, als ich in der Bronx in New York als Lehrer arbeitete, vor ziemlich genau zwanzig Jahren. Eines Tages hatte ich die Gelegenheit, in das Solomon-R.-Guggenheim-Museum zu gehen, und ich war fasziniert. Nicht nur von der Ausstellung, auch von Guggenheim selbst. Später begann ich, über ihn nachzulesen, und meine Faszination wuchs immer weiter. Begeistert war ich schließlich auch von Peggy Guggenheim, seiner Nichte, die selbst eine berühmte Galeristin war. Zwanzig Jahre nach meinem Besuch im Solomon-R.-Guggenheim-Museum bin ich nun auf dem Weg Richtung Peggy-Guggenheim-Sammlung, diesmal nicht in New York, sondern Tausende Kilometer entfernt, eben in Venedig.

Die Peggy-Guggenheim-Sammlung im Palazzo Venier dei Leoni ist für mich nicht nur wegen meiner Faszination für moderne Kunst, wegen meiner New Yorker Vergangenheit wichtig, sondern auch aus einem anderen Grund einzigartig: Es ist vielleicht das einzige Museum, in dem der Galerist selbst begraben liegt, in diesem Fall: die Galeristin. »L'ultima dogaressa«, die »letzte Dogaressa«, wie man die Guggenheim nennt, hat ihr Grab hier – zusammen mit ihren Hunden.

Ich muss an ihre Biografie denken, wie sie als Frau für ihre Freiheit gekämpft hat, wie sie während des Weltkriegs in die USA flüchten musste, wie sie von Neuem anfing, sich immer wieder aufmachte, wie sie nach dem Krieg nach Venedig zurückkehrte und wie sie immer wieder mit den Konventionen brach. Diese

Gedanken beflügeln mich, meine Schritte werden schneller. Vorbei geht es an den Prachtbauten, stein- und marmorgewordene Zeugen der einstigen Größe und Bedeutung der Stadt.

Mein Weg führt mich Richtung Peggy-Guggenheim-Sammlung und dann zur Punta della Dogana, dem alten Handelsgebäude, ganz an der Spitze einer Halbinsel, direkt im berühmten Dorsoduro-Sestiere, einem der sechs Viertel der Stadt. Die Punta della Dogana verkörpert wie kaum ein anderes Gebäude das, was Handel für die einstige Republik bedeutete: Wohlstand und Einfluss, ausgedrückt durch zahlreiche Kuppeltürme, die sich majestätisch erheben. Auf der Hauptkuppel befindet sich eine Statue des Atlas, des mythischen Titans, der die Welt auf seinen Schultern trägt – ein unmissverständlicher Hinweis auf das Selbstverständnis Venedigs. Gegenüber, nur durch die Lagune getrennt, liegt der Dogenpalast und dahinter der Markusdom – wirtschaftliche, politische und religiöse Größe zusammengefasst in drei Bauwerken.

Mein Spaziergang zur Punta hat allerdings weniger mit dem fantastischen Ausblick zu tun als eher mit dem, was das Gebäude heute beherbergt, ein Kunstmuseum. Und mit der Ausstellung, die gerade dort geboten wird, von einem der wichtigsten, aber auch umstrittensten Künstler unserer Zeit: Damien Hirst.

Mose – Schlüssel zu mir selbst

Wenn meine Überzeugung stimmt, dass die moderne Kunst ein Seismograf für die Befindlichkeit des Menschen ist, dann lohnt es sich umso mehr, sich mit dem Werk Damien Hirsts zu beschäftigen. Ich hatte, ehrlich gesagt, vor meinem Venedig-Aufenthalt noch nie von ihm gehört. Etwas peinlich, gehört er doch zu den einflussreichsten Künstlern derzeit, und er gilt sogar als der reichste überhaupt. Er ist Maler und Bildhauer, überrascht mit Installationen und anderen Konzeptkunstwerken. Vor allem in Formaldehyd eingelegte Tierkörper sind sein Markenzeichen, zum Beispiel der riesige Tigerhai, dem er den Namen gegeben hat: »The Physical Impossibility of Death in the Mind of Someone Living«.

In dem alten Speichergebäude in Venedig geht es in diesen Tagen des Jahres 2017 unter dem Titel: »Treasures from the Wreck of the Unbelievable« wieder um Konzeptkunst. Ich trete in das Gebäude, stehe vor zahlreichen Exponaten, mein Blick fällt durch die halbkreisförmigen Fenster, die die Aussicht auf die Lagune freigeben, und ich komme mir vor wie im Bauch eines gewaltigen Schiffes. Ich bleibe immer wieder stehen, gebannt und fasziniert, zum Beispiel von einem gewaltigen Fuß, der am Knöchel endet und in Ledersandalen mit Schnallen und Riemen steckt. Darauf eine kleine Maus und ein riesiges Ohr, völlig überdimensioniert. Ich bleibe länger stehen, irgendetwas ist da, das ich noch nicht fassen kann – später wird es sich plötzlich für mich einfügen in zahlreiche Gedanken, die mich seit meiner Reise nach, durch und zurück von Afrika beschäftigen, aufwühlen, antreiben.

Ich brauche eine Pause und verlasse kurz das Museum. Ein schneller Mittagshappen, dann zieht es mich schon wieder zurück. Erneut versinke ich in den Exponaten und dieser Welt, die Hirst aufgebaut hat. Bis ich plötzlich etwas bemerke, was mir vorher entgangen war: eine Leinwand mit einem Film. Der Film trägt den Titel »Treasures from the Wreck of the Unbelievable« – »Schätze aus dem unglaublichen Wrack«. Dieses unglaubliche Wrack, so geht es los, sei im Jahr 2008 gefunden worden. Vor der Südküste Afrikas, also nicht weit entfernt von dort, wo ich gerade gewesen war.

Das Schiff, so der Film weiter, sei vor 2000 Jahren versunken und habe einem freigelassenen Sklaven aus dem Römischen Reich gehört, der damals der größte Kunstsammler seiner Zeit gewesen sei. Der Name des Schiffes: »Apistos« – die Unglaubliche. Die Bergung, so Damien Hirst, habe er finanziert und darüber einen Film machen lassen. In diesem Film sieht man nun Taucher, wie sie das Schiff untersuchen, dann wird gezeigt, wie das Wrack von einem gewaltigen modernen Industrieschiff geborgen wird, wie wunderbare Kunstschätze zum Vorschein kommen, Schätze, die jetzt im Museum ausgestellt werden. Und plötzlich eine Micky Maus. Ja, eine Micky Maus. Und vorher eine pharaonenhafte Statue eines amerikanischen Sängers, Pharell Williams. Pharell Williams und Micky Maus vor 2000 Jahren auf dem Schiff eines ehemaligen römischen Sklaven? Die Auflösung ist simpel: Es ist wirklich ein unglaubliches Wrack, weil es kein echtes ist. Die gesamte Geschichte ist erfunden. Aber extrem lebendig.

Ich verlasse die Ausstellung, doch das Gesehene arbeitet in mir weiter. Ich lese über Damien Hirst nach, schaue mir andere Kunstwerke an. Bis ich zu einem anderen Formaldehyd-Tier komme: einem toten Bullen, den Hirst hat einlegen lassen, um ihn dann in einem Aquarium aufzustellen. Ich komme von einem Bauernhof und kenne mich mit Bullen aus, und dieser Bulle wirkt nicht etwa künstlich, sondern er ist ein wirkliches Tier. Er verfügt über eine ausgeprägte Muskulatur, das Fell ist dicht und kräftig, die Hufe sind fest. Der Bulle strotzt vor Kraft und hat zwei imposante Hörner. Goldene Hörner, wie auch die Hufe golden sind. Darüber eine goldene Scheibe, wie aus dem alten Ägypten. Und der Titel: »Goldenes Kalb«. In diesem Augenblick begreife ich. Die Steinchen »Goldenes Kalb«, »Ägypten« und »Schiff« fügen sich zu einem Mosaik zusammen. Dem Mosaik einer der wichtigsten Gestalten der drei großen monotheistischen Religionen. Einer Gestalt, der ich auf meiner Reise durch Afrika immer wieder begegnet bin und die in diesen Tagen der Karwoche wieder vor meinem inneren Auge auftaucht.

Vom Exodus wird die Rede sein, vom Jungen aus Ägypten, der in ein kleines, aus Schilf gefertigtes Schiffchen gelegt wurde, damit er nicht umkommt, vom Mann, der aus Ägypten floh und wieder dorthin zurückkehrte, um das Unglaubliche zu tun. Diese Gestalt hat mich durch Afrika begleitet und lässt mich auch hier in Venedig nicht los. Durch die Ausstellung von Hirst steht sie plötzlich ganz dicht vor mir: Die Rede ist von Mose.

So wie moderne Kunst die Welt des Menschen in verschiedenen Brechungen zu fassen versucht, so glaube ich, dass Mose die Verkörperung des modernen Menschen ist. Er ist ein Mensch mit Sehnsüchten und Hoffnungen. Aber auch ein Mensch mit Ängsten, mit Kanten, mit Abgründen. Dieser Mann, der so zentral für Judentum, Christentum und auch für den Islam ist, das ist kein Heiliger von Anfang an, das ist ein Totschläger, ein Jähzorniger, ein komplizierter Mensch. Einer, der hadert, der sich gegen sein Schicksal und Gott auflehnt, der nicht gehorchen will. Aber eben auch einer, der sich fügt, der seine Aufgabe annimmt, der sich für sein Volk aufopfert. Er ist Sohn und Bruder, aber auch Anführer und Prophet. Vor allem aber ist Mose einer, der den gleichen Hunger hat wie der moderne Mensch: den Hunger nach Freiheit.

Über Mose haben zahlreiche große Geister geschrieben oder seine Geschichte in Kompositionen verwandelt. Gioachino Rossini zum Beispiel mit seiner Oper »Mosè in Egitto«. Oder Arnold Schönberg mit seinem Werk »Moses und Aron«, das er allerdings nicht fertigstellte und das das zweite Gebot ins Zentrum rückte. Dann, auch sehr berühmt, Sigmund Freud und sein Buch »Der Mann Moses und die monotheistische Religion«, in neuerer Zeit Jan Assmann mit »Moses der Ägypter« und natürlich die Erzählung »Das Gesetz« von Thomas Mann. An Mose kommt man nicht vorbei, so scheint es. Mose, das ist nicht nur irgendein Wüstenprophet vor Tausenden von Jahren, sondern das ist ein Schlüssel zu den großen Religionen dieser Welt und ein Schlüssel zu unserem eigenen Leben. Die Lektionen, die Wüstenlektionen, die Mose hat lernen müssen, die er hat lernen dürfen, können auch Lektionen für unser Leben sein.

Das alles ist mir in dieser Karwoche in Venedig so präsent wie nie zuvor. Vor allem aus zwei Gründen: Ich muss hier immer wieder an »Tod in Venedig« denken, die Novelle von Thomas Mann, und ich frage mich, weshalb ein so genialer Geist, der ein solches Werk wie »Tod in Venedig« schreibt, sich später in seinem Leben auch so intensiv mit Mose beschäftigt hat. Und gleichzeitig wird mir bewusst, wenn ich auf das Wasser in der Lagune schaue, dass ich gerade aus Afrika komme, dem Kontinent, der auch die Heimat von Mose, dem Ägypter, war. Mir wird schlagartig bewusst: Dort, wo ich gerade mehr als drei Monate verbracht habe, dort war die Heimat Moses. Viele von den Landschaften, die ich gesehen habe, hat auch Mose gesehen.

Vielleicht keine Regenwälder wie im Kongo. Aber die Wüstenerfahrungen, die sein und unser Leben prägen, die kenne ich jetzt nicht nur aus Büchern.

Im Tschad zum Beispiel erstreckt sich die Sahara, in Mosambik wiederum weite Flächen von Savanne, mit Grasland, mit Akazien und Johannisbrotbäumen wie in Ägypten. Meine Reise, das spüre ich plötzlich tief in mir, das war auch eine Reise auf den Spuren Moses. Eine Reise hin zu dem Hunger nach Freiheit, der Mose angetrieben hat und der auch uns antreiben kann. Dieser Hunger sitzt tief, tief in uns. Er gehört zu unserer menschlichen Natur, er zeigt, dass wir leben, dass wir vital sind, dass wir Energie brauchen, dass wir sie verbrauchen.

Man sagt im Italienischen zwar, etwas sei »hässlich wie der Hunger«, doch eigentlich stimmt das nicht. Hunger kann unendlich produktiv wirken, kann uns antreiben. Wer Hunger nach Erfolg hat, kann unglaublich viel bewirken. Wer Hunger nach Wissen hat, kann unglaublich viel lernen. Wer schließlich Hunger nach Leben hat, kann viel leben und erleben, kann unglaublich leben.

Nur: Wie Mose zu Beginn seines Lebens haben auch wir unendlich viele Möglichkeiten gefunden, diesen Hunger zu betäuben, uns mit spirituellem Fast Food den Bauch vollzustopfen. Das echte Brot, das spirituelle Manna, das suchen wir nur selten, manchmal allein deshalb, weil wir Angst davor haben, dass die Suche etwas dauern könnte. Dass sie uns in die Wüste führen, in Gefahren bringen könnte. Wir scheuen das Gefühl, das der Hunger mit sich bringen kann, dieses Nagen, das latent da ist, das zunimmt und immer stärker wird, bis es sogar schmerzen kann. Wir haben Angst davor, Hunger zu spüren. Nur: Wir nehmen uns damit die Chance auf das, was diesen Hunger wirklich stillen kann. Das, was Mose irgendwann begonnen hat zu suchen – auf seinem Weg der Wüstenlektionen seines Lebens.

DER FREMDE TOTSCHLÄGER

Camus und Mose muss man in Afrika lesen

Unser Jeep ruckelt und zuckelt, er wirbelt Dreck auf und noch viel mehr Staub, immer wieder schlägt er hart in kleine oder größere Löcher. Wir verlassen gerade die Stadtgrenzen Luandas, der Hauptstadt Angolas, laut einigen Statistiken für Ausländer die teuerste Stadt der Welt. Neben mir sitzt Pater Léopold, der aus Kamerun stammt. Er ist in unserem Orden als Generalrat für Afrika zuständig und begleitet mich über all die Monate auf meiner Reise. Wir sind noch ganz am Anfang unserer Tour d'Afrique und erst vor wenigen Stunden in Luanda angekommen, vorher waren wir drei Wochen in Mosambik unterwegs.

Hier in Angola ist allerdings nicht Luanda unser Ziel, diese Metropole mit ihren teils absurden Kontrasten aus Arm und Reich, aus jämmerlichen Hütten in den Muceques, den Slums, und hypermodernen Funktionsbauten in Kilamba Kiaxi, einem gewaltigen Städtebauprojekt für mehr als fünfhunderttausend Menschen. Wir lassen Luanda, diesen Moloch mit seinen fast acht Millionen Einwohnern, Tendenz rasant steigend, hinter uns und fahren weiter Richtung Viana. Viana ist eine katholische Hochburg in einem Land, in dem sich die Mehrheit der Bevölkerung zum Christentum bekennt, ein Erbe der portugiesischen

Missionare. Der Übergang von Luanda nach Viana ist schleichend, aber deutlich erkennbar. Die palmengesäumte Prachtpromenade der Hauptstadt Angolas liegt weit hinter uns, nicht nur emotional, und auch die breiten, mehrspurigen Highways werden schmaler. Sie verengen sich immer mehr, an der Seite werden die Akazien und Palmen seltener, dafür tauchen kleine Geschäfte auf, Straßenhändler, Hütten aus Ton und mit Strohdächern. Irgendwann sind die Straßen keine Straßen mehr, sondern Sandpisten, die für einen normalen Golf unbefahrbar wären und selbst unseren Jeep in einen schnaubenden Gaul verwandeln.

Ich kämpfe gegen Müdigkeit und Übelkeit gleichermaßen und versuche die vielen Eindrücke zu verarbeiten. Etwas, was mir auf der Reise nie ganz gelingen wird, höchstens im Ansatz. Zu viel Neues und auch Fremdes strömt auf mich ein. So fühle ich mich immer wieder auch, obwohl ich von Freunden empfangen werde: fremd.

In Viana hat mein Orden seit fünfzehn Jahren eine kleine Niederlassung, junge Menschen studieren dort. Hier hören nicht nur die Straßen auf, sondern auch die Wasserleitungen. Das Wasser, das man aus dem Brunnen holen kann, ist nicht genießbar, nicht einmal zum Duschen oder Geschirrspülen taugt es. Die Menschen leben von Lieferungen in Tankwagen, zu uns kommt ein- bis zweimal im Monat einer mit rund fünfundzwanzigtausend Litern und füllt das Wasser in die Zisterne. Eine heiße oder kalte Dusche, wann immer man Lust darauf hat, das ist europäischer Luxus und weit, weit weg. Als wir bei unserer Niederlassung endlich ankommen, verschwitzt und gerädert, bin ich aber für jede noch so kleine Erfrischung dankbar und vor allem froh, dass heute noch keine offiziellen Termine anstehen. Ich muss ein wenig abschalten und durchschnaufen, muss kurz für mich sein, wenn auch nur für ein oder zwei Stunden. Am besten kann ich das beim Spazierengehen, das war schon immer so. Wichtige Reden oder Predigten gehe ich am liebsten draußen durch, ich gehe sie auch im übertragenen Sinne durch. In Bonn früher am Rheinufer, in Rom heute in der Villa Doria Pamphilj und in Angola jetzt auf dem kleinen Campus unserer Niederlassung. Ich schlendere herum und komme zu der kleinen Bibliothek für die Studenten, brandneu und sogar ziemlich gut sortiert. Bibliotheken geben mir überall ein Gefühl von Heimat, man trifft dort auf alte Bekannte, auf Autoren und Gedanken, die Kontinente, Kulturen und sogar Jahrhunderte verbinden.

Literatur kann Heimat sein, sie kann uns zumindest die Heimat näherbringen, und mir tut das auf dieser Reise von Zeit zu Zeit gut. Ich beginne zu stöbern in dieser kleinen Bibliothek in Angola, und plötzlich lese ich den Namen Albert Camus und dann den Buchtitel: »L'Étranger« – »Der Fremde«.

Ich schlage das Buch auf und stoße auf diesen Satz: »Ich habe gespürt, dass ich glücklich war, und ich bin es noch immer.« Der Satz trifft mich, reißt mich aus meiner Müdigkeit, plötzlich bin ich voll da. Ich lese weiter und versinke in der Geschichte. Ich erinnere mich an einen Filmabend im Ludwig-Windthorst-Haus in Lingen vor fast vierzig Jahren, als wir mit unserem damaligen Lehrer die Verfilmung des Romans durch Luchino Visconti ansahen. Plötzlich erinnere ich mich wieder an das Blenden des Lichts, das gezogene Messer, in dem sich die Sonne spiegelt, die den Zuschauer blendet und alles drehen lässt. Neue Bilder steigen in mir auf, wieder Camus, diesmal »Die Pest«, die Fliegen, der Gestank. Das alles, die flirrende Hitze, der Gestank, das Ungeziefer, die Sonne, die zusticht wie das Messer von Meursault, dem Fremden.

Das alles erlebe ich auf meiner Reise durch Afrika ganz neu. Auf einmal sind das nicht nur irgendwelche Buchszenen, sondern Erfahrungen, die ich selbst mache. Ich stehe in dieser kleinen Bibliothek in Viana und denke plötzlich: Um Camus zu verstehen, muss man ihn in Afrika lesen. Und, dann einen Wimpernschlag später: Um Mose zu verstehen, muss man ihn in Afrika lesen. Die Exodusgeschichte, mit der sengenden Sonne, die verzweifelte Suche nach Wasser, die Plagen mit dem Ungeziefer, all diese Erfahrungen, die Mose macht, die erlebe ich in Afrika hautnah. Hautnah im wahrsten Sinne des Wortes. Ich tauche aus der Geschichte und aus meinen Gedanken auf und klappe das Buch zu. Noch einmal fällt mein Blick auf den Titel: »Der Fremde«, und ich denke: Ein Fremder, das war Mose auch.

Fremd und ausgesetzt

Die Fremdheit Moses zieht sich durch sein gesamtes Leben. Es ist eine Fremdheit sich selbst und der Welt gegenüber, die exemplarisch für jene Fremdheit ist, die viele von uns nicht selten in ihrem Leben spüren.

Die Fremdheit steht bei Mose am Anfang. Er ist »Hebräer« von der Abstammung her. Aber nicht ohne Grund trägt das wichtige Buch von Jan Assmann den Titel: »Moses der Ägypter«. Schon der Name Mose ist nicht hebräischen Ursprungs. Früher hatte man (in Anlehnung an die in Ex 2,10 erwähnte Erklärung des

Namens) versucht, ihn vom hebräischen Wort für »ziehen«, von »msh«, abzuleiten.

Die meisten Forscher heute gehen dagegen davon aus, dass das altägyptische Wort »mesi«, was so viel bedeutet wie »gebären«, »hervorbringen«, Grundlage seines Namens ist. Ganz geklärt ist diese etymologische Frage zwar nicht, doch verweisen die meisten Spuren darauf, dass der Name Mose ägyptischer Prägung und ägyptischen Klanges ist. Damit steht das Ägyptersein und damit das Fremdsein seiner eigenen Abstammung, seinen eigenen Wurzeln gegenüber am Anfang des Lebens des Mose.

Diese Wurzeln werden sehr früh gekappt, und sie werden brutal gekappt. So lesen wir in der Bibel, im ersten und zweiten Kapitel des Buches Exodus: »Da gab der Pharao seinem ganzen Volk den Befehl: Werft alle Knaben, die den Hebräern geboren werden, in den Fluss; die Mädchen aber lasst am Leben!« Und dann weiter: »Ein Mann aus dem Hause Levi ging hin und nahm eine Levitin zur Frau. Die Frau wurde schwanger und gebar einen Sohn. Da sie sah, dass er schön war, verbarg sie ihn drei Monate lang. Als sie ihn nicht länger verbergen konnte, verschaffte sie sich für ihn ein Kästchen aus Papyrusschilf und dichtete es mit Asphalt und Pech ab. Dann legte sie das Kind hinein und setzte es in das Schilf am Ufer des Nil. Seine Schwester aber stellte sich in einiger Entfernung hin, um zu sehen, was mit ihm geschehen werde. Da kam eine Tochter des Pharao an den Nil herab, um zu baden, während die Dienerinnen am Nilufer auf und ab gingen. Sie sah das Kästchen im Schilf und schickte ihre Magd hin und diese holte es. Sie öffnete es und sah ein Kind, das weinte. Da empfand sie Mitleid mit ihm; sie dachte: Das ist eines von den Kindern der Hebräer. Da sagte seine Schwester zu der Tochter des

Pharao: Soll ich gehen, dir eine Amme von den Hebräern holen, damit sie dir das Kind stillt? Die Tochter des Pharao antwortete ihr: Ja, geh! Das Mädchen ging und holte die Mutter des Kindes. Die Tochter des Pharao sprach zu ihr: Nimm dieses Kind mit und still es mir; ich will dir dafür den Lohn geben. Die Frau nahm das Kind und stillte es. Als der Knabe größer geworden war, brachte sie ihn der Tochter des Pharao. Diese nahm ihn als Sohn an und nannte ihn Mose; denn, sagte sie, aus dem Wasser habe ich ihn gezogen.«

Ich habe bei meinen Reisen durch die Welt gewaltige Ströme gesehen. Die Kraft des Wassers fasziniert mich bis heute. Doch wenn ich an die Flüsse denke und dann an diese Stelle, frage ich mich: Was für eine Mutter ist das, die ihren Sohn auf so einem Fluss, auf einem Fluss wie dem Nil aussetzt? Mit seiner enormen Kraft, mit seinen bedrohlichen Tieren, mit all den Gefahren, die so ein Strom birgt. Was ist das für eine Mutter – oder wie groß muss ihre Verzweiflung sein, dass sie es übers Herz bringt, ihren Sohn dort zurückzulassen?

Und dann, noch weiter: Das Ausgesetztsein des Mose ist eine Grunderfahrung des Menschen. Wir alle sind ausgesetzt, dem Leben, der Welt, unseren Mitmenschen. Wir leben in einer Welt mit all ihren Gefahren, Unwägbarkeiten, Freuden, Chancen und Überraschungen. Und wie häufig fühlen wir uns wie Mose in einem kleinen Kästchen dem Strom des Lebens ausgesetzt, ein kleines, zerbrechliches Kästchen. Und wir fragen uns, wie wir überleben sollen.

Gerade in Krisen hadern wir, es kommen uns vielleicht auch Fragen wie die, die ich mir stelle, wenn ich an Mose und seine

Mutter und den Nil denke, und wir übertragen das auf Gott und das Leben: Was ist das für ein Gott, der uns da aussetzt?

Diese Frage ist eine grundsätzliche, und sie kann quälend sein angesichts einer Welt, die uns erschreckt mit Krieg, Terrorangriffen und anderen Bedrohungen. Doch gerade deshalb ist der Blick auf die Mosegeschichte so wichtig, denn: Mose wird gerettet. Und er ist eigentlich auch nie völlig allein gewesen, sondern seine Schwester blieb am Ufer stehen, um nach dem Kleinen zu sehen. Da gibt es jemanden, der Ausschau hält nach uns, das ist auch eine Botschaft dieser Sequenz. Und zugleich taucht hier wieder die Erfahrung der Fremdheit auf, die Mose und uns kennzeichnet: Mose wird gerettet, aber nicht durch jemanden aus seinem Volk, sondern von der Tochter des Pharao, einer Fremden.

Sein Leben verdankt Mose deshalb zwei Menschen, die seine Zerrissenheit, seine innere Entfremdung ausdrücken: seiner hebräischen Mutter, gewissermaßen doppelt: durch seine Geburt und durch ihre Tat, die von außen gesehen nicht einfach zu verstehen ist. Und er verdankt sein Leben der ägyptischen Herrschertochter, die ihn aus dem Wasser aufnimmt und sagt: »Aus dem Wasser habe ich ihn gezogen.«

Der Satz »Aus dem Wasser habe ich ihn gezogen« wurde lange von Bibelexegeten mit dem Namen Mose in Verbindung gebracht, eben mit der schon angesprochenen hebräischen Wortwurzel von »ziehen«. Heute wird diese Erklärung überwiegend abgelehnt, wobei sie nie den Anspruch erhob, unseren heutigen etymologischen Kriterien zu entsprechen. Mag sie also im modernen sprachwissenschaftlichen Sinne auch unzutreffend sein;

der Satz, der in ihr steckt, bleibt ein starker. Ich denke dabei an ein Gedicht von Theodor Storm, in dem er beschreibt, wie fünf Katzenjunge ertränkt werden sollen, weil es zu viele von ihnen gibt.

Genauso geht es den Hebräern in der ägyptischen Gefangenschaft: Sie haben zu viele Kinder, deshalb sollen ihre Söhne umgebracht werden. Doch statt ihr »Junges« töten zu lassen, bringt die Mutter Mose zwar auch zum Fluss, aber eben nicht, um ihn zu ersäufen. Wie ein Katzenjunges, dessen man sich erbarmt, wird der kleine Mose dann »aus dem Wasser gezogen« und gerettet. Und wie wenn ein kleines Mädchen ein Kätzchen vor den Augen seiner Eltern verbergen will, so versucht auch die Tochter des Pharao, den kleinen Mose erst einmal zu verstecken und großzuziehen, und es gelingt.

Dieses Gerettetwerden steht in einem Kontext, der die Mosegeschichte mit anderen entscheidenden Motiven der Bibel verbindet. Das hebräische Wort für das Binsenkästchen, das mit Pech und Teer abgedichtet ist und in das Mose gelegt wird, lautet nämlich »tēvāh«. Es wird in der hebräischen Bibel insgesamt 28 Mal verwendet, ganze 26 Mal, um einen anderen, besonders berühmten »Kasten« zu beschreiben: die Arche Noach. Der Begriff der »Arche« leitet sich vom lateinischen Wort »arca« ab, was wiederum so viel wie Kasten bedeutet, im Hebräischen dagegen steht dasselbe Wort wie bei Mose.

Norbert Clemens Baumgart hat auf dem wissenschaftlichen Portal der Deutschen Bibelgesellschaft prägnant dazu geschrieben: »Vom weiten Blickwinkel biblischer Gedankenführungen aus lassen sich die Bedeutsamkeiten beider Einsätze einer tēvāh beschreiben: Die Arche (Gen 6–9) ermöglichte in der erzählten Welt einen universellen Fortbestand von Mensch und dem größten Teil der Fauna (die Wassertiere waren von der Sintflut kaum tangiert) bis auf den heutigen Tag. Das Papyruskörbchen (Ex 2) ermöglichte das Überleben von Mose (Ex 2,10), welcher die menschliche Hauptfigur im Pentateuch ist (Ex 2 – Dtn 34) und an Gottes Formierung des biblischen Israel (Israel-Bezug) mitbeteiligt war.«

Diese Parallele ist faszinierend: Denn auch hier geht es um Wasser und um Schutz vor dem Ertrinken. Der Kasten Noachs wird zur Zuflucht für die Welt vor der großen Katastrophe. Das Kästchen, in dem Mose liegt, ist kleiner und bietet nur dem Säugling Schutz. Doch beide »tēvāh« drücken zwei existenzielle Grunderfahrungen aus: das Ausgesetztsein einerseits und das Gerettetsein andererseits.

Der Begriff »tēvāh« ist deshalb eine Antwort auf die Fragen, die mich beschäftigen: Wie kann eine Mutter ihren eigenen Sohn auf dem Nil aussetzen? Wie kann uns Gott einer Welt aussetzen, die mindestens so gefährlich sein kann wie der Nil? Beide können es, weil zu diesem Aussetzen immer auch das Retten gehört. Weil unser Ausgesetztsein immer einhergeht mit dem Gerettetsein. Das Miteinander von Ausgesetztsein und Gerettetsein wird bei Mose später noch zugespitzt, wenn es um den Exodus geht, wenn Gott seinen Propheten und sein Volk immer weiteren Gefahren aussetzt und zugleich immer wieder rettend eingreift.

An uns heute kann sich daraus eine äußerst starke und kraftspendende Botschaft richten: Ja, ihr seid in der Welt ausgesetzt, und ja, es kommen Gefahren auf euch zu, Wüstenjahre, Dürreperioden. Das alles wird euch zugemutet, doch ihr seid auch immer schon gerettet. Das, was Paulus später so oft betonen wird und was Grundüberzeugung des Christentums ist, wird hier vorweggenommen.

Die beiden »tēvāh«, die des Noach und die des Mose, weisen außerdem auf etwas hin, was eine Grunderfahrung des Menschen ist, die ich zum Beispiel in Angola, angesichts der Abhängigkeit der Menschen von Wasserlieferungen, deutlich gesehen und gespürt habe: Wasser ist Leben und Tod, Wasser ist zutiefst ambivalent. Der Nil, der Mose zur ersten Wiege wird, verkörpert die Ambivalenz von Wasser wie kaum ein anderer Strom. Der Nil ist für die angrenzenden Länder essenziell, er gibt Leben und nimmt Leben. Und so ist Wasser allgemein Leben, wie es auch den Tod bringen kann. In dieser Ambivalenz wiederum drückt das Wasser auch die Ambivalenz Moses, seine Fremdheit aus, verkörpert in seinem schöpferisch-zerstörerischen Zwiespalt auch die Abgründe des Mose, der Befreier ist, aber auch Totschläger.

Wasser kann geradeaus und in eine Richtung fließen, so wie das Mose tut, wenn er Gott gehorcht, wenn er das Volk aus Ägypten führt, zielstrebig und auf die Weisungen Gottes hin. Mose zeigt sich aber auch bockig, bäumt sich auf, er schäumt vor Wut, so wie die Gischt schäumt oder das Wasser hochspritzt, wenn es aus der Tiefe dringt. Mose ist jähzornig und gerät in Wut. Man sagt im Deutschen, dass sich dann das Gemüt oder Gesicht verfärbt – wie auch das Wasser, wenn es einen Strudel gibt oder eine Untiefe.

Die Komplexität, das Verborgene unter der Oberfläche, das machen Wasser und den Charakter Moses aus, und deshalb sind beide so faszinierend. Deshalb lohnt es sich, einzutauchen – ins Wasser und in die Geschichte Moses. Erst beim Tauchen entdecken wir die verborgene Schönheit, eine Exotik teilweise, die überrascht oder auch einschüchtert, die aber in jedem Fall fasziniert und inspiriert.

Moses Fremdheit zieht sich wie ein Gebirgsfluss durch sein Leben. Das dramatische, spektakuläre Entspringen, der kurvige, gewundene Weg danach, vorbei an Hindernissen und mitten durch sie hindurch, später das langsamere Dahinfließen, das aber nicht zum Ziel führt, weil der inzwischen zu einem mächtigen Strom angewachsene Fluss irgendwann stoppt, kurz bevor er ins Meer münden könnte. Das Motiv des Bergflusses für das Leben Moses ähnelt dem, was viele von uns heute erleben. Auch in früheren Zeiten hat es Hindernisse gegeben, Erlebnisse, die einen Menschen aus der Bahn werfen konnten. Doch während früher das Leben, war es einmal im Fluss, oft sehr gerade dahinfloss, verändert es sich heute immer mehr. Es gibt mehr Stromschnellen, das Leben ist dynamischer geworden, hektischer, es ebnet schneller ein. Die Flussbetten und seichten Stellen, die finden wir heute wie früher. Doch es scheint mehr Windungen und Krümmungen zu geben. Wer heute einen Beruf erlernt, wird ihn eher selten noch am Ende seiner Laufbahn ausüben oder gar im selben Betrieb arbeiten. Der Fluss heute bringt uns weiter weg, an exotischere Orte, endet oft später und seltener in einem beschaulichen Stausee. Insofern ist das Leben des Mose, das einem Gebirgsbach gleicht, voller Parallelen zu dem Leben, das viele von uns heute führen.

Zu diesem Lebens-Bergfluss des Mose gehört etwas, was gerade angeklungen ist: Er endet nicht im Meer. Es ist die große mosaische Tragik, die sich hier entfaltet. Sie hängt zusammen mit einer anderen Erzählung zu Wasserstellen in der Bibel. Die Rede ist vom Wasserwunder in der Wüste. Hier wird der Schöpfungsgedanke verquickt mit dem schöpfenden und nährenden Charakter des Wassers: Auf Gottes Wirken hin sprudelt aus einem Felsen Wasser, aus einem toten Gestein also, und zwar so viel Wasser, dass nicht nur die Anhänger Moses, sondern sogar noch das »Vieh« trinken kann: »Hierauf erhob Mose seine Hand und schlug mit seinem Stab zweimal an den Felsen. Da kam Wasser in Menge heraus und die Gemeinde samt ihrem Vieh trank davon.« (Num 20,11)

Dieses Schlagen ist übrigens ein Motiv, das kurz zuvor von großer Bedeutung ist. Dann nämlich, als Mose das erste Mal von Gott beauftragt wird, Wasser aus einem Felsen in Kadesch sprudeln zu lassen. Zuvor war Mirjam, die Schwester Moses, gestorben. Außerdem murrte das Volk, immer lauter und immer häufiger. Knapp vierzig Jahre war man unterwegs, vierzig Jahre wohlgemerkt in der Wüste: »Im ersten Monat kamen die Israeliten, die ganze Gemeinde, in die Wüste Zin und das Volk ließ sich in Kadesch nieder. Dort starb Mirjam und wurde auch dort begraben. Die Gemeinde hatte einmal kein Wasser mehr und sie rotteten sich gegen Mose und Aaron zusammen. Die Leute haderten mit Mose und riefen: Ach, wären wir doch auch umgekommen, als unsere Brüder vor dem Herrn sterben mussten! Warum habt ihr die Gemeinde des Herrn in diese Wüste gebracht? Nur damit wir zusammen mit unserem Vieh hier sterben? Warum habt ihr uns aus Ägypten herausgeführt? Nur um uns in diese trostlose Gegend zu bringen, in eine Gegend, wo keine Saat, kein Feigenbaum, kein Weinstock, kein Granatapfel gedeiht, wo es kein Wasser zu trinken gibt?« (Num 20,1–5)

Mose und Aaron gehen zu dem Offenbarungszelt, sie werfen sich nieder, und Gott gebietet ihnen, das Volk vor einem Felsen zu versammeln, mit dem Felsen zu reden, und es werde Wasser daraus sprudeln. Mose aber spricht nicht mit dem Felsen, sondern er schlägt zweimal mit seinem Stab darauf, und tatsächlich fließt Wasser. Für das Volk ein rettendes Wunder – für Mose eine verhängnisvolle Tat, weil er nicht klarmacht, wer es eigentlich war, der das Wunder gewirkt hat: »Der Herr aber sprach zu Mose und Aaron: Weil ihr mir nicht geglaubt und mich vor den Augen der Israeliten nicht heilig gehalten habt, darum dürft ihr diese Gemeinde nicht in das Land bringen, das ich ihnen gebe.« (Num 20,12)

Und Gott sollte Wort halten: Mose wird nie das Land betreten, das ihm einmal verheißen worden war. Er führte eben nicht, wie es in vielen bekannten Kirchenliedern heißt, das Volk ins gelobte und verheißene Land. Er führte es zu dem Land – hinein durfte er nicht.

Im Wind des Lebens

In dieser Sequenz zeigt sich, um einmal vorzugreifen, ebenfalls eine Facette der Fremdheit. Die Nähe zu Gott entfremdet und isoliert Mose von Zeit zu Zeit. Als ob in der großen Nähe zu Gott immer auch eine gewisse Ferne zur Welt mitgegeben sei. Letztlich ist auch das Teil der Forderung, in dieser Welt zu sein, aber nicht von dieser Welt, wie es im Abschiedsgebet Jesu im Johannesevangelium heißt: »Doch dies rede ich noch in der Welt, damit sie meine Freude in Fülle in sich haben. Ich habe ihnen dein Wort gegeben und die Welt hat sie gehasst, weil sie nicht von der Welt sind, wie auch ich nicht von der Welt bin. Ich bitte nicht, dass du sie von der Welt nimmst, sondern dass du sie vor dem Bösen bewahrst. Sie sind nicht von der Welt, so wie ich nicht von der Welt bin.« (Joh 17,13–16)

Diese Fremdheit des Christen in der Spannung des In-der-Welt-Seins und zugleich des Nicht-von-der-Welt-Seins ist bereits in Mose angelegt. Für mich als Ordensmann und Herz-Jesu-Priester ist das ein entscheidender Teil meiner Spiritualität. Wir sprechen gerne von Politik und Mystik, etwas martialischer auch von Kampf und Kontemplation. Dahinter steckt die tiefe Verbundenheit mit Jesus Christus, die zugleich eben nicht bedeutet, dass man sich zurückzieht ins stille Kämmerlein, dass man ein Leben als existenzieller Privatier führt. Nein, Christinnen und Christen müssen in der Welt sein, sie müssen wirken, müssen sich engagieren, und sie können das zugleich mit dem Mut und der Hoffnung darauf, dass es noch etwas anderes gibt, das eben nicht von der Welt ist.

Das ist zutiefst fremd in einer Zeit, in der vielen der Rückzug ins Private, die Selbstverwirklichung um den Preis der Abschottung als Allheilmittel gilt. Wir spüren ja immer wieder, dass das Einigeln in dem kleinen, privaten Leben nicht zufrieden macht, dass es nicht sinnstiftend ist. Wenn immer wieder heute die Wildheit des Glaubens beschworen wird, die Rauheit des spirituellen Lebens, dann ist das auch eine Antwort darauf, dass wir manchmal der Welt nicht fremd genug sind. Dass wir, wie es Papst Franziskus ausdrückt, Wohnzimmer-Christen sind, die es bequem und gemütlich haben wollen. Das funktioniert auch, aber es ist unter Umständen nicht erfüllend. Sicher, zum Leben gehören die Beschaulichkeit und das Wohnzimmer, aber eben auch die Wildheit und die Wüste. Leben muss Wohnzimmer und Wüste sein, sonst ist es nicht echt.

Die Wüste, die ist rau, aber auch unendlich schön, sie ist unwirtlich, aber an den Oasen auch fruchtbar und einladend. Die Wüste ist vor allem eines: immer wieder ganz anders.

Ein guter Freund erzählte mir einmal von seinen Erfahrungen in der Wüste: Wenn man abends zu Bett geht und noch einmal auf die Sanddünen blickt, prägen sich eine bestimmte Erhebung und Täler ein, dann steht man am nächsten Tag morgens auf und erblickt etwas völlig anderes. Die gesamte Landschaft hat sich verschoben, ist vom Wind zerzaust worden, ist gewandert, hat sich über Nacht verwandelt.

Nach nur wenigen Stunden liegt plötzlich eine völlig fremde Landschaft vor uns – so wie das mit dem Leben auch sein kann. Wir erleben häufig, dass in dem einen Augenblick alles geordnet und fast schon ein wenig langweilig ist, und plötzlich ist alles anders. Der Wind des Lebens wühlt unsere Sandgewissheiten auf, schleift sie mit, bildet neue Anhöhen und Tiefen. Krankheit oder Verlust können unser Leben verändern, aber auch ein unerwarteter Erfolg oder eine neue Liebe.

Mose hat diese Wüste erlebt, vierzig Jahre lang, er hat sie durchlebt. Weil er eben nicht im Wohnzimmer geblieben ist, sondern sich aufgemacht hat, hinein ins Leben. Weil er die Beschaulichkeit verlassen hat und Partei ergreift: für Gott, sein Volk und sich.

Diese Fremdheit explodiert bei Mose ausgerechnet in der Szene, als er Partei für einen Hebräer ergreift, einen Stammesgenossen.

Die Fremdheit wird hier ins fast Absurde gesteigert, denn als Mose sich zu seinen Wurzeln bekennt, als er scheinbar seinen Platz einnimmt, erlebt er, dass er seinen vermeintlichen Brüdern fremd ist: »Am folgenden Tag ging er wieder hinaus. Da stritten gerade zwei Hebräer miteinander. Als er zu dem, der im Unrecht war, sagte: Warum schlägst du deinen Stammesgenossen? antwortete dieser: Wer hat dich zum Aufseher und zum Richter über uns bestellt? Willst du auch mich totschlagen, wie du den Ägypter getötet hast? Da erschrak Mose. Er sagte sich: So ist die Sache doch bekannt geworden. Auch der Pharao hörte davon und wollte Mose umbringen lassen. Mose ergriff jedoch vor dem Pharao die Flucht.« (Ex 2,13–15)

Mose erlebt, dass er sich einmischt und dass er dafür aber nicht Lob erntet oder gar Zuneigung, sondern Zurückweisung. Der Totschlag an dem Ägypter macht Mose eben nicht zu einem Hebräer, zumindest nicht in deren Augen. Diese Lektion Moses ist bezeichnend: Wir können uns unseren Platz im Leben nicht mit Gewalt holen. Das geht nicht. Wir müssen uns unseren Platz im Leben erleben, können ihn nicht erschlagen. Die eigene Identität kann nicht einfach erkauft werden, sie muss wachsen. Und es kann sein, dass dies mit Zurückweisung einhergeht, mehr noch, mit Flucht.

Der erste Versuch Moses, seinen eigenen Platz gewaltsam sich zu ergreifen, endet im Fiasko, in der völligen Isolation. Die Hebräer wollen ihn nicht, und der Pharao möchte ihn sogar töten lassen. Durch die Tat, mit der Mose eigentlich zurück zu seinen Wurzeln wollte, schlägt er die Bande durch, die ihn bis dahin im Leben gehalten haben. Und es bleibt ihm nichts anderes übrig, als abzuhauen. Als zu flüchten – in die nächste Fremde. Auch wir müssen uns unser Leben selbst erleben, müssen dafür raus in die Fremde, um uns selbst weniger fremd zu werden.

Dieses Parteiergreifen ist alles andere als selbstverständlich. Beim ersten Mal, als Mose sich einmischt, endet das in einer Katastrophe. Die Szene ähnelt der aus Camus' »Fremden«, eine weitere Parallele.

Die Bibel schildert diese Katastrophe voller Dramatik: »In jener Zeit, als Mose herangewachsen war, ging er einmal zu seinen Brüdern hinaus und schaute sich ihre Fronarbeiten an. Da sah er, wie ein Ägypter einen Hebräer, einen von seinen Brüdern, schlug. Er blickte sich nach allen Seiten um, und als er sah, dass niemand in der Nähe war, erschlug er den Ägypter und verscharrte ihn im Sand.« (Ex 2,11–12)

Diese Szene ist kurz, aber in ihrer Prägnanz unfassbar brutal. Mose wird zum heimtückischen Totschläger, der sich nur darum schert, ob ihn jemand beobachtet. Weil er glaubt, keine Zeugen zu haben, erschlägt er den Ägypter und vergräbt ihn irgendwo im Sand. In dieser Tat werden die Abgründe des Mose das erste Mal deutlich. Mose ist ein junger Mann geworden, ein ägyptischer junger Mann. Er ist exzellent ausgebildet und erzogen worden, nicht in einer Sklavenhütte oder der Behausung eines Nomaden.

Auch deshalb verkörpert Mose uns moderne Menschen viel mehr als das zum Beispiel Abraham tut. Dessen Leben weist viel weniger die Abgründe, die Umbrüche, die Brüche auf, die wir in unserem Leben erfahren und die auch Mose kennzeichnen. Abraham, das ist der Nomade, der Hirte. Mose, das sind wir, das ist der moderne Mensch mit einer guten Ausbildung in der Großstadt und in den Ballungszentren. Er steht für das Wissen der Ägypter, für Großmacht, Ingenieurskunst, Technik, Fortschritt – er steht für ein Leben, das oft auf dem Rücken anderer ausgetragen wird, Arbeitssklaven, damals wie heute.

Doch der Ägypter Mose fühlt sich nicht als Ägypter. Er ist sich darin selbst fremd, ist zerrissen. In ihm steckt eine Wut, die ihn rasend macht. Als er sieht, wie ein Hebräer geschlagen wird, geht er nicht hin und redet mit dem Übeltäter. Er hätte das aufgrund seiner Ausbildung und vor allem seiner Stellung tun können. Er hätte den Mann vielleicht auch bestrafen lassen, in jedem Fall anders, zivilisierter handeln können. Doch das ist die Untiefe Moses, die ihn zu verschlingen droht. Das ist seine existenzielle Zerrissenheit, die ihm sagt: Du bist nicht am richtigen Platz. Das ist nicht dein Leben. Das bist nicht du. Eine Erfahrung, die viele Menschen heute machen, wenn sie spüren, dass sie nicht am richtigen Platz sind. Dass sie ein Leben leben, das nicht das ihre ist. Dass sie ein fremdes Leben leben, in das sie zufällig gekommen sind, das sie aber nicht erfüllt, das ihnen immer fremd bleiben wird.

Die Fremdheit Moses sich selbst gegenüber und dem Leben, das nicht seines ist, das ist eine der Grunderfahrungen, die viele von uns heute machen. Bei Mose geht diese Fremdheit sogar so weit, dass er zum Totschläger wird, wie bei Camus' Meursault. Kamel Daoud lässt in seinem Werk »Der Fall Meursault – eine Gegendarstellung« den Bruder des Arabers die Geschichte erzählen. Dort hat der Araber, anders als bei Camus, einen Namen: »Moussa« – Mose!

DER ZERBRECHLICHE ZERBRECHER

Lechzendes Land

Mose begleitet mich durch Afrika, Mose lässt mich aber auch nach meiner Rückkehr nach Europa nicht los, gerade nicht in Venedig. Wegen Damien Hirst und wegen des Goldenen Kalbes, wegen Peggy Guggenheim und vor allem auch wegen der Karwoche und ihren Lesungen. Natürlich wegen der Exodusgeschichte, der Geschichte, die in der österlichen Liturgie nie fehlen darf, und das aus gutem Grund.

Jan Assmann sieht in der Exodusgeschichte die wirkmächtigste der Menschheit. Das sagt viel aus über die Bedeutung von Mose. Doch nicht nur am Osterfest, bereits am Karfreitag ist mir Mose präsent. Nicht, dass an diesem Tag etwas aus den »Fünf Büchern Moses« gelesen würde, die Liturgie widmet sich ganz Jesus und der Passion.

Und doch zeichnen sich hier für mich die Parallelen zwischen der Passion, der Mosegeschichte und unserem Leben so deutlich ab wie sonst kaum. Am Karfreitag stelle ich mir vor, wie sich Jesus fühlt, als ihn die Menschen ausgrenzen und auslachen, als sie ihn ablehnen und sogar anklagen. Die Menschen, für die er Mensch geworden ist. Jesus ist gekommen, um sich für sie einzusetzen, um sie herauszuführen aus einer Gefangenschaft, einer geistigen Gefangenschaft.

Doch er muss erleben, dass ihn ein Großteil der politisch und religiös führenden Persönlichkeiten Jerusalems nicht akzeptiert, ihn sogar so sehr hasst, dass man seinen Tod fordert, dass man ihn hinausjagt, hinaus vor die Stadt und auf die Schädelstätte. Und während ich diese Stelle am Karfreitag höre, denke ich: Das ist wie bei Mose. Auch Mose war als kleines Kind vom Tod bedroht wie Jesus, dem König Herodes nach dem Leben trachtete. Jesus wie Mose sind schon als Säuglinge dem Tod geweiht, und sie überleben nur, weil ihre Eltern entschieden handeln. Das Wunderbare: Während Jesus, um zu überleben, mit seinen Eltern nach Ägypten zieht, flieht Mose aus Ägypten. Beide verbindet zudem die Fremdheit und das scheinbare Scheitern bei ihrem Versuch, sich für das Volk einzusetzen. Sie werden nicht akzeptiert, man will sie nicht, lehnt sie komplett ab.

Mose verliert sich im Zorn und in der Gewalt. Der totschlagende Mose, das ist auch die Allegorie des modernen Menschen, der rasend werden kann und sich zu fürchterlichen Aktionen hinreißen lässt. Das macht Mose so aktuell und politisch. Sein Scheitern zeigt, dass Aggression nie etwas aufbaut, sondern immer nur zerschlägt. Der Hass des Mose, seine Raserei führen gerade nicht dazu, dass er seinen Platz und sein Volk findet, sondern dass er am Ende fremd bleibt und sogar in die Fremde muss. Hass, das ist immer Entfremdung, das ist immer Entmenschlichung.

Eine weitere Parallele erinnert mich in diesen Tagen, in denen mir Afrika mit seiner Sonne und Hitze in den Knochen steckt, nicht nur an Mose, sondern auch an Camus und seinen »Fremden«.

Hier in Venedig werde ich immer wieder mit der Beschreibung der Kreuzigung konfrontiert, ich denke an die Erzählung vom trockenen Mund, der rissig wird, der wie eine Wüste ist, gähnend leer und voller Sand.

Bei Camus dagegen die Schilderung, wie Meursault – der Name bedeutet so viel wie »Stirb, du Trottel«, ein Name, der wohl auch in den Verhöhnungen der Feinde Jesu hätte vorkommen können, wie also dieser Meursault an den Strand kommt. Er schwitzt, hat einen ausgedörrten Mund, ist müde. Er hat gesoffen, mehrere Tage lang, ist fertig. Leer ist er, wie man es nach einem großen Rausch ist, wenn die Hochgefühle gegangen sind und die Depression kommt, er hat einen Brand, trockener als die Wüste. Physisch geht es Jesus genauso, ebenso wie Mose und Meursault. Jesus am Kreuz, Meursault am Strand und Mose in der Wüste leiden an Durst und an Austrocknung. Jesus ruft: »Mich dürstet.« Und wie im Psalm 63 dürsten auch die Seelen von Meursault und Mose nach Wasser, nach Erfrischung, nach dem Löschen des inneren Brandes: »Gott, du mein Gott, gar sehnlich suche ich dich; es dürstet nach dir meine Seele. Nach dir verlangt mein Leib gleich einem dürren, lechzenden Land ohne Wasser.«

Alle drei gleichen dem ausgetrockneten Boden, der Risse hat, die die Sehnsucht nach Wasser herausschreien, die Sehnsucht nach Erlösung. Auch das ist ein Spiegelbild unseres Lebens: Wir sind wie das Land, das lechzt, das lechzt nach Wasser. Der Durst des ausgetrockneten Landes ist unser Hunger nach Freiheit.

An diesem Punkt berührt sich weiter unser Leben mit dem Moses, allerdings enden die Parallelen von Mose, Meursault und

Jesus, trennt sich die Passion Christi von der Erzählung Camus' und der Geschichte Moses. Denn während Jesus seine Passion nicht nur hin-, sondern sogar annimmt bis hin zum qualvollen Tod am Kreuz, lassen sich Mose und Mersault von ihren Affekten mitreißen. Für einen Moment blind vor Wut erschlagen sie ihren Gegner, aus einem Zufall heraus, keiner der beiden hatte das geplant. Bei Meursault stehen am Ende das Gefängnis und der Tod. Und auch Mose ist nach seiner Tat gewissermaßen gestorben. Er ist ein lebender Toter.

Was das bedeutet, kann man bis heute in Afrika erkennen, ich habe das auf meiner Reise erlebt. Wer dort niemanden mehr hat, niemanden aus seinem Clan, aus seiner Familie, der hat auch niemanden mehr, der einen vor Gewalttaten schützt und der, wenn Gewalt verübt wird, diese Taten rächt. Mose ist ein Vogelfreier, einer, den jeder erschlagen darf.

Vergleicht man also die Passion Christi und diese Anfangsgeschichte Moses, so stellt sich eine Frage in aller Radikalität: Wie kann es sein, dass ein Totschläger derart wichtig für uns ist? Es gibt so viele imponierende Figuren in der Bibel und unter den Heiligen: Warum ausgerechnet Mose, dieser jähzornige, aufbrausende Totschläger? Haben wir da nichts Besseres zu bieten?

Die Antwort auf diese Frage fällt schwer, will man sie nicht einfach mit dem Verweis auf eine Jugendsünde abtun. Nein, Totschlag ist keine kleine Bagatelle, kein Kavaliersdelikt, das man aus einer Unbeherrschtheit heraus begeht. Und auch die Tatsache, dass Mose durch sein Gerechtigkeitsempfinden, durch sein Mitleiden mit dem gepeinigten Hebräer so in Rage gerät, ändert nichts an der Tatsache: Mose ist ein Totschläger. Wie also damit umgehen?

Mose verkörpert mit seinen Rissen einerseits die Fremdheit des modernen Menschen. Zugleich aber spiegelt sich in ihm etwas, was zutiefst »männlich« ist, und zwar nicht im positiven Sinne. Der archaische Mose wählt nicht den Weg der Diplomatie, sondern den des Kampfes. Seine Wut richtet sich auch nicht nach innen, sondern nach außen. Ich erinnere mich gut daran, wie mir einmal ein Gefängnisleiter erklärte, dass Aggression, Verzweiflung und Raserei bei Männern meistens nach außen gerichtet seien. Wir lassen unseren Kräften freien Lauf, was meist relativ harmlos ist. Aber wir zerschlagen eben auch Scheiben, treten Türen ein, prügeln uns mit anderen – oder wir gehen sogar noch weiter.

Mose steht für diese zutiefst archaisch-männliche Urkraft, die wohl in den meisten schlummert und die zu zügeln und in die richtigen Bahnen zu lenken eine entscheidende Leistung einer Persönlichkeitsreifung, eines echten Mannwerdens ist. Insofern ist dieser Wüterich Mose auch eine Warnung an uns, ein Hinweis auf das, was in uns schlummern kann – und was auch die Faszination Moses ausmacht.

Leben – ausgeschaltet

Die Bedeutung des Totschlägers Mose rührt aber noch von einer ganz anderen Facette her: seiner Zerbrechlichkeit. Der Franzose Jean-Christophe Attias hat sein großartiges Buch über Mose »Moïse fragile« – »Der zerbrechliche Mose« genannt und berührt damit einen zentralen Punkt: Dieser Mann, der auf Gemälden so Furcht einflößend aussehen kann, der so vital und kraftstrotzend daherkommt wie die Statue von Michelangelo in San Pietro in Vincoli in Rom, ist zutiefst ambivalent. Er ist einer, der zerbricht – im doppelten Sinne: Er ist der, der einen Menschen erschlägt. Der vor Wut, vor heiligem Zorn die Gesetzestafeln zerschmettert. Der die Ketten der Gefangenschaft löst, die Bande der Knechtschaft zerbricht, durch Gott, nicht durch sich selbst. Er ist aber eben auch der, der selbst zerbricht, in Splittern auf dem Boden liegt, in den Scherben seiner Existenz. Und der nur durch das Brechen aller Beziehungen aufbricht zu einem neuen Leben.

Mose, das ist der zerbrechliche Zerbrecher und der zerbrechende Zerbrechliche. Der Zerbrechliche zerbricht. Damit drückt er aus, was zutiefst menschlich ist: Wir haben die Fähigkeit zu zerbrechen. Wir können zerbrechen, im doppelten Sinn. Wir sind zerbrechlich, erleben uns auch so. Und wir sind zugleich immer auch in der Lage, Dinge zu zerbrechen, Personen zu zerbrechen – und sei es uns selbst.

Die Zerbrechlichkeit des Menschen, dass wir zerbrechen können im doppelten Sinne, habe ich in meinem Leben selbst erlebt. Aber wohl selten auf eine derart brutale und brachiale Weise, die mich so nachhaltig geprägt hat, wie vor mehr als zwanzig Jahren. Ich war damals Mitte dreißig und arbeitete als Referendar. Eine Tages, mitten während der Arbeit, erhielt ich einen Anruf. Am anderen Ende der Leitung waren die Eltern eines Nachbarjungen aus der Gegend, in der ich aufgewachsen war. Ich hatte schon ewig nichts mehr von ihnen gehört und wunderte mich, was sie von mir wollten. Sie sagten nur: »Komm, unser Sohn stirbt.« Und sie erklärten mir, dass sie sich in einer Spezialklinik befänden, in unmittelbarer Nachbarschaft meiner Schule, und ihr Sohn liege hier mit schweren Kopfverletzungen. Man hatte beschlossen, die Geräte abzustellen, es gab keine Hoffnung mehr. Jetzt sollte ich, der Nachbarjunge, der Priester geworden war und in dieser Stunde auf eine ganz andere Weise Nachbar wurde, als geistlicher Beistand helfen. Ich hatte keine Ahnung, wie.

Während ich mich umzog und zur Klink ging, fühlte ich mich ohnmächtig, ich hatte Angst. Ich wusste nicht, was ich sagen sollte. Wie sollte ich den Eltern helfen, und wie dem Sterbenden? Irgendwann war ich da, klopfte an, trat durch die Tür ins Zimmer. Vor mir die Eltern und der Junge. Er war ein richtiger Brocken, groß und muskulös, ein Sportler durch und durch. Auch jetzt sah er aus wie das blühende Leben, von dem großen, weißen Kopfverband einmal abgesehen. Es wirkte surreal. Da lag einer vor mir, so unglaublich lebendig, und der sollte tot sein. Gehirntot. Die Mutter warf sich auf den Sohn, der noch warm war, dessen Brust sich unter dem Einfluss der Geräte noch hob. Surreal.

Ich sprach damals ein Gebet mit den Eltern, dazu noch einen Psalm, mehr brachte ich nicht hinaus. Vielleicht war das auch gut so, vielleicht war es vor allem wichtig, dass ich da war. Eine bewusste Entscheidung war es jedoch nicht, ich konnte nur nicht anders.

Wir wurden dann rausgeschickt, sollten ungefähr fünfzehn Minuten warten, während die Geräte abgestellt wurden. Wir saßen auf kleinen, klapprigen Stühlen in einem Kellergang, über uns nackte Rohre und um uns herum fahles, kühles Licht. Es schien, als würde uns die Umgebung auf das vorbereiten, was wir bald sehen würden. Denn als wir nach einer guten Viertelstunde wieder eintraten, lag ein ganz anderer Mensch vor uns. Erst da begriff ich, wie schnell das Leben aus uns weicht, wenn es nicht mehr künstlich erhalten wird. Keine Spur mehr von der Wärme des Körpers, von der Vitalität. Nun lag dort wirklich ein Toter, ein Leichnam. Ein zerbrochenes Leben.

Diese Erfahrung lässt mich bis heute nicht mehr los. Wegen des Kontakts mit dem Tod, auch wenn ich später noch öfter Sterbende begleiten sollte. Aber auch wegen der Geschichte, die man mir nachher erzählte und die erklärte, wie es zu diesem Tod gekommen war. Der Junge, noch nicht einmal zwanzig, hatte kurze Zeit vorher noch auf einer Party kräftig gefeiert und getrunken. Seine Eltern waren nicht daheim, nur seine Großmutter. Irgendwann kam der Junge nach Hause und beschloss in seinem Rausch, mit dem Wagen der Eltern herumzufahren. Anscheinend viel zu schnell und viel zu auffällig, denn er wurde von der Polizei angehalten. Die fanden sofort heraus, dass er erstens betrunken war und zweitens gar keinen Autoführerschein hatte, sondern nur den Schein für ein Moped. Mit diesem Moped fuhr er jeden Morgen zu seiner Ausbildungsstelle, zu der er anders kaum gelangen konnte.

Der Junge, der einmal mein Nachbar war, hatte einen großen Traum, und den hoffte er sich mit seiner Ausbildung zu erfüllen: Er wollte Schiffsbauer werden. Dafür stand er jeden Morgen früh auf, fuhr die ganze Strecke, egal bei welchem Wetter, alles nur für seinen Traum. Ein Traum, der für ihn in dem Augenblick zerbrach, als ihn die Polizei festhielt. Er wusste sofort, dass er erstens seinen Mopedführerschein verlieren und zweitens auch den Autoführerschein nicht würde machen können. Damit waren seine Chancen, die Ausbildung abzuschließen und seinen Traumjob zu bekommen, dahin. So dachte er wenigstens. Die Polizei erledigte das Bürokratische und fuhr den Jungen nach Hause. Dort angekommen, fand er den Schlüssel zum Jagdgewehr seines Vaters und zur Munition. Er lud das Gewehr, hielt es sich an den Kopf und drückte ab. Seine Großmutter fand ihn am nächsten Morgen blutüberströmt am Boden. Sie informierte noch den Notarzt, doch die Hilfe kam zu spät. Die Verletzungen waren zu schwer.

Was mich so trifft an dieser Tragödie, ist, dass mein früherer Nachbar damals wirklich so zerbrochen war, dass er sich selbst zerbrach. Für ihn lagen seine ganze Welt, seine gesamte Zukunft in Scherben. Er konnte sich offensichtlich nicht mehr vorstellen, dass diese Scherben wieder zu kitten wären. Oder dass man daraus etwas Neues oder anderes machen könnte. Der Junge stand vor dem absoluten Nichts, dem Bodenlosen, fühlte sich völlig zerbrochen. Und genau dieses Empfinden, der Gedanke, seine ganze Existenz zerstört und zerschlagen zu haben, eint meinen früheren Nachbarn mit Mose. Die Konsequenzen, die die beiden jeweils ziehen, sind andere.

Während Mose durch den Totschlag erst sein Leben zerstört, es scheinbar zerstört und flieht, sah der Junge die letzte Konsequenz darin, sich selbst das Leben zu nehmen. Mose nahm einem anderen das Leben, mein Nachbar sich selbst. Doch unabhängig von diesen Unterschieden ist beiden doch gemeinsam, dass die Zerbrechlichkeit des Menschen, die Fragilität unserer Existenz darin greifbar wird. Es sind zwei Personen, die zerbrechen, im doppelten Wortsinne.

Die Brachialität der Tat Moses und die der Tragödie meines Nachbarn sind sicherlich nicht alltäglich, aber auch nicht so selten, als dass sie völlig singulär wären. Und in abgeschwächter Form erlebt jeder von uns dieses doppelte Zerbrechen immer wieder. Wir erfahren uns in Stücke brechen, sehen Träume und Pläne vor uns in Scherben. Was gerade noch unsere Zukunft schien, ist schon nicht mehr als ein Splitter der zerborstenen Möglichkeit. Zugleich wissen wir, dass wir andere und anderes zerbrechen.

Wir erleben uns als Zerbrecher, die die Chancen und Hoffnungen anderer zerstören, die schuld daran sind, dass sie vor einem Scherbenhaufen stehen. Die Zerbrechlichkeit des Lebens ist genauso immer präsent, wie es seine Endlichkeit ist. Wenn man so will, beendet erst das endgültige Zerbrechen die Zerbrechlichkeit. Im Tod werden wir ganz, ganz präsent. Auch wenn das einer Mutter über ihrem sterbenden Sohn in dem Moment wenig Trost spenden mag – und auch keinem jungen, sich hilflos vorkommenden Priester.

Gebrochene Seele

Ein Jahr vor diesem Erlebnis habe ich eine andere Erfahrung gemacht, die mich ebenfalls zutiefst prägte. Vier Monate lang durfte ich in der Arche leben, bei Henri Nouwen. L'Arche war 1964 als geistliche Gemeinschaft vom Kanadier Jean Vanier und den beiden Franzosen Philippe Seux und Raphaël Simi, beide Männer mit geistiger Behinderung, in Trosly-Breuil gegründet worden, einem kleinen Dorf, etwas mehr als eine Stunde von Paris entfernt.

Henri Nouwen kam 1985 das erste Mal zur Arche, damals noch in Trosly-Breuil. Ein Jahr später zog er ganz in die Arche-Gemeinschaft Daybreak, die in Richmond Hill bei Toronto lag.

Ich wiederum hatte noch als junger angehender Lehrer Nouwen kennengelernt, er hatte mich schon damals zutiefst beeindruckt. Als ausgerechnet er mich bat, als Seelsorger vertretungsweise in Daybreak zu wirken, musste ich nicht lange überlegen.

Die vier Monate dort gehören zu den kostbarsten und wirkungsvollsten meines gesamten Lebens. Unzählige Momente erlebte ich dort, die sich in mein Gedächtnis eingegraben haben. So viele Erfahrungen, die vor allem mein spirituelles Leben bereichern, bis heute, gerade auch beim Schreiben dieses Buches. Das hebräische Wort für das Kästchen, in dem Mose lag, und das für die Arche Noach sind ja identisch. Und Henri Nouwen und seine Spiritualität sind für mich ein wichtiger Schlüssel, um zu begreifen, was das eigentlich heißen kann, Nachfolge Christi. Dazu gehört einer seiner wichtigsten Schätze, seine Annäherung an die Wandlungsworte, verbunden mit einer tiefschürfenden Betrachtung zum Brot, zum Menschen als Brot.

Bei der Wandlung heißt es: »Während des Mahls nahm Jesus das Brot und sprach den Lobpreis; dann brach er das Brot, reichte es den Jüngern und sagte: Nehmt und esst; das ist mein Leib.«

Henri Nouwen entfaltet diese Worte in vier Dimensionen, die für ihn die Grunddimensionen des Menschlichen kennzeichnen. Er sagt: »Wir sind auserwählt und gesegnet.« In ihrer ganzen Tiefe können diese Gedanken hier nicht entfaltet werden, der Raum dazu fehlt, und die Intensität Nouwens ist wohl schwer zu erreichen. Doch für eine Parallele zu Mose mag der Gedanke genügen, dass auch Mose letztlich auserwählt ist, stellvertretend für das gesamte Volk Israel – auch wenn am Anfang seines Lebens nichts darauf hinzuweisen scheint.

Der Start könnte, objektiv gesehen, nicht schlechter sein. Wie später Jesus wird Mose in die Herrschaft eines Herrschers hineingeboren, der aus Angst um seine Macht Jagd macht auf die Schwächsten, die Neugeborenen. Doch dann wird Mose ausgesetzt und dadurch gerettet. Und noch mehr: Er wird von der unwahrscheinlichsten Person überhaupt gerettet, ausgerechnet der Tochter des Herrschers, der nach seinem Leben trachtete.

Die unwahrscheinliche Erwählung des Mose ist auch hier eine Chiffre für die Erwählung des Volkes Israel: Nicht die tonangebenden Mächte seiner Zeit wählt Gott, sondern diese Knechte, diese Sklaven – eine revolutionäre Aussage. Dieses Volk ist gesegnet, diesem Volk sagt Gott: Ich will euch gut, das ist die übertragene Bedeutung von benedicere, von segnen. Der Segen für das Volk Israel beweist sich gerade in der Errettung des Mose.

Diese Parallelen, in aller Kürze skizziert, verweisen auf das, was Mose zum Ausdruck des Menschen, nicht nur des modernen, sondern des Menschen überhaupt macht: die Fragilität, die zerbrechende Zerbrechlichkeit. Denn Nouwen fährt fort: »Jetzt fühle ich mich so weit, um dir etwas über die härteste Wahrheit zu schreiben, die uns noch zu besprechen bleibt: die Wahrheit, dass wir alle gebrochene Menschen sind. Wir sind auserwählt und gesegnet. Wenn wir uns diese Wahrheiten wirklich angeeignet und wenn wir dazu Ja gesagt haben, können wir uns unserer eigenen Gebrochenheit und der der anderen Menschen offen stellen.«

Und dann, mit aller Wucht: »Jetzt sind wir so weit, dass wir über unser Gebrochensein sprechen können. Du bist ein gebrochener Mensch. Ich bin ein gebrochener Mensch, und alle Menschen, die wir kennen oder von denen wir etwas wissen, sind gebrochene Menschen.

Unsere Gebrochenheit ist derart sichtbar und greifbar, derart konkret und individuell, dass man sich im Grunde gar nicht vorstellen kann, man könne über sehr viel anderes nachdenken, reden oder schreiben als über unsere Gebrochenheit.

Unsere Gebrochenheit offenbart etwas Wesentliches darüber, wer wir sind. Unsere Schmerzen und Leiden sind nicht einfach lästige Einbrüche in unser Leben; nein, sie rühren uns in unserer Einmaligkeit und in unserem innersten Personenkern an. Die Art und Weise, wie ich gebrochen bin, sagt dir etwas ganz Charakteristisches über mich.«

Die Gebrochenheit, das wird durch Nouwen klar, ist zutiefst menschlich. Und kaum eine Person in der Bibel lässt uns dies so deutlich und so klar nachspüren wie Mose, deshalb ist er so zentral und wichtig. Mose zeigt uns in seiner Geschichte die Essenz unseres Menschseins, nicht mehr und nicht weniger. Zugleich, und das ist der Anknüpfungspunkt zum vierten und letzten Gedanken Nouwens, gibt er uns eine Ahnung davon, was es bedeutet, dass wir hergegeben sind: »Wir sind auserwählt, gesegnet und gebrochen, damit wir hergegeben werden können. Das vierte Element im Leben des Geliebten ist, dass er hergegeben wird. Für mich persönlich bedeutet das, dass wir nur dann voll und ganz verstehen können, was es bedeutet, auserwählt, gesegnet und gebrochen zu sein, wenn wir auch Menschen sind, die hergegeben werden.

Im Hergeben wird sichtbar, dass wir nicht einfach um unserer selbst willen auserwählt, gesegnet und gebrochen werden, sondern dass alles, was wir leben, letztlich seine Bedeutung darin findet, dass wir es für andere leben.« Das ist Mose pur. Denn das Hingegeben-Werden, das Hingegeben-Werden durch Gott für das Volk, so weit, dass Mose selbst das selbstbestimmte Ende verwehrt wird, erfüllt die Worte Nouwens in einer unfassbaren Tiefe – doch das ist bereits etwas vorgegriffen und soll später noch einmal angesprochen werden.

Bei Henri Nouwen war es das Aufgeben seiner Professur in Havard und das Hingeben an die Menschen mit geistiger Behinderung in Daybreak. Das Faszinierende für mich: Im Namen der Gemeinschaft steckt schon das Brechen drin, das Anbrechende des Tages, das auch das Kommen des Reichs Gottes bedeuten kann, das uns darauf hinweist, dass es angebrochen ist, aber eben noch nicht verwirklicht, und dass es Hingabe dafür braucht, auch unsere Hingabe.

Mose, der ein ganz anderes Reich kennt, eines, in dem sein Volk von einem anderen ausgenutzt, manchmal sogar gebrochen wird, ist für einen anderen eingetreten. Vielleicht sogar aus einem Gerechtigkeitsempfinden heraus, so könnte man die entsprechende Bibelstelle deuten. Doch er lässt sich leiten vom Affekt, nicht von Empathie, und beschwört damit die Katastrophe herauf. Mose wird auch gebrochen, wie das Brot – aber noch nicht, um sich hinzugeben. Auch er tritt ein für einen anderen, mehr aber zum eigenen Ruhm, mehr aus der Idee heraus, Held und Befreier zu sein, wie Carlo Maria Martini es so wunderbar gezeigt hat. Der frühe Mose zerbricht sich nicht den Kopf, sondern handelt aus der Emotion heraus, aus verletztem Stolz und auflodernder Emotion. Dieser zerbrochene Mose ist keiner, der als unzählige Brotkrumen den Hunger der Menschen, den Hunger nach Freiheit stillt, sondern er liegt da wie ein zersplitterter Holzstab, verletzlich und verletzend, in seine Einzelteile zerborsten.

Mit Henri Nouwen lässt sich indes sagen, dass das Gebrochensein eine Grunderfahrung des Menschseins ist. Wer nicht gebrochen ist, ist kein Mensch.

In dem grundsätzlichen Gebrochensein des Menschen steckt etwas, was viel zu tun hat mit dem Begriff der Krise. Krise als Chance, herrührend vom griechischen Begriff – davon hat man bereits gehört. Bei Mose verbindet sich diese Krise auf zweifache Weise mit dem Begriff des Brechens. Mose zerbricht, seine Seele ist gebrochen. Zugleich bricht seine Seele auf, öffnet sich, wenngleich noch unbewusst, hin zu einer Zukunft, noch unbemerkt von Mose und auch dem Leser dieses Teils seiner Geschichte.

Doch das Zerbrechen Moses ist wie der Daybreak, das Anbrechen des Tages, das noch fern hinter der Nacht liegt, das sich aber nähert, das sich langsam abzeichnen wird, bis es mit ganzer Kraft und mit vollem Licht durchschlägt – nur, um wieder zu vergehen. Der Daybreak ist immer auch ein Verweis auf den Untergang. Und das Aufbrechen Moses ist ein Verweis auf die Zukunft, die beides bereithält, Krise und Chance, Chance und Krise.

All das ist Mose in dem Moment noch nicht bewusst, als er zurückgewiesen wird, als seine Zukunft scheinbar in Trümmern liegt. Und es stellt sich erneut die Frage, weshalb ausgerechnet dieser Totschläger ein wichtiges Modell für uns Menschen ist. Wegen der zerbrechenden Zerbrechlichkeit zum einen. Aber auch deshalb, weil in jedem von uns ein Totschläger steckt. Nicht unbedingt im Sinne des mosaischen Totschlags als Verbrechen. Aber doch als Totschläger von Chancen, als Zerbrecher von Träumen. Wir erleben das immer wieder: Es bieten sich Chancen, zum Beispiel nach eben jenen Krisen, und wir schlagen sie tot. Wir lassen sie aus, wischen sie beiseite, geben uns der Krise hin. Wir sehen den Daybreak nicht, sondern nur die Nacht und schlagen so die eigene Zukunft tot.

Auf radikale Weise hat mein früherer Nachbar genau das getan: die Möglichkeit, die Krise zu meistern, totgeschlagen, bis hin zum ultimativen Punkt. Dieses Totschlagen bezieht sich auf uns, bezieht sich aber natürlich auch auf das Leben anderer. Besonders perfide dann, wenn wir anderen die Chance nehmen, sich in einer Krise uns hinzugeben, uns eine Hand zu reichen, Brot zu sein, das bricht. Wir sind in der Lage dazu, andere nicht das Brot sein zu lassen, das sie für uns sein könnten, nicht die Nahrung, die wir vielleicht genau in diesem Moment bräuchten, mit unserem Hunger nach Liebe, nach Trost oder auch nach Freiheit.

Mose geht so mit dem Ägypter um. Statt ihn zur Rede zu stellen, statt ihm die Gelegenheit zu geben, seinen Fehler einzusehen und zu bereuen, sich zu entschuldigen und sich zu bessern, schlägt der Jähzornige alle Zukunft tot. Zugleich zerschlägt er sich selbst damit auch die Möglichkeit, aus seiner privilegierten Position heraus für sein Volk zu wirken. Der Totschlag des Mose ist auch deshalb zutiefst egoistisch, weil im Affekt geschehen und ohne jede Abwägung, was in dieser Situation dem Volk wirklich helfen könnte. Am Ende ähnelt die Tat sehr dem Verbrechen Meursaults: Sie ist egoistisch und nur auf sich selbst bezogen und damit sinnlos, nihilistisch in einem tieferen Sinne.

Als er zu realisieren beginnt, was da wirklich geschehen ist, muss sich Mose nach dem Totschlag und der Zurückweisung durch sein Volk gefühlt haben wie Meursault nach seinem Suff am Tag zuvor. Mit stierendem Blick, alles wirkt unscharf und verschwommen. Leer. Mose hat einen existenziellen Kater, steht vor einer Lebenswüste. Und in diesem Moment, am Nullpunkt seines Lebens, entscheidet sich Mose für die Flucht. Er, der aus der Haut gefahren ist, will seine Haut retten. Der Hass weicht der Angst, und der nackte Erhaltungstrieb packt ihn. In der Bibel heißt es nur lapidar: »Auch der Pharao hörte davon und wollte Mose umbringen lassen. Mose ergriff jedoch vor dem Pharao die Flucht.« (Ex 2,15)

Doch was das für einen bedeutet, der am Königshof aufgewachsen ist, der sich gerade noch als Befreier seines Volkes gesehen hat, das ist nur schwer zu ermessen. Mose ist mehrfach völlig gescheitert, hat alle Brücken eingerissen, kann nicht mehr zurück. Sein Ausgangspunkt war die Position des Privilegs. Privilegien, auf die er gern verzichtet hatte, um in die Existenz seines eigenen Volkes einzutreten. Doch sein eigenes Volk weist ihn zurück.

Mose ist existenziell am Nullpunkt, vor dem Sturz ins Nichts, ins Unbekannte. Mehr noch: Er ist ein Nichts, zumindest in den Koordinaten seiner Zeit. Nirgendwo ist er mehr verortet, er hat keinen Platz mehr und eigentlich auch keine Zeit. Und genau in diese existenzielle Nullstunde hinein kommt der große Umbruch und dann der Aufbruch. Weil Mose alles aufgebrochen hat, was ihn bislang gehalten hat, auch seine falschen Vorstellungen, kann er jetzt selbst aufbrechen, erst physisch und dann psychisch. Es ist ein Bruch im Leben, der dramatische Konsequenzen hat. Mose wollte selbst den Befreier spielen, wollte es aus eigener Kraft heraus.

Doch er muss erkennen, dass nicht er der Befreier ist, sondern ein anderer, von dem er selbst noch nichts weiß. Das ist der entscheidende Bruch Moses, der zum Aufbruch wird. Im Scheitern erkennt er seine Anmaßung. Als das Volk ihn zurückweist, weist es ihn auch auf seinen Hochmut hin. Das ist nicht nur die Erfahrung eines Ausgestoßenseins, einer Zurückweisung. Was da vor allem zerbricht, das ist ein Weltbild. Das Weltbild, das Mose, der bei den Ägyptern hervorragend ausgebildet wurde, als bestens erzogener Mann am Königshof hatte, ein Weltbild, das ihm sagte, dass er alles machen könne und solle. Der Wahn des Machbaren, die Hybris, selbst die Befreiung des Volkes in die Hand zu nehmen, die stürzen Mose ins Unglück.

Wir als moderne Menschen leiden oft auch unter dieser Hybris. Dabei steht für mich gar nicht der moralische Aspekt im Vordergrund, es geht bei der Parallele nicht um ein moralinsaures Fingerzeigen. Nein, der Gedanke, Befreier sein zu müssen, macht uns selbst unfrei. Die Vorstellung, andere und uns aus der Gefangenschaft zu führen, macht uns zu Gefangenen.

Mose erfährt in der Tat, mit der er eigentlich seinen Platz in seinem Volk einnehmen wollte, dass dieses Volk ihn ablehnt. Das heißt: Identität kann nicht gewalttätig erobert werden, kann nicht ermordet werden. Mose, der so verzweifelt zurück zu seinen Wurzeln will, kappt gerade dadurch seine Wurzeln, vorerst. Moses Tat ist eine Warnung an uns: Identität können wir nicht einfach ergreifen, wir müssen sie erleben. Er-leben.

Mose scheitert, doch dieses Scheitern ist zugleich der erste Schritt zur Befreiung. Er kann nicht anders, als zu fliehen, als zum zweiten Mal ausgesetzt zu werden, als alles zurückzulassen, was für ihn bislang mindestens bekannt und manchmal vielleicht sogar Heimat war. Aus Mose, dem Ägypter, wird Mose, der Niemand. Er hat sich durch seine Anmaßung um seinen Platz gebracht, um einen Platz allerdings, den er nie als seinen eigenen erkannt hat.

Mose, das wird an dieser brachialen Szene vom Totschlag klar, fuhr aus seiner Haut und muss dann in seine Haut hineinkommen. Das ist das Paradoxon, das Mose so modern macht. Übertragen gesagt: Auch wir müssen aus unserer Haut fahren, wenn sie nicht unsere eigene ist, um wirklich in unsere Haut zu kommen, um uns in unserer eigenen Haut anzunehmen. Nicht im Sinne von Mord und Totschlag. Aber doch in dem Sinne, dass wir brechen müssen mit Anmaßungen und Vorstellungen und Illusionen, dass wir uns häuten müssen im Sinne einer Wandlung, eines Zu-uns-selbst-Findens. Wer sich in seiner Haut angekommen fühlen will, der muss erst in seine Haut hineinfinden, auch das meint »Inkarnation«. Das ist ein Prozess, ein langer Weg, eine »Menschwerdung«. Und diese Menschwerdung führt Mose eben hinaus und weit weg von dem Umfeld, das er gewohnt war. Noch in einem Zustand, der wenig zu tun hat mit innerem Frieden, mit einem Bei-sich-Sein, mit Identität. Sondern mit einem Hass auf die Heimat, die nie Heimat war, und mit dem Groll gegen das Volk, das nie Volk war.

Das Vaterland ist Mose nie Mutterland gewesen und damit nie ein Ort, an dem er wirklich er selbst sein konnte. Und so bricht er auf in die Fremde, in einem mentalen Zustand, der dem gleicht, was Charles Baudelaire so beschrieben hat: »Wir brechen eines Morgens auf, das Hirn voll Glut, das Herz geschwellt von Groll und ätzenden Begierden, und, wie die Woge auf und nieder schaukelt, wiegt unsere Unendlichkeit sich auf der Endlichkeit der Meere: Die einen froh, einem niederträchtigen Vaterland zu entrinnen; andere, dem Grauen ihrer Wiege.«

DER NACHDENKENDE

Ich will auch mein Recht

Über die Flucht des Mose aus Ägypten ist wenig bekannt. Sie wird nur mit wenigen Worten beschrieben wie auch die Flucht der Heiligen Familie, die allerdings nicht weg von, sondern nach Ägypten führt. Die Kürze der Schilderung ist bemerkenswert. Es ist kaum vorstellbar, wie beschwerlich diese Flucht gewesen sein muss. Mose reist nicht, wie es seine vorherige Position hergegeben hätte, pompös, mit Annehmlichkeiten und vor allem Schutz. Nein, er stiehlt sich davon, voller Angst, Hass und Verzweiflung, und er nimmt vermutlich nicht viel mehr mit als sein Unglück.

Er wird nun etwa vierzig sein und damit in einem Alter, in dem heute normalerweise der Mensch beginnt, sesshaft zu werden. Angekommen im Job, eine Partnerin oder einen Partner an der Seite, vielleicht sogar Kinder und ein Haus oder eine Wohnung. Man hat sich eingerichtet im Leben und geht dessen zweite Hälfte an. Die Sturm- und Drangphase flaut ab, das unbändige Verlangen, die Welt zu erobern, wird geringer, die Wertschätzung für Wörter wie »solide«, »beschaulich« oder »bodenständig«, die früher wie heiße Herdplatten waren, nimmt zu.

Natürlich fordern die Jobs manchen nach wie vor heraus oder nehmen sogar noch mehr in Beschlag, weil man inzwischen in Positionen voller Verantwortung gekommen ist. Und selbstverständlich wird immer noch gereist, aber vielleicht anders, nicht mehr so oft als Backpacker, sondern womöglich auch einmal in Form einer Kreuzfahrt oder nicht ins Ungewisse, sondern direkt in ein Familienhotel. Erfüllend das Ganze, gar nicht unbedingt spießig, sondern den Umständen angemessen.

Mose dagegen reist weder auf dem Kreuzfahrtschiff noch mit dem Familyticket, sondern mit leichtem Gepäck und schweren Gedanken. Er, der einen Topjob hatte, der auf dem Weg nach ganz oben war, muss komplett neu anfangen. Mose macht keine Reise, sondern einen Ausbruch, und vor ihm liegt das absolut Ungewisse.

Sein Weg führt Mose ins Land Midian, vermutlich in die Nähe des Golfs von Akaba im nordwestlichen Teil des heutigen Saudi-Arabien. Der Golf von Akaba, auch Golf von Eilat genannt, trennt die Halbinsel des Sinai von der Arabischen Halbinsel. Heute grenzen an diese Bucht Jordanien, Israel, Ägypten und eben Saudi-Arabien. Midian bedeutet aus dem Arabischen (»Madjan« oder »Madyan«) übersetzt so viel wie »Streitsache« oder auch »Urteil«, und der Name scheint für Mose zu passen. Midian, das ist nach seinem Streit mit dem Ägypter sein Urteil, es ist seine Verbannung, aber auch seine Rettung.

Mose wird durch seine Tat zum Nachdenken verurteilt, muss raus in die Fremde, um sich über sein Leben und vor allem über sich selbst klar zu werden, zumindest klarer. Der Weg Moses von der fruchtbaren Nilgegend in das Land Midian, vorbei am Golf von Akaba, ist alles andere als eine vergnügliche Tagesreise. Die Gegend ist unwirtlich, gebirgige Wüstenlandschaften erstrecken sich vor dem Flüchtling. Etwa wenn man Qantir, die von Pharao

Ramses im Nildelta geschaffene Hauptstadt, als Ausgangspunkt nimmt und als Ziel die Gegend rund um das heutige Tabuk, das in der Nähe des Berges Dschabal al-Lauz liegt. Manche Forscher identifizieren diesen Berg als den Berg Horeb, während andere Experten nach wie vor auf den Berg Sinai (im heutigen geografischen Verständnis) als »Gottesberg« tippen. Wie auch immer, die Reise dorthin dauert heute mit dem Auto mehr als einen halben Tag, deutlich über zehn Stunden. Man kann sich ausmalen, was das für damalige Verhältnisse bedeutet. Charles de Foucauld hat die Wüste und den Marsch durch sie einmal so beschrieben: »Die Wüste ist nur ein sehr kurzer Durchgang, eine Zeit der Reinigung und Prüfung, angefüllt mit unendlich hohen Gnaden; sie ist der Ort, wo man das Gesetz im Einzelnen genau empfängt – in Ägypten kannte man es nur in einigen unbestimmten Umrissen –, wo man den Gottesdienst im Zelte feiert, so gut es auf der Pilgerfahrt geht.« Diese Zeilen beziehen sich auf den großen Exodus des Volkes Israel mit Mose an der Spitze.

Als einen Pfad der Prüfung, der Reinigung, des Nachdenkens und der Reflexion wird Mose allerdings auch seinen ersten Weg durch die Wüste empfunden haben – alle anderen Beschreibungen und Empfindungen Foucaulds dürften aber noch weit entfernt von Mose liegen, der den Sand, die Dünen, die verbrannte Erde, den Wind mit all den Körnern, die es noch in die kleinste Ritze weht, die sengende Sonne wohl kaum als angefüllt mit unendlich hohen Gnaden erlebt haben dürfte.

Was Mose direkt nach seiner Ankunft in Midian getan hat, bleibt im Verborgenen. Wahrscheinlich nicht viel mehr als das, was Flüchtlinge heute bei uns tun: auf die Gelegenheit warten, am Leben der anderen teilzunehmen, auf die Chance, aktiv zu werden, das eigene Schicksal in die Hand nehmen zu können. Zu arbeiten, sich einzubringen, die Talente zu nutzen, die man bekommen hat.

Mose allerdings bietet sich diese Möglichkeit völlig überraschend, zumindest, wenn es nach der Bibel geht. Mose kommt in Midian an: »Er hielt an einem Brunnen Rast. Der Priester von Midian hatte sieben Töchter. Diese kamen und wollten Wasser schöpfen und die Tränken füllen, um die Schafe ihres Vaters zu tränken. Da kamen Hirten und vertrieben sie. Nun erhob sich Mose, nahm sich ihrer an und tränkte ihre Schafe.« (Ex 2,15–17) Ob es wirklich so war, dass Mose nach Midian kam, kurz rastete und sofort in diese Situation geriet, sei dahingestellt. Wahrscheinlicher ist es, dass er sich in der Gegend bereits aufgehalten und als Flüchtling gewartet hat. Entscheidend allerdings ist, dass Mose erneut einschreitet, als er etwas sieht, was mit seinen Prinzipien offenkundig nicht vereinbar ist.

Mose erscheint hier fast schon als Gentleman, auf jeden Fall als einer, der sich für die Schwachen und Bedrängten einsetzt. So wie er den Hebräer vor den Hieben des Ägypters beschützte, so bewahrt er jetzt die Töchter des midianitischen Priesters vor den Hirten. Mose hat offensichtlich ein ausgeprägtes Gerechtigkeitsempfinden, das weder durch seine privilegierte Erziehung am Hofe des Pharao noch durch sein Abrutschen und sein Schicksal als Flüchtling gebrochen wurde. Gleichzeitig, und das wird später klar, stecken unter diesem Gerechtigkeitssinn eine große Enttäuschung, tiefe Frustration und vor allem eine bleierne Desillusionierung.

Der Mose in Ägypten war ein Leader, ausgebildet und erzogen, um Befehle zu erteilen, Dinge zu delegieren, Leute anzuleiten und anzuführen. Dank seiner Herkunft, seiner scheinbaren Herkunft, ist er in einer Position, die ihn dazu verleitet, sich selbst zu überschätzen. Er sieht sich nicht nur als Anführer. Er sieht sich als Befreier. Der ägyptische Mose, der ein Mann der Faust und weniger einer des Wortes ist, hat eine derart hohe Meinung von sich, dass er für alles zuständig sein möchte, alles selbst in die Hand nehmen will. Er ist in diesem Sinne ein zutiefst öffentlicher Mensch, ein Politiker, der das Schicksal einer Gruppe, seiner vermeintlichen Gruppe entscheiden will.

Dieser öffentliche Mose zerbricht auf der Flucht. In Midian funktionieren noch alte Reflexe, wie die, die ihn zum Schutz der Frauen am Brunnen eilen lassen. Das schon. Doch ansonsten wird aus dem politischen Mose ein privater. Der Rückzug ins Private charakterisiert Moses Zeit in Midian. Überspitzt gesagt: Midian ist Moses Komfortzone. Nicht im Sinne eines Schlaraffenlandes, dazu sind die Bedingungen, unter denen die Leute auf der Arabischen Halbinsel als Hirten leben, zu hart.

Martin Buber schreibt dazu: »Dass Moses am Brunnen im Midianiterland, wie er die sieben Töchter des Priesters von Midian, unter denen Moses künftige Frau ist, vor den bösen Hirten beschützt und ihnen hilft, ihr Kleinvieh zu tränken, wird zuweilen als Idyll verstanden; aber zum Unterschied von Jakobs Begegnung mit Rachel am Brunnen, mit der man es zu vergleichen pflegt, ist es kein Idyll.« Und dann weist Buber auf den gerade erwähnten Charakterzug hin: »Es galt zu zeigen, wie ein Grundzug der mosaischen Gesetzgebung, der Schutz der Schwachen vor der Gewalt des Starken, von dem Gesetzgeber selbst wie daheim so in der Fremde, also als eine universal gültige Norm, erfüllt worden ist.«

Dieses universale Prinzip, die Intuition des Mose, die funktioniert. Ansonsten aber schreit sein ganzes Verhalten heraus: Ich habe genug. Jetzt geht es um mich. Ich will auch mein Recht.

Traumlos in der Wüste

Buber unterstreicht zudem, dass Mose von den Frauen als Ägypter erkannt worden sei, dass er also noch die traditionelle Tracht der Herrscher vom Nil getragen habe. Er habe sich weder vor seiner Tat noch danach äußerlich zu seinem Volk, dem Volk der Hebräer, bekannt. Mose ist zwar aus der Haut gefahren. Aber noch nicht aus der Haut geschlüpft. Er ist noch immer Ägypter, zumindest scheinbar. Denn das eigentliche Problem des Mose, das Identitätsproblem, das wird in Midian am deutlichsten: Mose hat nicht zu wenig Identitäten, sondern zu viele – Ägypter, Midianiter, Hebräer. Die Frage »Wer bin ich und wenn ja, wie viele?« ist für Mose keine feuilletonistische, sondern eine existenzielle. Mose kann sich in seiner Haut nicht wohlfühlen, weil er zu viele Häute hat und nicht weiß, nicht spürt, welche wirklich seine ist, welche wirklich passt. Mose in Midian, das ist einer, der sich ins Private zurückzieht, weil er zutiefst verunsichert ist. Von seinem Schicksal, von den Menschen und vor allem: von sich selbst.

Im Koran wird das Land »Madjan« ebenfalls erwähnt. In Sure 20 spricht Allah zu Mose: »Und du brachtest einen Menschen um. Darauf retteten wir dich aus der Bedrängnis, und wir setzten dich einer schweren Prüfung aus. Dann verweiltest du viele Jahre unter den Leuten von Madjan. Hierauf kamst du, Mose, zu einer festgesetzten Zeit. Ich habe dich nun für mich selbst ausgebildet.«

Die schwere Prüfung, von der der Koran spricht, ist für Mose vor allem jener Rückzug ins Private. Er hat all seine hochfliegenden Träume aufgegeben, ein Befreier zu sein oder ein Königssohn. Unter anderem auf Gregor von Nyssa geht die Idee zurück, das Leben des Mose in drei mal vierzig Jahre zu unterteilen.

Oben war bereits der Gedanke angerissen, welches Leben in unserer Welt ein Mensch mit vierzig oft führt. Nimmt man allerdings den Gedanken der Dreiteilung, so wäre Mose in unserer Welt ein Dreißigjähriger, vielleicht auch ein Endzwanziger. Tatsächlich endet an diesem Punkt für Mose erst einmal die Sturm-und-Drang-Phase, zumindest die jugendliche.

Später, und das ist das Faszinierende, beweist derselbe Mose, dass auch im Alter Aufbruch nicht nur möglich, sondern nötig ist. Der spätere Mose ist ein Beweis dafür, dass Lernen, Aufbrechen, Anführen, Sich-selbst-Verwirklichen, dass das alles auch nach einer ruhigeren Phase und im Alter funktioniert und bereichert.

Doch zunächst einmal ist Mose einer, der die Nase voll hat von Rebellion und Aufbruch, der nicht mehr reisen will, der einfach endlich seine Ruhe haben möchte. Mose in Midian, das ist der personifizierte Rückzug.

Ein wichtiger Aspekt bei der Entwicklung des Mose, bei seiner Menschwerdung, steht in engem Zusammenhang mit diesem Rückzug. Er selbst sagt von sich: »Gast bin ich im fremden Land geworden.« Das ist eine zutiefst realistische Einschätzung und Kennzeichnung des Midian-Mose. Er ist nicht mehr der Idealist aus Ägypten, sondern Realist. Nicht mehr dem Himmelsstürmer begegnen wir hier, sondern dem Erdverbundenen. Mose ist in Midian auf dem Boden der Tatsachen angekommen: Der Tatsachen, dass er alles verloren hat, dass er Gast ist und auf den Schutz von Fremden angewiesen, dass seine große Karriere vorbei scheint und er plötzlich als Hirte arbeitet. Mose bekommt plötzlich das, was man bei uns Erdung nennt. Er baut keine Luftschlösser mehr, sondern erfährt Bodenhaftung. Mose, der vorher ein Mann der Verwaltung war, einer, der sich die Hände nicht schmutzig machte, muss jetzt selbst anpacken.

Als Hirte muss er seine Schafe führen, muss sie weiden, muss Dreck wegräumen und vielleicht auch Krankheiten behandeln. Mose lernt auf einmal, wie das wirkliche Leben läuft. In Midian begreift er auch, wie das Leben seines Volkes, der Hebräer, aussieht. Aus dem Karrierejüngelchen wird jetzt ein Mann, der mit beiden Beinen im Leben steht. Mose bekommt Stallgeruch, und das wird entscheidend für sein restliches Leben.

Das ist auch das, was wir von ihm lernen können: Man braucht Stallgeruch, um andere führen oder auch nur mit ihnen leben zu können. Zumindest muss man wissen, wie das Leben funktioniert, wie der Alltag anderer Menschen aussieht, was sie umtreibt. Dabei ist es völlig egal, ob ich auf einem Bauernhof aufgewachsen bin, ob ich als Teenager am Fließband gejobbt habe oder als Student bei McDonald's. Leben teilen kann nur, wer Leben geteilt hat. Und genau das hatte Mose in Ägypten nicht. Er war ein Technokrat, ein Upperclass-Spross. Dagegen ist nichts einzuwenden, die Reichen- und Privilegiertenschelte, wie sie modern geworden ist, verfehlt ihr Ziel. Wer Privilegien hat, soll sie durchaus genießen. Noch mehr aber soll er sie zum Wohle anderer einsetzen. Das kann er aber nur, wenn er eine

Ahnung davon hat, was die anderen beschäftigt, wenn er weiß, was sie wollen und brauchen.

Mose wusste das nicht. Er hatte seine Idee und ordnete dieser alles unter. Ob in der Totschlagszene der Hebräer wirklich wollte, dass Mose eingreift, das wusste Mose nicht – und es interessierte ihn vermutlich auch nicht. Erst in Midian lernt Mose, bei den Menschen zu sein, ihnen zuzuhören, mit ihnen zu leben. Auch wenn das vorerst einhergeht mit dem Aufgeben aller hochfliegenden Träume und der Konzentration auf die Familie.

Kardinal Carlo Maria Martini, der ehemalige Erzbischof von Mailand, ein großartiger Bibelkenner, hat wunderbare Gedanken über Mose zusammengetragen. Er schildert an einer Stelle das falsche Verständnis von Freiheit, das Mose hat und von dem er, der Freiheit ja nur als Königssohn erlebt hat, glaubt, dass es auch für die Hebräer passen könnte.

Moses Hunger nach Freiheit ist ein artifizieller Hunger, der mit dem wirklichen Leben nichts zu tun hat. Wie wenn ein Millionär, der stets Drei-Sterne-Restaurants besucht, glaubt, den Hunger eines Obdachlosen mit einem Tellerchen Haute Cuisine stillen zu können. Auch das ist abgehoben und hat mit dem echten Hunger, den der Millionär vielleicht noch nie verspürt hat, überhaupt nichts zu tun. Der Obdachlose und sein Hunger, das sind dann möglicherweise ein Projekt – wie die Befreiung der Hebräer, so der originelle Gedanke Martinis, für Mose ein Projekt ist.

Dieses Projekt scheitert, und Mose begreift das: Seine vermeintlichen Brüder sagen ihm: »Wer hat dir denn überhaupt gesagt, dass du dich mit uns beschäftigen sollst? Du interessierst uns gar nicht!« So wird er ausgerechnet von jenen zurückgeworfen, zu denen er sich gesandt hatte. Er sich, das ist das Entscheidende. Und eben nicht Gott, noch nicht.

Endlich zur Ruhe kommen

Mose erfährt in Midian das erste Mal, was echtes Leben ist, was echter Hunger ist. Wenn er draußen ist mit seiner Herde, wenn ein Schaf verloren geht und er es suchen muss, wenn es vielleicht einmal gerade nichts zu beißen gibt, dann spürt er, was Hunger wirklich bedeutet. Und zugleich wächst in der Fremde, als Mose zunehmend seine fremde Identität abwirft und sich aus dem Korsett der Konventionen schält, was der Hunger nach Freiheit ist.

Erst jetzt begreift er, dass sein ursprünglicher Hunger nach Freiheit und der Hunger eines versklavten Volkes, eines dienenden Volkes, etwas völlig anderes waren. Dazu trägt auch ein weiterer entscheidender Punkt im Erwachsenwerden Moses bei, der sich aus der Brunnenszene ergibt. Mose verbindet sich mit dem Land Midian und seinen Gastgebern auf besondere Weise: Er heiratet.

Es ist interessant, an dieser Stelle nicht den biblischen Text zu betrachten, sondern den Koran und die Sure 28: »Und als er sich nach langer Wanderung Madjar zuwandte, sagte er: ›Vielleicht wird mein Herr mich den rechten Weg führen.‹ Als er dann zum Wasser von Madjar herunterkam, fand er dort eine große Schar von Menschen, die ihre Herdentiere tränkten, und vor ihnen zwei Frauen, die ihre Tiere von den anderen Tieren und dem

Wasser zurückhielten. Er sagte: ›Was ist mit euch beiden?‹ Sie sagten: ›Wir können unsere Tiere nicht tränken, solange nicht die Hirten ihre Herden vom Wasser zurückgebracht haben. Und unser Vater ist ein Greis und nicht mehr imstande, uns zu helfen.‹ Da tränkte er ihnen ihre Tiere.«

Mose zieht sich wieder zurück, doch die Frauen kommen zu ihm und laden ihn auf Geheiß des Vaters ein, aus Dankbarkeit. Und dort sagt der Vater: »Ich möchte dir eine dieser meiner beiden Töchter zur Frau geben unter der Bedingung, dass du mir dafür acht Jahre dienst. Wenn du mir aber zwei weitere Jahre dienst und damit zehn Jahre vollmachst, ist das deine Sache. Ich will dir meinerseits nicht mit weiteren Forderungen lästig fallen.«

An dieser Stelle aus dem Koran gibt es verschiedene Überraschungen. Zum einen spricht Mose bereits vom Herrn, der ihn führt. Biblisch gesehen ist Mose noch einen ganzen Schritt zurück und erst auf der Suche nach seinem, dem Herrn. Der biblische Mose hatte einen Herrn, den Pharao, der für die Ägypter göttlichen Ursprungs ist. Seine Abwendung von diesem Menschen-Gott zum JHWH-Gott wird erst noch vollzogen und markiert das Ende von Midian und den Beginn der dritten Phase, den ersten Schritt zum späten Mose.

Ausführlicher wird im Koran die Verheiratung beschrieben. In der Bibel heißt es nur: »Als sie zu Raguël, ihrem Vater, kamen, fragte er sie: Warum kommt ihr heute so früh? Sie antworteten: Ein Ägypter hat uns aus der Gewalt der Hirten befreit. Er hat uns sogar eifrig geschöpft und die Schafe getränkt. Da sprach er zu seinen Töchtern: Wo ist er? Warum habt ihr den Mann dort gelassen? Ladet ihn doch zum Essen ein! Mose willigte ein, bei dem Mann zu bleiben. Dieser gab ihm seine Tochter Zippora zur Frau.« (Ex 2,18–21)

Im Koran wird das Gespräch der beiden geschildert und der Deal, den sie eingehen, der Rechtsakt. Die Sure sagt auch, wie der Vater seiner Tochter befiehlt, dem Mose zu dienen – die patriarchalische Verfassung der damaligen Gesellschaft wird im Koran deutlich klarer.

Weniger deutlich wird das Einmalige der Beziehung der Zippora zu Mose, ihre Bedeutung für die gesamte Geschichte und auch für uns heute. Der Priester, hier Raguël genannt – öfter dagegen ist von Jitro die Rede –, steht dafür, dass Mose erneut mit dem Sakralen in Berührung kommt. Allerdings auf niedriger Ebene, der Koran unterstreicht die Rolle Moses als Angestellter des Priesters. Mose ist, wenn man so will, vom ägyptischen Gottsohn zum Diener eines fremden Priesters geworden, der im Islam immerhin auch Prophet ist, »der, der den rechten Weg zeigt« – welch ein Absturz. Aber nur scheinbar, denn zugleich liegt darin die Vorbereitung für einen ganz anderen Dienst für einen noch fremden Gott, zumindest in der Bibel, für einen, den ganz anderen Gott.

Zwei weitere Details machen die Brunnenszene und die Verheiratung des Mose mit Zippora so kostbar. Einerseits das Bild des Brunnens, der vermutlich eher eine Wassertränke war, ein kleiner See vielleicht im Wüstenboden, mit ziemlicher Sicherheit natürlichen Ursprungs. Mose, der auf dem Strom Nil ausgesetzt war, dessen Leben einem Bergbach ähnelt, mit all den Windungen und Stürzen, der ist in Midian plötzlich an einem stillen Teich, einer Pfütze angelangt. Das Leben des Mose ruht in Mose, es ist beschaulich, es kommt fast zum Stillstand. Kein wilder Strom mehr, sondern ein stehendes Gewässer.

Ein wunderbares Symbol für unser Leben, das manchmal auch zum Stillstand kommt, kommen muss. Zu einem Stillstand, in dem wir uns zurückziehen sollen, auf uns selbst konzentrieren, wieder Boden unter den Füßen gewinnen müssen und auch einmal die privaten Dinge regeln sollen. Das stille Gewässer Midian ist die Wüstenlektion der Auszeit. Einer Auszeit der Reflexion, nicht mehr des Reflexes – der bei Mose im Totschlag und der Katastrophe mündete –, des Nachdenkens und Besinnens. Vor dem Aufbruch steht die Reflexion, vor dem Rausgehen das In-sich-Gehen. Deshalb ist die Midianphase des Mose von fundamentaler Bedeutung und kostbar für uns. Sie ruft uns zu: Es ist okay, sich nach dem Absturz erst einmal zu sammeln. Es ist wichtig, einmal einen Gang runterzuschalten und das private Leben in Ordnung zu bringen. Und zugleich wird deutlich: Alles ist das nicht. Stillstehen ist eben nicht immer gleich Rückschritt, wie das Wirtschaftsprinzip es sagt. Wenn es ein kurzes Verweilen ist. Denn der komplette Stillstand, das macht die Bibel sogar noch radikaler deutlich als alle Managerleitlinien, das ist der Tod.

Das zweite Detail, das inspiriert, ist Moses Entscheidung, als Hirte zu arbeiten und zu heiraten. Er lernt das Leben seiner Mitmenschen kennen, wie bereits geschildert. Er wird erdiger, könnte man sagen. Im Hebräischen bedeutet ădāmāh »Ackerboden«, »Erdboden«. Eng damit verbunden ist der Name Adam, ādām: der »Mensch«, der von Gott aus Staub geschaffen wurde.

Mose befindet sich in Midian im Staub. Existenziell gesehen, weil er seine Träume verloren hat und vom Himmel der Luftschlösser auf den Boden der Tatsachen gekommen ist. Zugleich befindet er sich als Hirte im Staub, im Wüstenstaub, wenn er Tag für Tag mit der Herde hinausgeht, wenn er den Sand von seinem Mantel abschüttelt, wenn er den Weg finden muss, der verweht wurde und unkenntlich geworden ist, um seine Schafe wieder sicher nach Hause zu bringen.

Mose wird in Midian zu Staub und zugleich aus dem Staub zu einem neuen Menschen, zu einem neuen Adam. Die Zeit in Midian, das ist wie eine zweite Geburt für Mose, aus dem Staub seiner Existenz heraus.

Zu dieser zweiten Geburt gehört es, dass sich Mose endlich mit seinen Identitäten auseinandersetzt. Mose verbindet sich mit dem Land Midian und mit dem Leben durch seine Arbeit und vor allem durch seine Familie.

Er zeugt Söhne mit der Frau, die nicht aus seiner Kultur stammt, und geht damit einen Bund ein mit ihr, mit ihrer Familie und letztlich auch mit dem Land, das ihre Heimat ist, die Heimat ihres Volkes. Eine Parallele zur Inkarnation Gottes ist zu erkennen, der sich durch die Menschwerdung für immer mit der Welt, mit den Menschen verbindet, indem er Fleisch wird.

Diese Verbindung durch die Inkarnation ist unüberbietbar und nicht rückgängig zu machen. Inkarnation, Fleisch werden, bedeutet zugleich auch, dass Mose endlich in seine Haut findet. Er war aus der Haut gefahren, hatte seine Haut retten wollen und ist jetzt endlich so weit, sich langsam in seiner Haut wohlzufühlen. Langsam und nicht komplett, dazu ist Mose noch nicht wirklich angekommen, dazu hat er seine Bestimmung noch nicht ganz gefunden. Denn noch ist er Hirte von Schafen, die einem fremden Volk gehören. Doch in Midian, wo Mose geerdet wird, wo er zum Mann und vor allem zum Vater wird, liegt die Basis dafür, dass Mose später Hirte seines Volkes sein kann. Und wie in Midian gehören die Schafe dieser Herde nicht Mose, er ist nur ein Diener. Aber einer, der dadurch zu seiner Identität und damit zu sich selbst findet. Dazu wird, nach der Zeit der Reflexion und des Rückzugs ins Private, bald etwas anderes gehören.

Mose, das wird in Midian klar, ist nicht, »wie die anderen Hebräer, durch die niederziehende Lebenshaltung des Sklavenhandels hindurchgegangen, sondern aus der Hochkultur des ägyptischen Hofs unmittelbar in die naturnahe Atmosphäre des halbnomadischen Daseins eingekehrt. Darin ist etwas Grundwichtiges eingeschlossen: Wie immer es sich mit der Verwandtschaft zwischen Israel und Midian verhält, Mose ist auf dem Weg seiner Flucht zu seinen Vätern gelangt. Ein Mann aus dem versklavten Volk, der einzige nicht mit Versklavte, ist in die freie und herbe Luft der Väter zurückgekehrt.« Martin Buber spricht an, was Mose so kostbar macht, für sein eigenes Volk und uns: Es mag sein, dass sein Hunger nach Freiheit nicht derselbe war wie der seines versklavten Volkes.

Er hat sich das Sklavendenken nicht angewöhnt, und in Midian befreit er sich von den kulturellen Ketten seiner ägyptischen Herkunft. Noch als Ägypter gewandet, legt er diese Identität buchstäblich ab, häutet sich und kehrt zu dem Freiheitserlebnis zurück, das sein Volk vor der Sklaverei hatte. Mose wird wieder Halbnomade, wird also einerseits sesshaft, bleibt aber eben auch immer wieder auf Wanderschaft. Er ist noch nicht der große Wanderer, Symbol eines Lebens mit Gott. Doch er lernt in Midian die Lektion der Wüste, wie rau das Leben dort sein kann und wie erfüllend zugleich. Insofern mag es in bestimmten Punkten so sein, was Charles de Foucauld so euphorisch über die Wüsten geschrieben hat und was eingangs aufgegriffen wurde. Die Freiheit bekommt in Midian einen ganz neuen Geschmack für Mose, sie schmeckt ursprünglicher, wilder, rauer, vor allem echter.

Und dieser neue Geschmack ist es, der schließlich den tiefen und unbändigen Hunger nach Freiheit hervorrufen wird, der nicht so einfach gestillt werden kann. Und der so existenziell ist, dass er ein Leben lebenswert, ein Leben authentisch macht. Mose muss erst seinen Hunger nach Freiheit finden, um in seinem Volk den Hunger zu wecken. Die grundlegenden Erfahrungen dafür macht er in Midian – eine zentrale Erfahrung wartet dort aber noch auf ihn.

DER NEUGIERIGE

Raus zu den Räubern und Schakalen

Kritik kann erschüttern und uns bis ins Mark treffen, das habe ich oft erlebt. Sie kann uns verletzen, sogar verstören. Kritik, vor allem wenn sie uns ungerecht oder überzogen erscheint, geht unter die Haut. Aber gerade auch, wenn Kritik sitzt, wenn sie einen wunden Punkt trifft, ist es nicht immer leicht, sie anzunehmen.

Uns fällt es zwar sehr leicht zu sagen, dass es wichtig sei, den Finger auf oder sogar in die Wunde zu legen. Doch wenn es so weit kommt, tut das weh, es schmerzt, es verhindert zunächst einmal, dass sich Schorf über der Wunde bilden kann, der Schorf des Vergessens.

Kritik und Krise hängen etymologisch nicht direkt zusammen, wenngleich beide auf ein griechisches Wort zurückgehen, die Kritik zudem noch auf einen französischen Begriff. Doch beide Wörter ähneln sich im Deutschen vom Klang her, und inhaltlich passen sie hervorragend zusammen: Eine Kritik kann eine Krise auslösen. Und diese Krise kann das sein, was sie im Griechischen auch ist: eine Chance. Doch sie als Chance zu begreifen, die Kritik wie die Krise, das ist manchmal enorm schwer.

Ich erinnere mich an meine Zeit als Schulleiter in Handrup. Ich war jung, einer der jüngsten Schulleiter überhaupt in Deutschland. Ich hatte zuvor noch mein Jahr in der Bronx absolviert, um so gut wie möglich für meine Aufgabe gerüstet zu sein. Doch es gibt Situationen, für die man sich nur sehr bedingt vorbereiten kann, wenn man sie nicht direkt erlebt. Und Schulleiter zu sein, bedeutet vor allem, nicht nur Leiter einer Schule, sondern Leiter von Schülern und Lehrern zu sein. Man ist nicht Leiter einer Institution, sondern Leiter einer Gemeinschaft, einer zutiefst unterschiedlichen Gemeinschaft.

Gerade am Anfang gab es Kollegen – Schüler weniger –, die mir aufgrund meines Alters etwas skeptischer begegneten. Manchmal vielleicht gar nicht zu Unrecht, es gab Dinge, die sie mir durch ihre Erfahrung voraushatten. Andere Vorbehalte waren grundsätzlicherer Natur, waren einer Einstellung geschuldet, die verkürzt so lautet: »Was will denn der Junge uns erzählen. Der soll doch erst einmal das Grün hinter den Ohren loswerden.«

Ich habe in dieser Zeit einige Kämpfe aus- und durchgestanden, die manchmal auch mit harten Bandagen geführt wurden. Nicht immer hatte ich diese Bandagen richtig angelegt, nicht immer waren sie nötig.

Ich erinnere mich vor allem an einen Kollegen, dessen Fundamentalopposition mich bis aufs Blut reizte und dessen Kritik ich so überzogen fand, dass ich aus der Haut hätte fahren können wie Mose in Ägypten. Ich habe damals mit voller Härte reagiert, habe alttestamentarisch Auge um Auge und Zahn um Zahn vergolten, und mehr noch, ich saß ja am längeren Hebel. Ich dachte mir: »Wenn dieser Kollege mir das Leben zur Hölle macht, dann mache ich ihm sein Leben wenigstens zur Vorhölle.« Und ich muss gestehen: Ich habe ihm das Leben wirklich zur Vorhölle gemacht.

Ich könnte viele Beispiele und Auseinandersetzungen von diesem Kampf anführen, doch das will ich nicht, auch aus Rücksicht auf den damaligen Kollegen. Ich bereue manches aus dieser Konfrontation, bedauere viele Aspekte meines Verhaltens. Gelernt habe ich aber trotzdem daraus. Vor allem zwei Dinge: Erstens, dass man Kritik ertragen muss, gerade als Leiter, als Anführer. Das ist nicht schön, das lässt uns zornig und wütend werden, das nagt an uns, gerade, wenn wir Kritik als unangemessen empfinden. Doch ich bin überzeugt davon, dass es die Position eines Leiters mit sich bringt, dass man auf ihn eintrommeln darf, dass er auch unberechtigte Vorwürfe aushalten muss.

Mose, das ist mir beim Schreiben dieses Buches klar geworden, zeigt, wie schwer das sein kann. Auf ihn prasselt ständig Kritik hernieder, er sieht sich bitteren Vorwürfen ausgesetzt, sogar gefährlichen Anklagen. Nicht immer geht er damit souverän um, gerade nicht zu Beginn.

Ich kann das gut nachvollziehen, und ich glaube, dass jeder Mensch, der in irgendeiner Weise Leiter ist – und das gilt auch für Eltern oder Großeltern –, diese Momente kennt.

Doch Mose zeigt, dass dieses Aushalten-Können ein Prozess ist, eine Entwicklung, die wehtun kann, die aber für einen Leiter unverzichtbar ist. Wer eine dicke Haut bekommt, fährt nicht so schnell aus ihr heraus.

Dazu gehört das, was ich zweitens gelernt habe und was mich heute sehr stark prägt: Ein Leiter, ein Lehrer, muss lernen wollen und können. Das ist vielleicht die wichtigste Einsicht für mich, zumindest für mein persönliches Leben.

In meinem Büro in Rom hängt ein wunderbares Messingschild. »I am still learning«, steht darauf. Das Schild stammt von meinem Vorgänger als Ordensoberer, Pater José Ornelas Carvalho SCJ, der heute Bischof von Setúbal in Portugal ist. Der Spruch selbst wiederum stammt von einem Künstler, der nicht weit von unserem Ordenshaus in Rom, im Petersdom zum Beispiel, wahre Wunder der Bildhauerei, Malerei und Architektur vollbracht hat: Michelangelo Buonarroti.

Auf Deutsch übersetzt heißt der Spruch: »Ich lerne immer.« Oder auch: »Ich lerne immer noch.« Dieses »Noch immer lernen« aus dem Mund eines der größten Genies der Menschheit fasziniert mich. Es erinnert mich zudem an einen ehemaligen Ausbilder, den ich in meiner Zeit als angehender Lehrer kennenlernte. Ich war damals im Priesterseminar St. Peter im schönen Schwarzwald zur pastoral-theologischen Ausbildung, so nennt man das. Dort sollten wir lernen, wie man Sakramente spendet, wie man predigt, wie man Beerdigungen hält. Und es gab eine kleine Einführung in das Schulwesen.

Unser Ausbilder war klasse, erfahren, charismatisch und vor allem: er war voller Begeisterung für den Lehrerberuf. Er sagte uns damals unter anderem etwas, was ich nie vergessen habe und was das »Ich lerne immer noch« von Michelangelo wunderbar ausformuliert: »Die besten Lehrer sind die, die immer noch Schüler sind und die nie aufhören, Schüler zu sein. Lehrer müssen immer weiter in die Schule gehen.« Ich glaube, das gilt nicht nur für Lehrer, sondern für alle Menschen, ganz besonders dann, wenn sie andere Menschen anleiten und führen. Dazu gehört eine gewisse Bescheidenheit, die unser Ausbilder so zusammenfasste: »Ich sehe heute Zehnjährige, die können jetzt schon

Dinge, die ich nie konnte und die ich nie können werde. Ich sehe sie jeden Tag, und das erdet.« Dazu gehören Wissensdurst, Dynamik, Leidenschaft, Offenheit. Dazu gehört aber vor allem: Neugierde. Die vielleicht sogar am meisten.

Es gibt zur Neugierde unzählige wundervolle Zitate: Der Spruch »Wer nicht neugierig ist, erfährt nichts« wird Johann Wolfgang von Goethe zugeschrieben. »Die Glücklichen sind neugierig«, sagt Friedrich Nietzsche. Aber es gibt auch negativere Zitate, wie das »Neugierde wird aus Eifersucht geboren« von Molière.

In der Tat ist Neugierde heute nicht selten negativ konnotiert, hat etwas mit »die Nase in die Angelegenheiten anderer Leute stecken« zu tun, gilt manchen als Eindringen in die eigene Privatsphäre. Von dieser Neugierde, die letztlich eher ein Suchen nach Klatsch und Tratsch sein mag, ist hier nicht die Rede. Sondern von der Neugierde, die mit der Offenheit, mit dem Horizont für Neues, mit innerer Flexibilität und natürlich mit Mut zusammenhängt. Mit der Neugierde, die Mose in Midian fast verloren hatte – und die ihn letztlich dazu bewogen oder zumindest in die Situation gebracht hatte, ein Leben als Halbnomade zu beginnen.

Mose ist in Midian, einer gebirgigen Wüstenlandschaft, zunächst einmal weniger neugierig als ängstlich. Er will größeren Konfrontationen aus dem Weg gehen, und abgesehen von der Szene am Brunnen tut er das auch. Mose lebt als Hirte zusammen mit seiner Familie.

Doch Gregor von Nyssa bemerkt hier ein besonderes Detail: »Jitro gesteht ihm zu, ein ganz normales Leben zu führen, das

Leben, das er wollte. Und Mose entschied sich für das Alleinsein.« Vielleicht, so hat Carlo Maria Martini gemutmaßt, spricht aus diesen Zeilen Gregor selbst, der sich zeitweise in die Einsamkeit des Mönchslebens zurückzieht – oder müsste man besser, gerade mit Blick auf Mose sagen, in das Alleinsein? Dazu später mehr, die Frage nach Einsamkeit und Alleinsein wird für Mose im Laufe seines Lebens noch wichtig werden.

Doch erst einmal sucht er Zeit für sich, trotz seiner Rolle als Familienvater. Sein Job als Hirte ist dafür perfekt. Er muss hinaus in die karge Vegetation, weg von der Zivilisation, allein seine Herde begleitet ihn. In diesen Stunden bleibt viel Zeit zum Nachdenken, für Reflexion, aber vielleicht auch dafür, aufzutanken, den Kopf freizubekommen, seine innere Ruhe zu finden. All das ist im vorherigen Kapitel bereits beschrieben worden, doch noch fehlt etwas, was Mose nur vorübergehend abgelegt zu haben scheint, und das sich immer wieder in ihm regt: eben die Neugierde. Auch noch im Alter von achtzig Jahren.

Die Neugierde Moses wird an einem Tag besonders deutlich. In der Bibel heißt es über diesen Tag: »Mose hütete die Schafe seines Schwiegervaters Jitro, des Priesters von Midian. Einmal trieb er die Schafe über die Steppe hinaus und kam zum Berg Gottes, zum Horeb.« (Ex 3,1)

Vermutlich war es nicht das erste Mal, dass Mose mit seiner Herde weiter wanderte, als eigentlich nötig gewesen wäre. Anscheinend liebte er das Alleinsein, die Abgeschiedenheit, und nahm sich so seine Auszeiten. Für ihn waren diese Momente kostbar und essenziell auf seinem Weg zu sich selbst. In der Abgeschiedenheit fühlte er sich wohl in seiner Haut. An diesem Tag eben zieht Mose mit seiner Herde bis zum Berg Horeb. Das ist ein ganz anderes Terrain als die Steppe. Dort hört die Fruchtbarkeit endgültig auf, und die Kargheit beginnt. Das Gestein, unbehauen, scharfkantig, abweisend, das muss Mose ein wenig wie sein eigenes Schicksal vorgekommen sein.

Hier leben nicht die Menschen, die Handel treiben oder Vieh hüten. Zwar sind hier hin und wieder Nomaden anzutreffen, ansonsten aber hausen hier Räuber und Schakale, lauern hier Gefahren, die anständige Menschen eigentlich meiden. Mose aber zieht es geradezu hin zu diesem Ort. Vermutlich kann er sich seine Faszination selbst nicht erklären, außer mit seiner Neugierde, die ihn dazu treibt, unbekanntes Terrain zu erkunden. Ein Überbleibsel seines alten Lebens, das auch durch den Rückzug ins Private, durch eine gewisse Ängstlichkeit, nicht völlig ausgelöscht worden ist, weil es zum Wesenszug Moses, zu seinem ureigenen Charakter gehört, den ein Mensch nicht so einfach verliert.

Immer noch staunen können

Mose also treibt seine Herde voran, hin zu einem Ort, der gefährlich ist oder es zumindest sein könnte. Das aber bedeutet nicht nur, dass Mose sich selbst in Gefahr begibt, er bringt auch seine Herde in Gefahr, das Eigentum seines Schwiegervaters.

Womit er sein eigenes Schicksal gleich doppelt riskiert. Was, wenn er zwar heil zurückkäme, aber zwei Schafe von Schakalen gerissen worden wären? Wie würde Jitro darauf reagieren, dass sein Schwiegersohn, den er als mittellosen Flüchtling aufgenommen und ihm sogar seine Tochter zur Frau gegeben hat, leichtfertig und aus Neugierde heraus sein Eigentum aufs Spiel gesetzt hätte? Krach war vorprogrammiert, doch Mose ließ sich trotzdem nicht aufhalten.

In der Bibel heißt es über die Momente, als Mose sich dem Berg nähert und der Weg schwieriger wird, als die Bäume weniger und dürrer werden und schließlich keine anderen Herden mehr zu sehen sind, über diesen Augenblick heißt es in der Bibel nur kurz: »Da erschien ihm der Engel des Herrn in einer Feuerflamme, mitten aus einem Dornbusch heraus. Als er hinsah, nahm er wahr, dass der Dornbusch wohl brannte, aber vom Feuer nicht verzehrt wurde. Da dachte Mose: Ich will doch hingehen und dieses seltsame Schauspiel betrachten, warum der Dornbusch nicht verbrennt.« (Ex 3,2–3)

Betrachtet man die Sätze eingehender und stellt sich gleichzeitig die Szenerie vor, fragt man sich: Wieso nur ist Mose in diese Einöde gewandert, und weshalb ist er nicht, als er dieses bedrohliche Leuchten erblickte, sofort umgekehrt? Vermutlich sah er das Feuer oder dessen Flackern schon von Weitem.

Feuer vor Felswänden wirkt besonders eindringlich, als würden wildgewordene Dämonen tanzen, in Schatten verschwinden, wieder hervorspringen, nach dem Betrachter greifen. Wer würde da nicht Reißaus nehmen? Mose jedenfalls nicht. Er kehrt nicht um, sondern: Er wundert sich. Und: Mose staunt.

Das Staunen Moses, gepaart mit seiner Neugierde, ist besonders faszinierend. Ein Achtzigjähriger, der nicht sagt: »Das ist jetzt wirklich gefährlich für mich und die Herde. Das ist kein Abenteuer mehr für mich Greis, da sollen doch lieber die Jungen ran.

Ich bin wirklich zu alt für solche Sachen.« Das wäre eine Reaktion gewesen, die jeder verstanden und vielleicht sogar erwartet hätte. Doch Mose staunt.

Er hat sich diese wunderbare Fähigkeit, die wir als Kinder von Natur aus haben und fühlen, erhalten. Das Staunen ist ein Geschenk Gottes, das wir im Alter oft verlieren. Man hat schon so viel gesehen und gehört, hat zwar nicht alles, aber doch vieles erlebt, ist satt von den vielen Eindrücken. Das ist ein normaler Prozess, allerdings ein Prozess, der inaktiv, passiv und verschlossen werden lässt. Nicht ohne Grund heißt es in der Philosophie, dass das Denken beim Staunen beginnt. »Das Staunen ist die Einstellung eines Mannes, der die Weisheit wahrhaft liebt, ja, es gibt keinen anderen Anfang der Philosophie als diesen«, meint Platon. Im Staunen liegt die Fähigkeit, sich begeistern zu lassen, sich neuen Eindrücken auszusetzen, und: zu lernen. Michelangelo hätte also sicher auch gesagt: »Ich staune noch immer.« Mose also hat sich nicht nur die Neugierde, sondern auch das Staunen erhalten. In einer Welt wie der unseren, in der immer mehr Menschen immer älter werden, in der die Zeit nach dem Job immer länger wird, wird uns Mose auf diese Weise zur Inspiration. Ein Mann, der so viel erlebt hat wie er, auch so viele Verletzungen und Enttäuschungen, hat nicht aufgehört zu staunen.

Das Wandern zum Berg Horeb steht also auch sinnbildlich dafür, dass Mose nach Jahren der Sesshaftigkeit und Reflexion – und sicher auch des Frustes – wieder seinen Horizont erweitert. Er zieht hinaus in die Ferne, ein Weg führt ihn durch die Steppe der Gewohnheit und des schon Erlebten hin zu einem Ort, den er nicht kennt, vor dem die Leute vielleicht warnen, den man meidet, obwohl man ihn noch nie gesehen hat.

Moses Weg durch die Steppe zum Berg, das ist auch eine Absage an die vielen Bedenkenträger um uns herum, die vor Erfahrungen warnen, ohne sie je gemacht zu haben. Eine Absage an die, die sich am liebsten in den Zelten der Bequemlichkeit verkriechen oder im besten Fall noch durch die Steppe der Routine spazieren, in der das Gras nicht zu hoch und der nächste Baum nicht zu weit ist, der die Möglichkeit bietet, sich in Sicherheit zu bringen.

Mose auf dem felsigen, unbekannten Terrain, auf dem er Halt suchen, wo er bewusst Schritt um Schritt setzen muss, wo er nicht jeden Grashalm kennt: Das ist das Sinnbild des Menschen, der sich vorwagt, egal, ob er vierzig, sechzig oder eben achtzig ist. Der staunende Mose auf dem Weg zum Horeb kann für jeden von uns ein Symbol dafür sein, sich Phasen der Ruhe und Einkehr zu gönnen, dann aber wieder loszuziehen zu den unbekannten Orten unseres Lebens.

Carlo Maria Martini hat diese Stelle auf originelle Weise interpretiert und einen überraschenden Gedanken herausgearbeitet: Gewöhnlicherweise wird übersetzt, dass Mose sagte: »Ich will dorthin gehen und mir die außergewöhnliche Erscheinung ansehen« und dass er »näher kam, um sich das anzusehen«. Das zugrunde liegende griechische Wort »Katanoêsae« bedeutet aber mehr als nur »sehen«. Es meint »Nous«, also den Geist, die Vernunft, das Mentale.

Mose ist also von der Freiheit des Geistes erfasst, er spürt sie wieder nach der langen Phase der inneren Reinigung. Er ist nicht verbittert und sagt deshalb nicht: »Ach, das tue ich mir nicht noch einmal an. Ich habe genug von Abenteuern.« Nein, Mose will den Dingen auf den Grund gehen, er will sich mit eigenen Augen davon überzeugen, was dort vor sich geht. Als Mose das Feuer sieht, brennt auch ein Feuer in ihm. Und dieses Feuer brennt unabhängig vom Alter.

Mose staunt darüber, dass dieser Dornbusch anscheinend nicht verbrennt, und er will wissen, weshalb das so ist. Mose lässt die Fragen zu, er will aber auch Antworten haben. Und damit stellt er sich zwei Haltungen entgegen, mit denen es uns immer wieder gelingt, Fragen zu unterdrücken. Die eine besteht darin, Fragen nicht mehr zuzulassen. Die andere, Antworten nicht einzufordern und alles fraglich sein zu lassen.

Es gibt eine Bequemlichkeit oder Ängstlichkeit vor den Fragen wie vor den Antworten, die den Menschen lähmt. Wer nichts fragt, wird keine Antworten bekommen. Wer aber nur fragt, dann die Antworten nicht einfordert, wenn er sie nicht sofort bekommt, der wird ebenfalls nichts lernen. Dieses Einfordern kostet Zeit und Kraft. Jeder weiß, wie beschwerlich es sein kann, wenn wir zum Beispiel eine Information benötigen, einmal anrufen und ein zweites Mal, dann eine Mail schicken, vielleicht sogar noch eine, und wenn wir dann immer noch nichts herausbekommen haben. Das kann nerven, es kann unsere Wut wecken, vor allem aber kann es frustrieren.

Martini weist in seinen Überlegungen nun auf Folgendes hin, was den staunenden, neugierigen Mose ausmacht: Die französische Übersetzung der Jerusalemer Bibel übersetzt Moses Entschluss so: »Je vais faire un détour.« Diese Übersetzungsvariante kommt dem hebräischen Original näher und meint so viel wie: »Ich werde einen Umweg machen.«

Mose macht also einen Umweg, er nimmt auf schwerem Gelände ein paar Extrameter in Kauf, um Antworten zu bekommen. Er lässt sich nicht entmutigen, sondern ist bereit, für seine Antwort etwas zu investieren. Das gehört zur Neugierde dazu: dass wir einerseits staunen und neugierig sind, dass wir dann aber auch den Mut und die Bereitschaft aufbringen, etwas dafür zu tun, dass unsere Neugierde befriedigt wird.

Das schwingt im »I am still learning« mit: Es geht nicht nur darum, irgendwie grundsätzlich offen zu sein, es geht auch darum, zu lernen, sich anderen auszusetzen, Anstrengungen zu unternehmen, um etwas zu verstehen und zu behalten. Der »détour«, der Umweg des Mose, ist ein existenzielles Bild der Umwege unseres Lebens, die wir nehmen müssen, um zu Erkenntnis über Wissensdinge, den Glauben oder über uns selbst zu kommen.

Dieser Umweg bringt Schwierigkeiten mit sich, und eine Frage, die ich mir vor meinem Hintergrund als Lehrer und Schulleiter häufiger gestellt habe, ist die nach der Verantwortung. Es ist ja schön und gut, dass Mose neugierig ist und den Dingen auf den Grund gehen will.

Doch ist es in Ordnung, dass er dafür seine Schafe in Gefahr bringt? Ist die Neugier des Mose nicht auch negativ zu deuten, eben als eine Gier nach dem Neuen? Ist Mose womöglich aus lauter Gier blind für die Gefahr und seine eigene Verantwortung? Eine einfache Lösung für diese Fragen gibt es wohl nicht. Es ist nicht selten ein Balanceakt der Führung, wenn es darum geht, anderen Menschen Neues nahezubringen, sie Erfahrungen machen zu lassen.

Ein gewisses Risiko wird man immer in Kauf nehmen müssen: Das muss gar nicht unbedingt im physischen Sinne gemeint sein. Das Sich-Wagen auf fremdes Terrain schließt Enttäuschungen und Scheitern immer mit ein. Wenn ich als Lehrer meinen Schülern neue Unterrichtsformen oder -inhalte anbiete, nehme ich in Kauf, dass diese neuen Pfade vielleicht nicht für jeden geeignet sind oder dass ich selbst mich auf ihnen noch nicht auskenne.

Wenn ich als Partner mit meiner Partnerin etwas Neues beginne, sei es nur ein Tanzkurs oder aber der Aufbau einer Existenz im Ausland, setze ich sie und mich einem Risiko aus. In vielen Fällen wird das Risiko einschätzbar und vertretbar sein. Manchmal aber auch nicht, und das ist gar nicht so selten. Denn was ist mit dem Risiko, das Millionen jeden Tag eingehen, das Risiko einer neuen Beziehung?

Das kann schwieriges Gelände sein, der Charakter des anderen ein fremdes Terrain, wir wissen nicht, wo wir uns festhalten können und wo man springen muss, wo sich scharfe Kanten verbergen und wo sichere und trittfeste Vorsprünge sein mögen.

Wenn wir aus der Steppe des Alleinseins hineingehen zum Berg der Begegnung – auf dem Berg Horeb begann Moses Beziehung mit Gott durch seine Begegnung mit ihm im Feuer –, dann ist das immer ein Risiko und auch eine Frage der Verantwortung: Ist es richtig, dass wir diese Beziehung eingehen? Bin ich offen für etwas Neues? Vertraue ich darauf, dass ich unterwegs nicht abstürze, oder habe ich Angst, dass mich die Höhenangst packt, dass ich plötzlich in einen unvermuteten Abgrund blicke und mir schwindlig wird?

Diese Fragen gehören zur Verantwortung für mich und den anderen dazu, ich werde sie aber nie komplett vorab beantworten können. Und, mindestens genauso wichtig: Ich brauche, um eine neue Beziehung zu beginnen, die Fähigkeit des Staunens und der Neugierde, um mich von dem anderen begeistern, um mich auf ihn einzulassen, um wie ein kleines Kind vor dem anderen zu stehen, mit offenem Mund sogar, und mich zu fragen, weshalb dieses Feuer brennt, aber nichts verzehrt.

Und um mich dann, noch immer staunend und voller Neugierde, zu nähern, weil ich diesem Feuer auf den Grund gehen will. Auch dafür ist der staunende, neugierige Mose, der ein Risiko eingeht und so zur Beziehung kommt, eine Inspiration. Diese Inspiration kann für jede Art von Beziehung gelten, sicherlich in unterschiedlichem Maße, aber doch vom Grundsatz her. Die Einsichten gelten deshalb nicht zuletzt auch für unser Leben als Ordensleute, für unseren Weg in einer geistlichen Gemeinschaft.

Sich auf einen Orden, seine Regeln und seine Spiritualität, vor allem aber auf seine Mitbrüder einzulassen, ist immer auch ein Wagnis, ein Betreten von fremdem Terrain. Ich glaube sogar, dass gerade in der Spiritualität, auf der Suche nach Vertiefung, die Neugierde und das Staunen essenziell sind.

Wer sich mit vorschnellen Antworten zufriedengibt, wer gar nicht erst fragt, wer sich selbst nicht infrage stellt, wird spirituell selten wachsen, wird auf der Suche nach Wahrheit kaum weiterkommen, er wird im Grunde gar nicht auf der Suche sein. Das alles gehört zu einem Leben dazu – und natürlich auch zu einem Ordensleben. Auch die Frage nach dem Risiko und der

Verantwortung, die jeder Einzelne für sich und die Gemeinschaft und die die Oberen dazu noch einmal in einer besonderen Weise tragen. Ich selbst habe das erfahren – als Leiter, aber auch als junger Mitbruder von meinen Leitern.

Oft erfuhr ich das als sehr positiv mit einer großen Aufgeschlossenheit mir, meinen Charismen und meinen Vorhaben gegenüber. Und bis heute staune ich, was in unserer Gemeinschaft – und wir sind keine der großen und reichen Gemeinschaften – möglich ist, um seinen Horizont zu erweitern. Ich habe aber auch in aller Schmerzhaftigkeit erfahren, wie es ist, wenn ein Leiter sich in der Verantwortung sieht und das Risiko nicht mittragen will, das sein Schützling eingehen möchte.

Am heftigsten traf mich diese Erfahrung, als ich noch relativ am Anfang meines Ordenslebens stand und in Freiburg studierte. Ich hatte meine Prüfungen gut durchgepaukt, war auf einem ordentlichen Weg, wollte aber unbedingt zu neuen Ufern aufbrechen, vorübergehend zumindest. Ich wollte in Paris studieren, um mein Französisch zu verbessern, aber auch, um die Stadt und die Menschen kennenzulernen, um neue Erfahrungen zu machen. Ich wollte das unbedingt, hatte organisatorisch alles vorbereitet, hart gearbeitet, um mir ein solches Jahr auch vom Studium her leisten zu können.

Doch mein Leiter ließ mich nicht. Ich versuchte es mehrmals, doch alles nützte nichts. Er ließ mich nicht nach Paris, er ließ mich noch nicht einmal wirklich zu Wort kommen und bügelte alle meine Einwände kurzerhand ab. Ich war danach zutiefst getroffen und schlich wie ein Schatten herum. Meine Enttäuschung war groß und doppelt, über die scheinbar verpasste

Chance und über meinen Leiter, der mich einfach nicht verstehen wollte, zumindest aus meiner Sicht.

Später fand sich zwar noch eine Art Kompromiss, doch die Erfahrung der Enttäuschung habe ich nie vergessen. Erst lange Zeit danach erfuhr ich, was ein Hauptgrund für die harte Haltung meines Leiters gewesen war: Er hatte nicht das Risiko eingehen wollen, dass ich bei so viel neuen Erfahrungen in Paris in Versuchung geraten könnte, den Orden zu verlassen. Dass ich für eine andere Beziehung und ein anderes Terrain das mir Vertraute meiner Gemeinschaft aufgeben würde.

Diese Sorge hatte ihn wirklich umgetrieben. Zugleich war sein Vertrauen in mich nicht groß genug, um mich zu verstehen und ziehen zu lassen. Er konnte mir mein Staunen und meine Suche nach Antworten nicht gönnen.

Mose, der sich nach zwei Dritteln seiner Lebenszeit noch begeistern lässt und ein Risiko eingeht, ein Wagnis übernimmt, auch im Vertrauen auf sich selbst, das ist einer der faszinierendsten Aspekte dieser facettenreichen Geschichte. Seine Neugierde führt ihn hinaus aus der Komfortzone, die vielleicht in Sachen Luxus nicht allzu angenehm war, aber doch existenziell heimelig und kuschlig.

Mose verlässt die Komfortzone der Zelte und Steppe und bricht auf zum Berg. Dort beginnt sein Aufstieg zu einer völlig neuen Beziehung, zur Gottesbeziehung, und zugleich sein Aufstieg zum Leiter. Doch nicht zu einem Leiter, wie er gerne früher einer gewesen wäre, nicht zu einem heroischen Kriegshelden. Aber dennoch wird Mose ein Anführer für ein ganzes Volk, eben auch deshalb, weil er selbst in seiner stillen Phase in Midian seine Neugierde nicht ganz verloren und dann wiederentdeckt hat. Weil er immer weiter lernen will. Und weil ihn dabei auch Gefahren nicht schrecken.

Nicht einmal ein geheimnisvolles Feuer, das anders ist als alle Feuer, die ein Mensch jemals gesehen hat. Mose geht das Risiko Gott ein. Ein Risiko, das sein Leben und das von vielen anderen für immer verändern wird.

DER BRENNENDE

Zieh die Schuhe aus!

Stellen Sie sich doch einmal folgende Szene vor: Sie sind bei einem Arbeitskollegen zum Abendessen eingeladen, und zwar zum ersten Mal, Sie waren noch nie bei ihm. Sie fahren also mit dem Fahrrad, dem Auto oder der Bahn zu ihm raus und schauen sich erst einmal um. Wirklich einladend sieht es hier nicht gerade aus, auf der Straße begegnet Ihnen kaum ein Mensch, überall sind die Fensterläden heruntergelassen, alles wirkt abweisend.

Es ist kalt, ein richtig eisiger Abend, der Wind pfeift Ihnen um die Ohren und zerrt an Ihrer Jacke. Das Einzige, was Sie jetzt noch wärmt, ist der Gedanke an ein schönes Abendessen mit spannenden Gesprächen.

Sie sind schon neugierig auf die Wohnung des Kollegen, darauf, wie er außerhalb des Jobs drauf ist. Da vorne, das muss es sein, wenigstens sind die Fensterläden hier offen, das Licht brennt warm und verlockend. Wenige Schritte noch, Sie klingeln, dann geht's rein ins Treppenhaus. Zwei Etagen hoch, endlich, die Tür wird geöffnet. Und das Erste, was Sie zu hören bekommen, ist: »Stehen geblieben! Zieh die Schuhe aus!« Kein »Hallo«, kein »Bitte«, schon gar kein »Schön, dich zu sehen.« Einfach nur: »Stehen geblieben! Zieh die Schuhe aus!« Bumm! Ihr Kollege hätte Ihnen die Tür vor der Nase zuschlagen können, es hätte nicht stärker gerumst.

So empfangen zu werden, das verwundert und überrascht nicht nur, es brüskiert und beleidigt sogar. Ich kann mir vorstellen, dass der eine oder andere sich einfach umdrehen und die Treppen hinabsteigen würde. Gepfiffen auf den Kollegen, völlig egal, wie der lebt oder was er zu sagen hat! Wer einen anderen so begrüßt, mit dem kann es gar nicht klappen. Oder?

Für Mose verläuft die erste Begegnung mit Gott aber genau so. Da bringt er den ganzen weiten Weg hinter sich, kämpft sich mit seiner Herde von Schafen und Ziegen durch eine wenig ansprechende Umgebung, steht in einer ungastlichen Gegend, und dann ist das Erste, was er von diesem Gott zu hören bekommt: »Tritt nicht näher heran! Zieh deine Schuhe von deinen Füßen!« (Ex 3,5) Und wie reagiert Mose? Ist er etwa beleidigt, fühlt er sich womöglich vor den Kopf gestoßen, weil er sich doch solche Mühe gemacht hat und dann so unfreundlich empfangen wird? Dreht er sich vielleicht um, hat die Nase gestrichen voll, geht zurück in die Steppe und nach Hause, da er dort wenigstens weiß, was ihn erwartet und was er hat? Nein, Mose bleibt stehen. Man kann nur spekulieren, weshalb. Vielleicht ist seine Neugierde stärker, vielleicht ist sein Staunen größer als das Gefühl, brüskiert zu werden. Oder aber Mose ist so verblüfft von dieser rüden Ansprache, dass er gar nicht anders kann, als zu gehorchen.

Wir kennen solche Situationen ja auch: Wir sind von einer Frechheit viel zu überrumpelt, um uns wirklich wehren zu können, und wir gehorchen wie kleine Kinder. Erst im Nachhinein denken wir darüber nach, was das denn eigentlich war. Oder wir ärgern uns, dass wir dem einfach so Folge geleistet und nicht gegen diese Unverschämtheit protestiert haben.

Wie auch immer, Mose bleibt stehen und hört die nächsten Worte: »Der Ort, auf dem du stehst, ist heiliger Boden!« (Ex 3,5) Spätestens jetzt wäre es wohl jedem von uns zu bunt geworden. Aus und vorbei! Mir wäre das auf jeden Fall so gegangen. Würde mein Arbeitskollege mir etwas von einem heiligen Boden erzählen, und würde da ein noch so wertvolles Parkett oder ein glänzender Marmorboden auf mich warten, ich würde mit Sicherheit kehrtmachen. Soll er doch alleine glücklich werden mit seinem heiligen Boden. Mose allerdings bleibt weiter stehen, und es folgen die letzten Worte dieser seltsamen Begrüßung: »Ich bin der Gott deines Vaters, der Gott Abrahams, der Gott Isaaks und der Gott Jakobs.« (Ex 3,6) Und Mose verhüllt aus Angst und Ehrfurcht sein Gesicht.

In dieser zentralen Episode der Mosegeschichte geht es um die Selbstvorstellung Gottes, der sich als Gott der Väter bezeichnet und Mose damit an seine eigentliche Herkunft erinnert. Gott sagt ja nicht nur, er sei der Gott Abrahams, Isaaks und Jakobs. Sondern er gibt sich Mose als Gott seines Vaters zu erkennen und zeigt auf diese Weise, dass Mose zwar in der Fremde ein neues Zuhause gefunden und eine Familie gegründet hat, dass aber sein Volk, dass seine Wurzeln an einem ganz anderen Ort zu finden sind. Mehr noch: Gott sagt, er sei der Gott Abrahams, der Gott Isaaks, der Gott Jakobs und eben der Gott Moses.

Diese Wiederholung ist kein Zufall und keine reine Rhetorik. Gott sagt damit aus, dass er der Gott jeweils jeder Generation ist. Dass Abraham, sein Sohn Isaak und sein Enkel Jakob genauso wenig wie Mose und seine Leute einfach nur den Gott der Väter »übernehmen« müssen. Gott bleibt Gott, das schon. Doch der Zugang zu ihm ist von Generation zu Generation, von Mensch zu Mensch unterschiedlich. Mose erfährt denselben einen Gott wie Abraham, er erfährt ihn aber doch in vielen Aspekten ganz anders. Die Begegnung Gottes mit dem Menschen ist immer individuell, immer geprägt durch den Kontext, die Kultur, selbstverständlich auch durch die Kunst, vor allem aber durch den Menschen selbst. Gott ist so sehr der eine, dass er für jeden Menschen der andere und anders sein kann. Das ist die große Spannung, die sich in dieser Wiederholung verbirgt. Und die für uns heute bedeutet, dass wir uns nicht einfach zurücklehnen und sagen können: Wunderbar, der Gott Abrahams ist auch der unsere, da übernehmen wir nur schnell die überlieferten Rezepte und Weisheiten, und alles passt. Nein, es gibt eben auch den Gott Heiner Wilmers, es gibt Ihren Gott, den Gott Ihrer Partnerin und den Gott Ihres Kindes oder den Gott Ihres Bruders. Es ist derselbe Eine, doch jeder von uns muss seinen individuellen Zugang finden und seine eigene Begegnung erleben.

Jeder von uns, so die Wüstenlektion Moses, muss zu seinem eigenen Berg Horeb wandern, um sich von Gott entflammen zu lassen. Das kann in der Abgeschiedenheit stattfinden oder in einem überfüllten Café in einer Großstadt, es kann in einer baufälligen Kapelle auf dem Land passieren, am Tisch im stundenlangen Gespräch mit Freunden oder während eines wunderbaren Konzerts in der Oper. Nur, und das wird später noch eine Rolle spielen: Um die Begegnung mit Gott zu hören, um sie vor allem zu wiederholen, braucht es oft die Stille. Die äußere und die innere.

Diese Aussage vom individuellen Zugang, vom jeweiligen »Gott der Generation«, geht oft etwas unter, wird fast vergessen wegen des brüsken und schroffen Beginns der Begegnung Moses mit Gott, wenn der sagt: »Zieh deine Schuhe von deinen Füßen!«

So klingt keine Bitte, und so klingt auch kein liebenswertes Angebot; was hier ausgesprochen wird, ist ein Befehl. Unmissverständlich und klar, Widerrede nicht gestattet.

Immerhin, Gott liefert direkt darauf die Erklärung für diesen Befehl, indem er auf den heiligen Boden verweist. Das wiederum überrascht jedoch, weil sich Gott und Mose in diesem Augenblick außerhalb der Zivilisation befinden, dort, wo die Räuber und Schakale hausen, an einem Ort, den viele Menschen meiden, einem Ort, der buchstäblich ein No-Go ist. Es ist ein von Menschen verlassener Ort – aber kein von Gott verlassener, kein gottverlassener. Denn genau dort, wo man ihn am wenigsten erwarten würde, fernab des Prunks und der Pracht des Pharao, aber auch entfernt von den Zeltstädten der Midianiter, genau dort trifft Mose auf Gott, und das ist kein Zufall. Es ist eine elementare Aussage über den Glauben, die sich knapp wie folgt zusammenfassen lässt: Gott ist ein Gott der Überraschungen. Und weil er das ist, müssen wir offen sein, müssen uns überraschen lassen. Wir dürfen spontan sein, denn Gott ist auch ein spontaner Gott, ein lebendiger Gott, kein Gott der Routine und Langeweile.

Papst Franziskus hat dazu und zu dem »Gott der Überraschungen« eindrückliche Worte gefunden, zum Beispiel am 8. Mai 2017 in der Frühmesse, die er zusammen mit einem kleinen Kreis im Gästehaus Santa Marta feierte: »Der Geist ist das Geschenk Gottes, dieses Gottes, unseres Vaters, der uns immer überrascht. Der Gott der Überraschungen.« Er sei »ein lebendiger Gott, ein Gott, der in uns wohnt, ein Gott, der unser Herz bewegt, ein Gott, der in der Kirche ist und mit uns geht; und auf diesem Weg überrascht er uns immer.« Und während einer anderen Frühmesse, am 20. Januar 2014, erklärte der Papst: »Das Wort Gottes ist frei. Und es ist auch eine Überraschung, weil unser Gott der Gott der Überraschungen ist. Gott kommt und schafft alles stets neu. Er ist Neuheit. Das Evangelium ist Neuheit. Die Offenbarung ist Neuheit. Unser Gott ist ein Gott, der stets Neues schafft. Und von uns fordert er diese Fügsamkeit seiner Neuheit gegenüber.«

Sich von Gott überraschen lassen, nicht gleich abhauen, wenn etwas nicht sofort nach unserem Gusto ist, ihm eine Chance geben – das sind kostbare Ratschläge, die in dieser Szene stecken. Auch das Staunen schwingt hier wieder mit, wir sagen das ja im Alltag auch anerkennend: »Da zieht's mir doch die Schuhe aus.« Das alles kann Geschmack auf die Begegnung mit Gott machen, weil es spannend sein kann, sich überraschen zu lassen. Weil Gott damit verheißt, die Routine unseres Lebens aufzubrechen, und uns herausfordert. Gott, das zeigt diese Begegnung mit Mose, lässt sich nicht in einen Outlook-Kalender pressen. Er hat keine Sprechstunde – und auch keine eindeutig zu lokalisierende Praxis. Gott können wir zu jeder Zeit und an jedem Ort erfahren.

Wer glaubt, so könnte man ein bekanntes Zitat abwandeln, dem ist nie langweilig. Der wird immer wieder überrascht – manchmal vielleicht auch nicht auf angenehme Weise. Denn das ist Gott eben auch: ein Herausforderer, der uns befiehlt, die Schuhe auszuziehen. Kein Gott der Bequemlichkeit, keiner, der uns in warmen Hauspantoffeln durch das Leben schlurfen lässt. Sondern einer, der uns auf dem kargen und kantigen Felsenboden empfängt, ohne Schuhe. Ein Gott, der sich nicht festlegen lässt auf einen Termin, aber auch nicht auf einen Ort. Oder, anders formuliert: Für Gott gibt es kein No-Go. Er kennt keine No-go-Areas.

Diese Botschaft, dass Gott überall anzutreffen ist, wirkte prägend auf sehr viele verschiedene christliche Spiritualitäten. Zum Beispiel auf das ignatianische »Gott in allem suchen und finden«. Oder auch die Spiritualität meines Ordens. Dessen Gründer, Pater Leo Dehon, auf den unser Ordensname »Dehonianer« zurückgeht, hat uns vehement dazu aufgefordert, hinauszugehen zu den Menschen, uns nicht in den Sakristeien zu verstecken, um dort auf eine Gottesbegegnung zu warten, sondern aktiv zu werden und an den unwahrscheinlichsten Orten nach Gott zu suchen, auch in anderen Menschen, die uns vielleicht erst einmal einfach die Tür vor der Nase zuknallen.

Wenn Pater Leo Dehon uns auffordert, hinaus aus den Sakristeien zu gehen, dann korrespondiert das mit der Aufforderung von Papst Franziskus, an die Peripherie zu gehen. Und Mose tut genau das, im wahrsten Sinne des Wortes. Er verlässt seine gewohnte Umgebung, traut sich hinaus in die Steppe und wagt sich sogar hin bis zum Berg Horeb, an die Peripherie. Nur so kann er den nächsten Schritt machen, heraus aus der Sakristei seiner Selbstfindung, hin zu einer echten Begegnung mit dem Leben, mit Gott und mit sich selbst.

Das Treffen mit Gott am Berg Horeb wird nicht ohne Wirkung auf Mose bleiben, es wird ihn dazu bringen, aufzubrechen, und es wird ihn davor beschützen, sich nur um sich selbst zu kreisen – eine weitere Parallele zu dem, was Papst Franziskus fordert: »Mir ist eine ›verbeulte‹ Kirche, die verletzt und beschmutzt ist, weil sie auf die Straßen hinausgegangen ist, lieber, als eine

Kirche, die aufgrund ihrer Verschlossenheit und ihrer Bequemlichkeit, sich an die eigenen Sicherheiten zu klammern, krank ist.« (Evangelii Gaudium, 49)

Mose wird genau das nach seiner Begegnung mit Gott tun: Er wird hinausgehen, seine eigene Verschlossenheit und die seiner Stammesbrüder öffnen, er wird sich und sein Volk aus der Bequemlichkeit reißen, sie dazu bringen, die eigenen Sicherheiten, die letztlich nichts anderes als Sklaverei und Unfreiheit bedeuten, aufzubrechen und sich so auf den Weg in die Freiheit zu machen, auf einen Weg der Gesundung. All das erhält am Berg Horeb einen entscheidenden Impuls.

So ein Aufbruch ist nicht ohne Gefahren, er kann es mit sich bringen, dass man Schrammen und Narben davonträgt und irgendwann vom Leben verbeult zurückbleibt. Und tatsächlich wird Mose Beulen hinnehmen müssen, vermutlich ahnt er das bereits. Doch Gott fordert genau das ein, wenn er sagt: »Zieh deine Schuhe von deinen Füßen!« Wozu dieser Satz aufruft, ist einerseits die Ehrfurcht vor dem Boden, der zuvor profan war, nun aber durch Gott heilig geworden ist.

Andererseits steckt darin auch der Hinweis, dass Mose jetzt nicht mehr nur in seinen eigenen Schuhen steckt, dass er von nun an also nicht allein mit seinen eigenen Projekten befasst ist, sondern mit dem Projekt Gottes. Indem Mose seine Schuhe auszieht – auch wenn davon in der Bibel explizit nichts zu lesen ist –, macht er klar, dass er bereit und offen ist für Neues. Das Ausziehen der Schuhe, das in vielen Kulturen nach wie vor eine Geste des Respekts darstellt, ist eben nicht bloß eine Geste der Ehrerbietung, es ist auch ein Angebot, sich zur Verfügung zu stellen.

Mose dreht sich eben nicht einfach um und haut ab, sondern er zieht die Schuhe aus und bleibt. Das Ausziehen der Schuhe symbolisiert die Tatsache, dass Mose darauf verzichtet, zu fliehen. Mose antwortet auf den Ruf Gottes: »Hier bin ich.« Und dadurch, dass er sich barfuß vor Gott stellt, fügt er implizit hinzu: »Hier bin ich, und hier bleibe ich.« Das mosaische »Hier stehe ich und kann nicht anders.«

Ich erinnere mich in diesem Zusammenhang an eine kleine Begebenheit während meines Studiums in Freiburg. Unsere ehemalige Heimatgemeinde, St. Ludgerus in Schapen, war für ein Messdienerzeltlager im Osnabrücker Land unterwegs. Gemeinsam mit Cousins und alten Freunden hatte ich den Job übernommen, das Zeltlager nachts zu überfallen. Das war und ist bei vielen solchen Fahrten eine lieb gewonnene Tradition und immer ein Highlight. In den Lagern weiß man, dass solche Überfälle drohen, und man vereinbart Nachtwachen, die die Fahne oder sonst einen »Schatz« beschützen sollen, der vorher zum Ziel des Überfalls erklärt worden war.

Die »Angreifer«, meistens handelt es sich um schon ausgeschiedene Ministranten oder Pfadfinder, haben die Aufgabe, diese Fahne oder diesen »Schatz« zu erbeuten. Im Erfolgsfall muss manchmal ein Lösegeld gezahlt werden, zum Beispiel in Form einer Brotzeit mit allem Drum und Dran.

Wir hatten das damals schon ein paar Jahre hintereinander gemacht, und nach dem dritten Überfall kam ich auf einen Trick: Wir schlichen uns zu den Zelten und nahmen die Schuhe mit. Von jedem Paar nur einen, den rechten oder linken, das war egal, Hauptsache einen. Natürlich auch vom Pfarrer, der die

Ministranten begleitete, wir machten keine Ausnahme. Wir waren zu viert, die anderen insgesamt achtzig. Doch als wir plötzlich entdeckt wurden und das ganze Lager »Überfall, Überfall« brüllte, konnten wir ohne große Probleme entkommen. Denn es regnete in Strömen, der Boden war matschig und glitschig, und keiner hatte Lust, ohne Schuhe auszurutschen. Der Überfall war geglückt.

Eine kleine Episode, ein Jugendspaß. Doch vor dem Hintergrund der Mosegeschichte nehme ich diese Geschichte noch einmal ganz anders wahr: Nimmt man jemandem die Schuhe, so nimmt man ihm auch die Möglichkeit, abzuhauen oder hinterherzulaufen.

Für Mose bedeutet das, dass Gott ihm klarmacht: Die Zeit, in der du weglaufen konntest, die ist vorbei. Ich bin kein weltlicher Herrscher wie der Pharao, dessen Zugriff du dich entziehen konntest. Ich bin Gott, und ich finde dich überall. Das klingt nicht nur einschüchternd, das ist es auch und war es immer wieder.

Die Geschichte des Christentums ist voll von großen Gestalten, die sich Gott entziehen und ihre Schuhe nicht ausziehen wollten. Die Berufung durch Gott ist unbequem, weil Gott unbequem ist.

Man kann hier aber noch einen anderen Akzent setzen. Denn das Ausziehen der Schuhe bedeutet auch, dass Moses Flucht, dass sein Wegrennen ein Ende gefunden hat – und auch dazu gibt es viele Parallelen in den Biografien von Heiligen oder anderen geistlichen Personen. Als Mose seine Schuhe auszieht und sich in den Dienst Gottes stellt, endet seine Flucht vor dem eigenen Schicksal. Er kommt endgültig zur Ruhe, wenngleich das gerade nicht bedeutet, dass seine Reise zu Ende ist. Im Gegenteil: Die Reise beginnt jetzt erst richtig, das Leben von Mose nimmt neue Fahrt auf.

Faszinierendes Feuer

Doch noch einmal einen Schritt zurück. Bevor Mose Gott begegnet, ist da seine Neugierde an diesem brennenden Dornbusch. Mose stellt sich die Frage: »Warum verbrennt denn der Dornbusch nicht?« Erst die Faszination, die von dem Feuer ausgeht, bewirkt, dass Mose sich überhaupt dem Dornbusch nähert. Dann übernimmt allerdings Gott die Regie, indem er Mose zweimal ruft – ein Gott der Überraschungen: »Mose, Mose!« Mose muss völlig entgeistert gewesen sein und gestaunt haben – wer kennt da mitten in dieser Einöde seinen Namen? Vielleicht hatte er auch Angst, bekam Panik. Waren ihm womöglich die Häscher des Pharao doch auf die Schliche gekommen?

Die Besonderheit dieser Situation wird auch dadurch ausgedrückt, dass Gott seinen Propheten gleich zweimal beim Namen nennt. Das ist in der Bibel relativ selten. Das erste Mal geschieht es in Gen 22,11, wenn es heißt: »Abraham, Abraham!« Genau dann, als Abraham bereit ist, seinen Sohn Isaak zu opfern, sich also ganz in den Dienst Gottes zu stellen – übrigens auch auf einem Berg im Land Morija –, interveniert der »Engel des Herrn« und ruft Abraham zweimal und verhindert so die Tötung Isaaks.

Ebenfalls zweimal wird Samuel angesprochen: »Samuel ging weg und legte sich an einen Ort zur Ruhe. Da kam der Herr, trat heran und rief wie die vorigen Male: Samuel, Samuel! Und Samuel antwortete: Rede, denn dein Diener hört!« (1 Sam 3,9–10)

Wieder handelt es sich um die Geschichte einer Erwählung, wieder um eine Entscheidung, die für das Volk Israels zentral werden wird. Später folgen zweimalige Namensnennungen nicht mehr häufig, im Neuen Testament in Lk 22,31 (»Simon, Simon …«) und etwas vorher in Lk 10,41 (»Marta, Marta …«). Allein dieses Detail weist auf die besondere Bedeutung der Szene hin.

Sie wird noch verstärkt durch die Art und Weise, wie Gott sich dem Mose offenbart. Präzise steht geschrieben, dass sich der Engel des Herrn in der Flamme zeigt, die aus einem Dornbusch emporschlägt. Gott ist also nicht der brennende Dornbusch, sondern der Engel des Herrn ist in der Flamme, im Feuer.

Dieses Feuer, es wurde schon gesagt, scheint Mose anzuziehen, zugleich scheint es ihm aber auch Angst einzujagen. Als Gott sich ihm vorstellt, verhüllt Mose aus Scheu sein Gesicht. Wie wenn wir vor einem Lagerfeuer die Hand vors Gesicht halten, weil die Hitze so stark ist und das Licht so hell, so bedeckt Mose erst einmal seine Augen. Er kann das Feuer nicht direkt ansehen, kann aber auch nicht davon lassen. Und vermutlich spürt er selbst durch den Mantel hindurch noch die Hitze, das Flackern auf seinen Augenlidern.

Die Wirkung, die das Feuer auf Mose ausübt, ist in der christlichen Theologie als »Mysterium tremendum et fascinans« beschrieben worden. Der Theologe Rudolf Otto hat damit ausdrücken wollen, dass das Göttliche, »das Heilige« (so lautet der Titel seines bahnbrechenden Buches) eine abschreckende und anziehende Wirkung gleichermaßen haben kann.

Sein Student Ernst Benz erklärte auf die Frage, wie und wo Otto dazu angeregt worden sei, Folgendes: »Die Erfahrung des Heiligen ist ihm nicht primär über die Lektüre von heiligen Texten, sondern als eine spontane religiöse Erfahrung in einer Synagoge in Marokko auf einer Reise zuteil geworden, wie er mir selbst erzählt hat, und zwar in dem Augenblick, in dem der Rabbiner den uralten Hymnus des ›Kadosch, Kadosch, Kadosch‹ (Jes 6,3) anstimmte, der von der Gemeinde respondiert wurde.«

»Kadosch« bedeutet so viel wie »heilig«, also in diesem Falle »heilig, heilig, heilig« – eine faszinierende Parallele, dass Otto dieses Heilige ausgerechnet in einer jüdischen Synagoge in Afrika so intensiv spürte. Später wird er schreiben: »Ich habe das Sanctus, Sanctus, Sanctus von den Kardinälen in Sankt Peter und das Swiat, Swiat, Swiat in der Kathedrale im Kreml und das Hagios, Hagios, Hagios vom Patriarchen in Jerusalem gehört. In welcher Sprache immer sie erklangen, diese erhabensten Worte, immer greifen sie in die tiefsten Gründe der Seele, aufregend und rührend mit mächtigem Schauer das Geheimnis des Überweltlichen, das dort unten schläft.«

Rudolf Otto wollte mit dem Buch »Das Heilige« über »das Irrationale in der Idee des Göttlichen und sein Verhältnis zum Rationalen« aufklären, wie es im Untertitel heißt. Das Irrationale, so Otto, sei der Boden jeder Religion, denn: »Die Scheu wird zur Andacht. Die verstreuten und verworren aufzuckenden Gefühle werden zur religio. Das Grauen wird zum heiligen Erschauern.

Das numen wird zum Gott und zur Gottheit.« Inwieweit Otto damit recht hatte, ob seine Theorie zu spekulativ war und seine Konsequenzen für die Entstehung von Religion richtig, sei dahingestellt. Der auf ihn zurückgehende Gedanke von Gott als »Mysterium tremendum et fascinans«, als Geheimnis, das den Menschen erschüttert und zugleich fasziniert, bildet sich in der Dornbusch-Szene deutlich ab und findet sich auch später in der Bibel immer wieder. Feuer hat genau diese Wirkung: Es fasziniert uns, wobei wir oft gar nicht richtig erklären können, weshalb. Ist es die Hitze, die uns anzieht, ist es das Licht, das Knacken? Oder ist es die Tatsache, dass Feuer auch Angst machen und zerstörerisch sein kann?

Gott erscheint Mose genau in dieser Ambivalenz. Er trägt Mose auf, seinem Volk auszurichten: »Darum habe ich beschlossen: Ich will euch aus dem Elend in Ägypten herausführen in das Land der Kanaaniter, Hetiter, Amoriter, Perisiter, Hiwiter und Jebusiter, in ein Land, das von Milch und Honig fließt.« (Ex 3,17) Er präsentiert sich als Retter, als einer, der das Leben und die Freiheit seines Volkes will. Zugleich jedoch kündigt er Schreckliches an: »Ich weiß aber, dass der König von Ägypten euch nicht entlässt, wenn er nicht durch eine starke Hand gezwungen wird. Darum werde ich meine Hand ausstrecken und die Ägypter schlagen mit allen meinen Wundern, die ich in ihrer Mitte wirken werde. Daraufhin wird er euch entlassen.« (Ex 3,19–20)

Und mehr noch, direkt im Anschluss: »Ich will diesem Volk eine günstige Stimmung bei den Ägyptern verschaffen, sodass ihr bei eurem Auszug nicht mit leeren Händen weggeht. Die Frauen sollen von ihrer Nachbarin und Hausgenossin silbernen und goldenen Schmuck sowie Kleider verlangen. Diese sollt ihr euren Söhnen und Töchtern anlegen; so werdet ihr die Ägypter ausplündern.« (Ex 3,21–22)

Das ist ein Gott, der wie das Feuer die Wärme des Zuspruchs schenkt, der aber auch Zerstörung und Vernichtung bedeutet, eine Kraft und Macht, der man sich nicht widersetzen kann. Das Feuer, das nicht zu löschen ist, weil es ewig brennt.

Dieses Feuer, und das versetzt Mose so sehr ins Staunen, verbrennt den Dornbusch nicht. Es ist ein Feuer, das den, den es in Brand gesteckt hat, nicht verzehrt. Es lässt etwas übrig von dem anderen. Das ist das Mysterium Gottes: Er ist das Feuer, das sich für den Menschen verzehrt. Er ist in der Lage, den Menschen zu entflammen, das Feuer in ihm lodern zu lassen. Weil Gott sich für den Menschen verzehrt, weckt er in ihm eine Flamme, die hell und hoch lodert, die ein Abglanz des ewigen, göttlichen Feuers ist.

Zugleich aber ist Gott kein Feuer, das nur Asche zurücklässt. Gott verzehrt sich für den Menschen, aber er verzehrt den Menschen nicht. Er steckt ihn in Brand, verbrennt ihn aber nicht. Gott will nicht unseren Burn-out, sondern unser helles Feuer. Das ist das Versprechen, die Wüstenlektion des Moses: Während der Dienst für einen menschlichen Herrscher einen ausgebrannt zurücklassen kann, lässt der Dienst an Gott den Menschen brennen, aber nicht verbrennen.

Gott will, dass wir brennen, um das Feuer weiterzugeben. Er hat kein Interesse an traurigen Aschehäuflein. Gott will, dass wir brennen – aber wofür sollen wir brennen?

Die Frage nach dem Brennen, nach dem Gott, der Begegnung ist und damit Erfahrung, der uns stammeln lässt, hat ein Denker auf eine Weise ausgedrückt, die die Theologie und die Philosophie bis heute geprägt hat: der Mathematiker und Physiker Blaise Pascal. Für ihn führt der Gott des Feuers, der entflammte und entflammende Gott, hin zu dem Glauben, der brennt, der lebendig hält.

Blaise Pascal verfasst am 23. November 1654, einem Montag, sein berühmtes »Mémorial«, sein »Erinnerungsblatt«. Darin beschreibt er eine tiefe mystische Erfahrung und greift auf das Bild des brennenden Dornbuschs zurück, in dem er die Selbstvorstellung Gottes wiederholt, an dieser zentralen Stelle:

> *»Feuer.*
>
> *Der Gott Abrahams, der Gott Isaaks und der Gott Jakobs,*
> *nicht der Philosophen und der Gelehrten.*
>
> *Gewissheit, Gewissheit, Empfinden, Freude, Frieden.*
> *Der Gott Jesu Christi.*
>
> *Deum meum et deum vestrum. Dein Gott ist mein Gott.«*

Der Text, eingenäht in das Futter eines Rockes von Pascal, wurde erst nach seinem Tod entdeckt. Er ist kein tausendmal geschliffenes, rundes Kunstwerk mit gedrechselten Worten und Kunstkniffen. Pascal stammelt fast und drückt auf diese Weise intensiv die Tiefe seiner mystischen Erfahrung aus.

Das »Erinnerungsblatt« Pascals zeigt, dass wir angesichts des brennenden Feuers Gottes ins Stammeln kommen. Von Gott zu sprechen, bedeutet zu stammeln angesichts seiner Unbegreiflichkeit, seiner Unfassbarkeit. Und angesichts dessen bleibt uns vielleicht weniger das Reden oder Sprechen als vielmehr die Frage: Wofür brenne ich?

Wofür brennst du?

Dies ist eine zentrale Frage unseres Lebens, kurz und knapp nur, aber zentral: Wofür brenne ich? Ich erinnere mich, dass ich in der vierten Klasse der Grundschule schon eine Antwort darauf hatte. Na ja, besser: Ich dachte, ich hätte eine Antwort. Ich wollte Priester werden, Weltpriester. Das schien mir verlockend, ich war ja katholisch sozialisiert und in einem Umfeld aufgewachsen, in dem der Pfarrer eine wichtige Autorität und moralische Instanz darstellte. Ganz gewiss, das hätte ich mir damals gut vorstellen können. Aber ob ich dafür brannte?

Ein paar Jahre später, ich besuchte schon das Gymnasium in der Mittelstufe, kam Pater Bernhard Robben SCJ zu uns in die Schule. Er war eine beeindruckende Gestalt mit einem unglaublich langen und buschigen Bart, einer tiefen und warmen Stimme. Vor allem aber war er Missionar. Im Kongo. Faszinierend!

Der Pater erzählte uns von seiner Arbeit, und ich war völlig gebannt. Ich sah mich bereits in Afrika die Aufgaben eines Priesters mit der Arbeit eines Bauern verbinden, schließlich stammte ich von einem Hof. Ich würde Kinder taufen und die Saat ausbringen, ich würde Katechese geben und Brunnen bohren, und natürlich würde ich Rinder züchten, Elefanten abrichten und vieles anderes mehr.

Ich malte mir dieses Leben als Mischung aus Lehrer, Bauer, Priester und vor allem als Abenteurer so lebendig aus, dass ich hin und weg war. Ja, ich glaube, dass ich damals wirklich brannte – allerdings brannte ich für eine Vorstellung, von der ich nicht die geringste Ahnung hatte, ob, und wenn ja, inwieweit sie mit der Realität übereinstimmte.

Dieser Traum war nun aber keineswegs nur ein Hirngespinst ohne jegliche Konsequenzen. Im Gegenteil: Ich begann meine Schulkarriere danach auszurichten. Weil ich wusste, dass man für das Theologiestudium Latein und Griechisch benötigte, wählte ich Englisch ab und konzentrierte mich stattdessen auf Griechisch. Ich war damals kein Eigenbrötler, gar nicht. Ich ging in Discos, fuhr Moped, trank auch gerne mal zu viel. Doch die Idee, als Missionar nach Afrika zu gehen – später dann dachte ich mehr an Brasilien, inspiriert vom Missionar Pater Franz Demann SCJ aus Lengerich –, diese Idee war unglaublich stark.

So stark, dass ich zum Beispiel das Fach Deutsch komplett vernachlässigte. Ich stand auf einer Vier, doch das juckte mich nicht. Ich malte mir aus, dass ich Deutsch ohnehin nur noch brauchen würde, um mich mit meiner Familie und meinen Freunden zu unterhalten, wenn ich einmal auf Heimatbesuch käme, ansonsten müsste ich viel mehr Portugiesisch beherrschen, und dafür sei nun mal Latein die Grundlage. Wer muss angesichts dieser Perspektive denn bitte Aufsätze oder Diktate schreiben? Ich brannte so sehr für diese Idee, dass ich in manchen Dingen geblendet war.

Einige Jahre später: Ich war zwar nicht Missionar geworden, aber Ordensmann bei den Herz-Jesu-Priestern. Die Idee mit dem

Amt als Weltpriester hatte ich aufgegeben, weil mir klar geworden war, dass ich entweder heiraten und fünf Kinder haben oder aber in einer Gemeinschaft leben würde.

Die Frage des Zölibats war für mich wesentlich mit dieser Frage verknüpft, mit der Frage, ob ich »Single« im Alltag sein würde. Die Vorstellung, als Diözesanpfarrer allein oder nur mit einer Haushälterin in einem riesigen Pfarrhaus zu leben, die schreckte mich. Deshalb entschied ich mich relativ schnell dafür, ein Leben als Ordensmann zu führen.

Allerdings kein streng monastisches oder primär kontemplatives Leben als Benediktiner, Trappist, Zisterzienser oder gar Kartäuser. Ich wollte stattdessen lieber täglich im engen Kontakt mit Menschen stehen, sah meine Aufgabe darin, bei anderen zu sein. Ich begann also mein Noviziat, meine Ausbildung bei den Herz-Jesu-Priestern, kam in das Scholastikat und war mit meiner Entscheidung glücklich.

Bis ich das Buch »Ein anderes Leben – was ein Mönch erfährt« von Bernardin Schellenberger las – einmal, zweimal, mehrmals. Ich war wie gebannt – und erschüttert zugleich. Ich las Thomas Merton, wieder Schellenberger, und ich stürzte in eine tiefe Krise. Hatte ich einen Fehler gemacht? Hatte ich mich nicht sorgfältig genug geprüft und nicht herausgefunden, was wirklich meine Berufung war? Hatte ich das Klosterleben, das strenge Klosterleben, vorschnell und vielleicht aus Bequemlichkeit abgetan, ohne es wirklich offen erwogen zu haben? Ich war völlig fertig. Ich hatte mich am richtigen Platz, zumindest auf dem richtigen Weg gewähnt, und jetzt hatte ich plötzlich keinen Boden mehr unter den Füßen.

Ich hielt es nicht mehr aus und bat einen Freund aus Jugendtagen um Hilfe. Der war Bäckermeister und hatte einen neuen und vor allem schnellen Golf GTI. Mit ihm bretterten wir ein paar Mal heimlich zur Abtei Notre-Dame d'Oelenberg. Das Kloster ist seit Jahrhunderten ein geistliches Zentrum im Elsass mit einer sehr wechselhaften Geschichte.

Ursprünglich waren dort Augustiner-Chorherren ansässig, später kamen die Jesuiten, jetzt lebten hier Trappisten. Sie schienen mir der richtige Prüfstein für meine Berufung. Ihr asketisches, monastisches Leben, klar von der Welt abgetrennt, faszinierte mich. Jeden Abend, wenn die Mönche von der Sakristei zu ihren Zellen gingen, mussten sie an einem großen Bild vorbei, vielleicht anderthalb Meter hoch und fast einen Meter breit: Der Mond war darauf zu erkennen, ansonsten war es ziemlich dunkel.

Eine lange, graue Mauer erstreckte sich über das Bild, und hinter der Mauer, da stand der Tod. Ein Skelett mit Totenschädel, mit Sichel, bereit, den Betrachter anzuspringen. Auf der Stirn des Schädels spiegelte sich der Mond, und die Sense blinkte bedrohlich. Unter diesem Bild standen auf Französisch nur drei Worte: »Cette nuit peut-être« (»Diese Nacht vielleicht«). Das mag gruselig klingen und war es irgendwie auch. Aber das Bild schlug mich in seinen Bann und mehr noch jener Gedanke, der damals in mir erwuchs: Die Mönche, die jeden Abend an diesem Bild vorbeigingen, taten das immer im Bewusstsein des möglichen Todes, und mit diesem Bewusstsein mussten sie leben, arbeiten, beten, ja sogar einschlafen. Mich faszinierte das auf eine existenzielle Weise, diese Radikalität zog mich mit aller Kraft an.

Die Erfahrungen in Notre-Dame d'Oelenberg spitzten meine Krise noch zu. Ich wusste nicht, was ich machen sollte. Ich konnte ja schlecht meine Gemeinschaft einfach so verlassen und die Trappisten fragen, ob ich mal eben für zwei Monate bei ihnen zur Probe mitleben könnte.

Es war in dieser Zeit, dass ich eines Nachts einen besonderen Traum hatte. Niemals zuvor hatte ich ein singuläres Berufungserlebnis gehabt. Aber vielleicht war dieser Traum, so denke ich im Nachhinein, so etwas wie eine Berufung in der Berufung. Ich träumte, ich sei bei den Trappisten in Nordfrankreich eingetreten, in einem anderen Kloster. Ich sah mich das Kloster betreten, nur mit einem kleinen Köfferchen in der Hand. Man weist mir die Zelle zu für mein neues Leben. Ich komme rein, die Zelle ist gar nicht mal so klein. Von der Decke hängt eine Funzel herab, ein Kabel und eine Glühbirne ohne Lampenschirm, die Wände sind weiß getüncht, es gibt ein Fenster, und an dem Sims sieht man, wie dick und massiv die Mauer ist. Dazu ein Bett, schmal und wackelig, Bettlaken, eine Decke, ein Nachtschränkchen, ein simpler Tisch und ein Stuhl, ein kleiner Schrank und ein Betschemel. Mehr nicht – und ich denke: »Das ist es, Gott sei Dank, ja, das ist es. Das hast du gewollt.«

Und dann, noch im Traum, beginnt sich Entsetzen in mir breitzumachen. Wie eine Welle am Meer, deren Ausläufer zart die Füße umspülen, die wächst und wächst und plötzlich über deinem Kopf zusammenschlägt und dich mitreißt. Auf einmal hämmert es in mir: »Mein Gott, ich bin jetzt hier, ich komme nie wieder zurück nach Hause. Ich sehe nie wieder meine Eltern, nie wieder meine Geschwister, meine Freunde.« Mindestens genauso drängend dann diese Gedanken: »Ich werde jetzt so tiefe

Erfahrungen machen, aber ich kann sie keinem weitergeben. Ich kann all diesen Reichtum mit niemandem draußen teilen, nur mit meinen Mitbrüdern.«

Und dann, ebenfalls noch im Traum: »Was bist du für ein Idiot! Die Herz-Jesu-Priester haben damals schon gesagt: ›Vielleicht kannst du einmal als Lehrer an eine Schule gehen.‹ Und du wolltest nicht, weil du gerade von einer Schule kamst. Aber genau das ist es doch. Das passt zu dir, das könnte deine Ausrichtung sein – und du hast es nicht erkannt und diese Chance einfach weggeworfen und bist jetzt hier. Du Idiot!« In dem Moment schreckte ich hoch aus dem Schlaf, schweißgebadet, sah mich um. Gott sei Dank, es war noch das Ausbildungshaus bei den Herz-Jesu-Priestern, unser Ausbildungshaus. Und von diesem Moment an hatte ich das Gefühl, den richtigen Weg eingeschlagen zu haben. Natürlich gab es immer wieder auch Krisen.

Und bis heute fasziniert mich das monastische Leben. Ich ziehe mich jedes Jahr für acht bis zehn Tage in ein strenges Kloster zurück und spüre, dass es mir guttut, in den Rhythmus der Mönche einzutauchen, in den Strom der Psalmen, mit ihnen zu beten. Beide, vita contemplativa und vita activa, müssen für mich eine Einheit ergeben, mit unterschiedlichen Betonungen vielleicht.

Ich will mich nicht mit Mose vergleichen. Er ist kein Vorbild. Aber er ist Inspiration, ein Abbild des modernen Menschen, er zeigt uns Wege auf, gibt uns Wüstenlektionen. Obwohl ich also Mose nicht als Vorbild sehe, findet man auch bei ihm am Ende von Midian und nach der Dornbuscherfahrung die Erfahrung der vita contemplativa. Für mich waren die Krise und der Traum brennende Erfahrungen gewesen, auf eine gewisse Weise auch »tremendum et fascinans«. Mose hatte sich einbringen wollen, war völlig gescheitert, und hatte sich in ein Leben zurückgezogen, in dem er endlich etwas zur Ruhe kam, in dem Momente einer vita contemplativa entstanden, wenngleich er als Hirte, als Familienvater natürlich jeden Tag die vita activa lebte.

Als Mose schließlich Gott an diesem verlassenen Ort trifft, an dem Ruhe herrscht, um Gott zu hören, schickt der ihn mit einer klaren Ansage weiter: »So geh nun! Ich will dich zum Pharao senden. Führe mein Volk, die Israeliten, aus Ägypten heraus!« (Ex 3,10)

Das klingt ähnlich wie das, was unser Gründer Pater Leo Dehon zu uns gesagt hat: »Geht zu den Menschen!« Oder, anders formuliert: Brenn für die Menschen! Brenn für andere, verzehr dich nach anderen.

Für Mose ist die Aufforderung, für andere zu brennen, sich nach ihnen zu verzehren, ein harter Schlag. Sein Einsatz für sein Volk war es doch gewesen, der ihn überhaupt erst hierher nach Midian gebracht hatte. Doch zu den damaligen Ereignissen gibt es einen gewaltigen Unterschied, den Mose nach den vierzig Jahren der Reflexion begreift: Er hat seine Schuhe nun ausgezogen, es geht nicht mehr um seine Projekte, er brennt jetzt nicht mehr nur für sich und seinen eigenen Ruhm, sondern für die Sache Gottes und wirklich für die Menschen.

Das Feuer vorher, das war eines der Eitelkeit und des Stolzes. Das Feuer, das jetzt in Mose brennt, das ist Gott und Gottes

Wunsch, in seinem Volk den Hunger nach Freiheit zu wecken und dieses Volk schließlich in die Freiheit zu führen.

Das Brennen für andere, den Hunger nach Freiheit habe ich gar nicht so lange nach meinem nächtlichen Traum, der mich aus meiner Krise riss, intensiv erleben dürfen. Ich war damals Lehrer an einem Mädchengymnasium in Vechta. Direkt nebenan befand sich ein ehemaliges Franziskanerkloster, worin das größte Frauengefängnis Niedersachsens untergebracht war. Siebenhundert Häftlinge saßen darin ein, von der Kleinkriminellen bis hin zur Schwerverbrecherin.

Ich hatte gerade in Vechta angefangen und war auch Schulseelsorger, und ich fand es irgendwie absurd, dass hier junge Mädchen und dort junge Frauen lebten, die praktisch Nachbarn waren, und es überhaupt keinen Kontakt unter ihnen gab. Ich wollte das ändern und grübelte, was wir von der Schule aus tun könnten. Ich kam auf die Idee, dass wir rübergehen und dort Gedichte lesen könnten. Das fand ich klasse. Für einen kurzen Moment. Dann dachte ich: »So ein Mist – was hat das denn mit dem praktischen Leben der Mädchen und der Frauen zu tun? Das ist doch nur deine Idee, deine Schnapsidee.«

Zusammen mit einem Kollegen dachte ich also weiter nach und wir kamen auf ein anderes Projekt: »KIK – Kochen im Knast«. Das ging so: Wir sind mit den Schülerinnen, die mindestens achtzehn Jahre alt sein mussten, alle vierzehn Tage Lebensmittel einkaufen gegangen. Was eingekauft wurde, bestimmten die Frauen aus der JVA, je nachdem, was sie essen wollten. Für uns gab es nur zwei Maximen: Die Frauen entscheiden. Und es muss top sein. Dann kamen wir am Nachmittag ins Gefängnis, blieben dort mehrere Stunden und kochten: deutsch oder griechisch oder marokkanisch, arabisch, italienisch, spanisch oder auch türkisch.

Das Projekt schlug unglaublich ein, es wollten jedes Mal mehr Mädchen mit, als möglich war, und auch bei den Frauen in der JVA kam das Projekt sehr gut an. Weil sie merkten, dass sich da jemand von außen für sie interessierte und etwas für sie tat. Weil sie, ganz simpel, gerne gut aßen. Vor allem aber auch, weil wir immer gute anderthalb Stunden zusammen beim Essen saßen und sich dabei Gespräche ergaben, die unter die Haut gingen.

Wir hatten den Schülerinnen nur auf den Weg gegeben, dass sie nichts fragen, sondern die Häftlinge von sich aus erzählen lassen sollten. Das klappte am Anfang gar nicht. Doch mit der Zeit, mit jedem Kochabend mehr, öffneten sich die Frauen und die Münder, und es ergaben sich wunderbare Unterhaltungen. Und noch etwas: Die Häftlinge durften mitkochen, es war Gemeinschaftsarbeit. Für die Häftlinge war das keine nervige Arbeit, sondern eine willkommene Abwechslung, und: eine Bestätigung, denn die besten Köchinnen waren natürlich unter den Frauen der JVA. Was sie auf den Teller brachten, mit den einfachen, aber frischen Zutaten, war teilweise sensationell. Unsere Schülerinnen waren beeindruckt und die Frauen erlebten, zumindest in diesen kurzen Stunden, Anerkennung, konnten ihr Können anwenden und zeigen, fühlten Wertschätzung.

Das KIK lief noch lange nach meinem Abschied weiter. Für mich war es, neben den prägenden Begegnungen und intensiven Gesprächen, vor allem auch die Bestätigung dafür, dass es bei solchen Projekten nicht um einen selbst geht, sondern wirklich um den anderen. Das klingt so banal, ist aber wesentlich.

Ich fand die Gedichtidee ja am Anfang klasse, war total überzeugt davon. Doch es wäre ein Fehlschlag geworden, da bin ich heute ganz sicher. Weil ich zwar aus vollem Herzen, aber eben auch nur aus meiner Perspektive heraus etwas tun wollte. Weil ich vielleicht mehr für die Idee und das Projekt an sich brannte als für die Frauen, für den anderen.

Das ist der Fehler, den der frühe Mose – natürlich viel drastischer – gemacht hat. Er war auch entflammt, brannte, aber eben mehr für sich und seine Ideen, für sein Ideal und seine Vorstellung vom Leben, und nicht wirklich für die anderen. Erst als er am Berg Horeb seine Schuhe auszieht, also sein Ego beiseiteschiebt, und sich barfuß in den Dienst Gottes stellt, beginnt er zu brennen. Zu brennen mit einem Feuer, das sich verzehrt – das aber den Brennenden nicht verzehrt.

Selbst wenn es Momente gibt, in denen der Brennende das Gefühl hat, nicht mehr als ein schmales, angezündetes Streichholz in der Nacht zu sein. Selbst dann verlöscht dieses Feuer nicht. Und wenn die Nacht noch so dunkel und stürmisch ist. So stürmisch und dunkel wie viele der Nächte, die für Mose noch kommen sollten. Nächte, in denen sich sehr oft die Frage stellte, und die sich uns stellt: Wofür brennst du?

DER REBELL

Aufstand gegen Gott

Eine einsame Felsenlandschaft, ein nicht verlöschendes Feuer, eine geheimnisvolle Stimme: Die Begegnung von Mose und Gott wird in der Bibel wie eine Filmszene dargeboten. Bemerkenswert, wie lang diese Szene ist. Vergleicht man sie mit den Schilderungen der anderen Ereignisse, die Mose vorher erlebt hat, erlangt sie geradezu epische Breite. Zum Vergleich: Nur zehn Sätze genügen für den Streit Moses mit dem Ägypter, die Reaktion der Hebräer, die Wut des Pharao und Moses Flucht.

Sein Leben in Midian nach der Brunnenszene schafft es auf nicht einmal fünf Sätze. Die Dornbusch-Episode dagegen ist gut zwanzigmal so lang. Den meisten Platz nimmt dabei nicht etwa die szenische Beschreibung ein, die zwar filmreif geschildert wird, aber mit wenigen Worten abgehandelt ist. Nein, im Zentrum dieser Begegnung steht die Auseinandersetzung Moses mit Gott, seine Weigerung, sein Aufstand, seine Rebellion.

Der Aufstand des Mose gegen Gott beginnt verhalten, fast schüchtern. Er hat sein Gesicht verhüllt, zeigt seine Ehrfurcht. Dann hört er Gott befehlen: »So geh nun! Ich will dich zum Pharao senden. Führe mein Volk, die Israeliten, aus Ägypten heraus!« (Diese und alle folgenden Passagen aus Ex 3,10 ff)

Mose antwortet lediglich: »Wer bin ich, dass ich zum Pharao gehe und die Israeliten aus Ägypten herausführe?« Eine Frage, noch nicht einmal eine Aussage, aus der noch das Trauma des ersten Scheiterns in Ägypten spricht. Mose ist zwar neugierig, zugleich aber auch ängstlich und noch nicht der Brennende für die Sache Gottes und seines Volkes. Gott lässt diese Ängstlichkeit nicht gelten, er wischt sie vom Tisch und versucht Mose zu beruhigen, ihm Mut zuzusprechen: »Ich werde mit dir sein. Und dies soll dir als Zeichen dienen, dass ich es bin, der dich sendet: Wenn du das Volk aus Ägypten herausgeführt hast, werdet ihr Gott auf diesem Berg verehren.«

Das scheint zu klappen, Mose zeigt sich bereitwilliger, fragt aber erneut nach: »Wenn ich zu den Israeliten komme und ihnen sage: Der Gott euerer Väter hat mich zu euch gesandt, und sie mich dann fragen: Wie lautet sein Name?, was soll ich ihnen antworten?« Da erwidert Gott: »Ich bin der Ich-bin! Und er fuhr fort: So sollst du zu den Israeliten sprechen: Der Ich-bin hat mich zu euch gesandt. Und weiter sagte Gott zu Mose: So sollst du zu den Israeliten sprechen: Der Herr, der Gott eurer Väter, der Gott Abrahams, der Gott Isaaks und der Gott Jakobs, hat mich zu euch gesandt.« Danach erklärt Gott den genauen Auftrag, was er mit den Israeliten – es ist nicht mehr, wie am Anfang in Ex 2, von Hebräern die Rede – vorhat und mit den Ägyptern.

Alles gesagt, keine Widerrede? Nicht mit Mose! Der insistiert weiter: »Wenn sie mir aber nicht glauben und nicht auf mich hören und sagen: Der Herr ist dir nicht erschienen?« (Diese und alle folgenden Stellen Ex 4,1 ff)

So langsam wird das Gespräch hitziger, man kann förmlich spüren, wie Gott zunehmend genervter reagiert: »Darauf entgegnete der Herr: Was hast du da in deiner Hand? Er antwortete: Einen

Stab. Da befahl er: Wirf ihn auf den Boden! Als er ihn auf den Boden geworfen hatte, wurde er zu einer Schlange. Mose ergriff vor ihr die Flucht. Hierauf sprach der Herr zu Mose: Streck deine Hand aus und fasse sie am Schwanz! Er streckte seine Hand aus und packte sie; da wurde sie in seiner Hand wieder zum Stab. So sollen sie dir glauben, dass dir der Herr, der Gott ihrer Väter, der Gott Abrahams, der Gott Isaaks und der Gott Jakobs, erschienen ist. Weiter befahl der Herr: Steck deine Hand in den Bausch deines Gewands! Da steckte er seine Hand in den Bausch seines Gewands. Als er seine Hand herauszog, war sie vom Aussatz weiß wie Schnee. Dann sprach er: Steck deine Hand noch einmal in dein Gewand! Er steckte seine Hand noch einmal in sein Gewand, und als er sie herauszog, war sie wieder wie seine übrige Haut. Wenn sie dir also nicht glauben und nicht auf das erste Zeichen achten, so werden sie auf das zweite Zeichen hin glauben. Sollten sie jedoch auch auf diese beiden Zeichen hin nicht glauben und nicht auf dich hören, dann nimm etwas Nilwasser und gieß es auf den trockenen Boden aus. Das Wasser, das du aus dem Nil genommen hast, wird auf dem Boden zu Blut werden. Mose aber sprach zum Herrn: Ach, Herr, ich bin kein Mann des Wortes. Ich war es früher nicht und bin es auch jetzt nicht, seitdem du mit deinem Knecht redest. Denn unbeholfen sind mein Mund und meine Zunge. Da erwiderte ihm der Herr: Wer hat dem Menschen einen Mund gegeben? Wer macht stumm oder taub, wer sehend oder blind? Bin nicht ich es, der Herr? Geh nun, ich werde mit deinem Mund sein und dich lehren, was du reden sollst. Mose aber entgegnete: Ach, Herr, sende, wen du willst!«

Jetzt ist der Geduldsfaden Gottes endgültig gerissen, er wird wütend und zürnt: »Hast du nicht deinen Bruder Aaron, den

Leviten? Ich weiß, dass dieser sehr gut reden kann. Siehe, er ist schon auf dem Weg, um mit dir zusammenzutreffen. Wenn er dich sieht, wird er sich herzlich freuen. Rede mit ihm und leg ihm die Worte in seinen Mund. Ich aber will mit deinem und mit seinem Mund sein und will euch anweisen, was ihr tun sollt. Er soll für dich zum Volk reden; er soll Sprecher für dich sein und du wirst für ihn Gott sein. Nimm diesen Stab in deine Hand und tu mit ihm die Wunderzeichen.« Und Mose gibt seinen Widerstand auf – fürs Erste.

Diese Szene kennt viele Facetten. Einerseits dient sie dazu, Gott einzuführen, ihn als den Gott der Väter vorzustellen. Nicht nur als den Gott Abrahams, den Gott Isaaks und den Gott Jakobs, sondern eben auch als den Gott Moses. Dieser Gott ist mächtig, er ist sogar stärker als der als Gott verehrte Pharao, daran lässt seine Selbstvorstellung keinen Zweifel.

Und er ist ein treuer Gott, der nach dem Tod des Pharao sich den Israeliten zu erkennen gibt: »Lange Zeit war darüber hingegangen; unterdessen starb der König von Ägypten. Die Israeliten aber seufzten unter ihrer Fron und riefen laut um Hilfe. Ihr Notschrei stieg von der Fronarbeit zu Gott empor. Gott hörte ihre Klage und Gott gedachte seines Bundes mit Abraham, Isaak und Jakob. Gott sah auf die Israeliten und gab sich ihnen zu erkennen.« (Ex 2,23–25)

Das ist für alles Weitere wichtig, denn damit ergibt Gottes Weisung erst Sinn: Wüssten die Israeliten im Exil nichts von diesem Gott, wäre auch der Verweis des Mose auf ihn und auf sich selbst als sein Gesandter zwecklos. Gott wäre nur ein Gott unter vielen anderen und Mose ein beliebiger Prophet. So aber zeigt sich

Gott als Gott Israels und als einer, der den Bund mit dem Volk nicht vergisst.

Drei Wunderzeichen soll Mose wirken, um die Israeliten von seiner Legitimation zu überzeugen, Wunderzeichen allerdings, die nicht auf Mose selbst zurückzuführen sind, sondern auf die Macht Gottes. Alle Wunder sind Gottes Wunder, das soll Mose nicht vergessen – eine Warnung, die bereits hier implizit anklingt und die später dramatische Konsequenzen haben wird.

Seine Treue beweist Gott auch dadurch, dass er Mose nicht hängen lässt, dass er versucht, ihm die Angst zu nehmen. Der Stab des Mose wird zum Symbol für die Macht Gottes, die Mose begleitet und die das Volk führen und schützen wird. Der Stab, der als Schlange das Böse verkörpert, wird durch Gott in der Hand des Mose zur Stütze. Er lehrt Mose, das Böse, das Dämonische zu bändigen und in den Griff zu bekommen, allerdings stets vermittelt durch Gott selbst. Später wird von dem »Stab Gottes« die Rede sein. (vgl. Ex 4,20)

Eingeführt wird an dieser Stelle auch Aaron, Moses drei Jahre älterer Bruder. Die Herkunft des Namens »Aaron« ist umstritten. Stammt er aus dem Ägyptischen, so bedeutet er so viel wie »Kämpfer« oder auch »Groß ist der Name Gottes«.

Aus dem Hebräischen herrührend wäre ein Bezug zur Bundeslade, zu »Aron«, gegeben. Wie auch immer, in Ex 6 jedenfalls werden die Verwandtschaftsverhältnisse klar: Mose und Aaron sind die Söhne von Amram und Jochebed. Jochebed wird an anderer Stelle (Num 26,59) als Tochter Levis genannt, des Stammvaters der Leviten. Die beiden haben zudem eine Tochter,

Mirjam. Sie wird Mose und Aaron begleiten. Die Beziehung von Mose und Aaron ist kompliziert und wird im Verlauf der Exodus-Geschichte und auch dieses Buches noch ausführlich behandelt werden. Hier ist besonders interessant, dass Gott Aaron mit in die Pflicht nimmt, weil Mose ein Gebrechen hat, das er als Einwand gegen seine Berufung und seine Aufgabe anführt: Mose stottert.

Für dieses Stottern gibt es in der jüdischen und auch islamischen Tradition eine berühmte Erklärung: Mose, so heißt es, sei am Hof des Pharao aufgezogen worden. Irgendwann sei der Pharao misstrauisch geworden, weil der Kleine nach seiner Krone gegriffen habe. Andere Erzählstränge bieten die Variante, er habe sogar dem Pharao mit einem kleinen Stab – wieder das Motiv des Stabes – auf den Kopf geschlagen. Daraufhin habe der Pharao um seine Macht und um sein Leben gefürchtet und beschlossen, den Knaben auf die Probe zu stellen: Man habe ihn wählen lassen zwischen zwei Bechern, der eine voller Edelsteine (in der islamischen Überlieferung Gold und Hyazinthen), der andere gefüllt mit glühender Kohle. Würde das Kind die Edelsteine nehmen, würde es zu einem Risiko für den Pharao werden und wäre sofort hinzurichten. Würde es die Kohle nehmen, wäre es dumm und ungefährlich und könnte ohne Bedenken verschont bleiben.

Mose, so heißt es weiter, habe schon nach den Edelsteinen greifen wollen, doch ein Engel habe seine Hand gelenkt, und so habe der Kleine nach der Kohle gegriffen. Er habe ein Stück in seine kleine Hand genommen und die Kohle, die glühende, in seinen Mund gesteckt. Dabei habe er sich Lippen und Zunge jämmerlich verbrannt, und von diesem Tag an habe er gestottert.

Dieses Stottern steht im Kontext der Weigerung Moses, den Auftrag Gottes anzunehmen, und es erinnert an die schlechten Erfahrungen, die Mose mit dem Pharao gemacht hat. Zweimal trachtete dieser nach seinem Leben, und jetzt will Gott ihn ausgerechnet an dessen Hof zurückschicken. Mose ist – und daher rührt seine Angst – ein gebranntes Kind.

Die Erwählung des Aaron ist der ultimative Fingerzeig, dass Mose nicht allein ist und dass selbst seine alte Verletzung durch den Pharao, sein Stottern, kein Hindernis darstellt. Das gebrannte Kind soll noch einmal brennen – und Gott sagt dafür jede Unterstützung zu.

Dennoch, das Verhältnis von Mose und Gott bleibt kompliziert und der Prophet ein Rebell. Zunächst aber fügt sich Mose, er nimmt Abschied von seinem Schwiegervater Jitro, der ihn im Frieden ziehen lässt. Die Szenerie bildet eine Parallele zu der im Neuen Testament bei Matthäus erzählten Flucht der Familie Jesu, wenn es heißt: »Da holte Mose seine Frau und seine Söhne, setzte sie auf einen Esel und trat den Rückweg nach Ägypten an.« (Ex 4,20, EÜ)

Wieder befindet sich eine Familie auf dem Weg nach Ägypten, wieder ist ein Esel dabei. Allerdings gibt es Unterschiede: Bei Mose sind es zwei Söhne und nicht nur einer, und die Bewegung ist eine umgekehrte: Während Mose zurückkehrt in seine alte Heimat, aus der er geflüchtet ist – in der Bibel ist deshalb dezidiert vom »Rückweg« die Rede –, zieht die Familie Jesu in ein für sie fremdes Land. Doch trotz der Unterschiede stehen beide Darstellungen in einer engen Beziehung zueinander, wie das überhaupt zwischen Mose und Jesus der Fall ist, was ein weiteres Detail zeigt. So heißt es bei Mose: »Und der Herr sprach zu Mose in Midian: Geh, kehr nach Ägypten zurück. Denn alle Männer, die dir nach dem Leben trachteten, sind gestorben.« (Ex 4,19)

Im Matthäusevangelium wird ebenfalls erzählt, dass der mordlüsterne Herrscher – hier heißt er Herodes – gestorben ist: »Als Herodes gestorben war, erschien dem Josef in Ägypten ein Engel des Herrn im Traum und sprach: Steh auf, nimm das Kind und seine Mutter und zieh in das Land Israel; denn die dem Kind nach dem Leben getrachtet haben, sind gestorben.« (Mt 2,19–20)

Mose und die Frauen

Auf diesem »Rückweg« ereignet sich ein Zwischenfall, der wohl nicht nur auf uns heutige Leser ebenso befremdlich wie beängstigend wirkt und uns fast etwas eingeschüchtert und verstört zurücklässt. Verstört auch deshalb, weil dieses Ereignis so lapidar daherkommt, fast, als handele es sich um eine bloße Nebensache. Gerade eben hat sich Mose von seinem Schwiegervater verabschiedet, und die gesamte Szene atmet Eintracht und sogar eine gewisse Friedfertigkeit. Mose kann endlich zurück in seine alte Heimat, man spürt in ihm trotz seiner Befürchtungen fast eine gewisse Erleichterung.

Gott bestärkt ihn noch einmal und wendet sich mit ermutigenden Worten an ihn: »Da sprach der Herr zu Mose: Wenn du nach Ägypten zurückkehrst, so achte darauf, dass du alle Wunderzeichen, die ich in deine Hand gelegt habe, vor dem Pharao tust. Ich aber werde sein Herz verhärten, dass er das Volk nicht entlässt. Dann sollst du zum Pharao reden: So spricht der Herr: Israel ist mein erstgeborener Sohn. Ich befehle dir: Entlasse meinen Sohn, dass er mir diene! Wenn du dich weigerst, ihn zu entlassen, dann werde ich deinen erstgeborenen Sohn töten.« (Ex 4,21–23) Die letzten Worte passen nur sehr bedingt zu unserem heutigen Gottesverständnis, das einen mit dem Tod drohenden Gott kaum akzeptieren kann. Es wirkt, als wollte Gott dem Pharao sagen: Dein Vorgänger hat meinem Volk die Erstgeborenen und damit die Zukunft genommen. Jetzt nehme ich deinem Volk seine Zukunft.

Aber es kommt noch heftiger: Diese Drohkulisse dient gewissermaßen als atmosphärische Vorbereitung für das, was nun völlig unvermittelt eintritt: »Unterwegs in einer Herberge trat der Herr Mose entgegen und wollte ihn töten.« (Ex 4,24)

Diese Stelle gleicht einem Schlag ins Gesicht. Gerade erst hatte Gott Mose erwählt, hatte ihm den Stab übergeben – eigentlich hatte er dessen alten Stab zum »Stab Gottes« gemacht, was ja eine Art Stabübergabe ist –, hatte auf ihn eingeredet, versucht, ihm Mut zu machen; und jetzt heißt es völlig unvermittelt: »Unterwegs in einer Herberge trat der Herr Mose entgegen und wollte ihn töten.« Diese Passage bleibt bei allen Auslegungs- und Erklärungsversuchen schwierig. Gott erscheint hier als archaischer, als aggressiver Gott, er wirkt unberechenbar.

Unterschiedliche Traditionen haben versucht, Licht in diese rätselhafte Stelle zu bringen. In einigen jüdischen Auslegungen wird darauf verwiesen, dass ursprünglich gar nicht »Mose« genannt war, sondern nur »er«. Für diesen »er« kamen drei Personen infrage: Mose, aber eben auch seine beiden Söhne Gerschom oder Elieser. Wen also wollte Gott wirklich töten? Keiner der Exegeten kann diese Frage eindeutig klären. Und selbst, wenn es nicht Mose, sondern einer der beiden Jungen gewesen wäre: Macht das dieses Ereignis verständlicher, erscheint Gott dadurch weniger bedrohlich? Wohl kaum.

Rabbi Schlomo ben Jizchak, kurz Raschi, einer der führenden jüdischen Gelehrten des Mittelalters und bedeutendsten Tora-Exegeten überhaupt, vermutet, dass Mose es unterlassen hatte, seinen ältesten Sohn zu beschneiden, wie es der Bund zwischen Gott und seinem Volk eigentlich vorsah. Nun hätte der unbeschnittene Sohn sterben sollen (nach Raschi handelte es sich um den jüngeren Sohn Elieser), da aber Mose dafür die Verantwortung trug, wollte Gott an ihm das Gesetz vollziehen.

Diese Interpretation ist sicherlich im Lichte der folgenden Verse vorgenommen worden, in denen es heißt: »Da nahm Zippora einen scharfen Stein, schnitt die Vorhaut ihres Sohnes ab, berührte damit seine Scham und sagte: Ein Blutbräutigam bist du mir! Darauf ließ er von ihm ab. Damals sagte sie Blutbräutigam wegen der Beschneidung.« (Ex 4,25–26)

Aus der Tatsache, dass die Beschneidung ihres Sohnes das Leben des Mose rettet, leiten Kommentatoren wie Raschi die Tatsache ab, dass Gott Mose eben für das Unterlassen der Beschneidung als Verletzung des Bundes hatte bestrafen wollen. Ganz nach dem Motto: »Wie willst du vor dem Pharao bestehen, wie willst du mein Volk aus der Sklaverei führen, wie willst du ein Mann Gottes sein, wenn du nicht einmal die einfachsten Gesetze einhältst? Warum soll ich Wort halten, wenn du es nicht schaffst?«

Raschi entwickelt in seinem berühmten Tora-Kommentar ein Dilemma, in das er Mose verstrickt sieht. Mose hatte sich nicht entscheiden können: Sollte er vor seiner Abreise das Kind erst beschneiden und so in körperliche Gefahr bringen, oder sollte er noch warten und damit gegen den Befehl Gottes, sofort aufzubrechen, verstoßen? Raschis Erklärung: Nicht dafür wollte Gott Mose bestrafen, sondern weil Mose in einer Herberge angekommen war und sich dort erst um andere, weniger wichtigere Dinge kümmerte, anstatt sofort seine religiöse Pflicht zu erfüllen.

Martin Buber weist auf diese Deutung hin, wenn er festhält: »JHWH überfällt den eben erst von ihm (Gott, Anm. d. Autors) Entsandten, offenbar weil dessen Hingabe, nachdem er seinen Widerstand überwunden hat, ihm noch nicht vollkommen genug erscheint.« Und vorher schon: »Es gehört zum Urwesen dieses Gottes, dass er den, den er erwählte, auch restlos anfordert; wen er anredet, den reißt er an sich.«

Wie auch immer nun die Interpretation ausfällt, sie ändert nichts daran, dass es sich um eine dunkle, eine verstörende Stelle handelt. Jede noch so schlüssige Erklärung muss von der Tatsache ausgehen, dass Gott einen der drei – Mose oder einen seiner beiden Söhne – töten will.

Nicht ohne Grund schreibt Jean-Christophe Attias dazu: »Hiob wird sich weniger alleine fühlen.« Einzig Zippora mit ihrem blitzschnellen und geistesgegenwärtigen Handeln rettet Mose. Sie ist es, die ihren Mann beschützt – und das ist keine Selbstverständlichkeit in der damaligen, durch patriarchalische Stammesgesellschaften geprägten Zeit.

War es am Brunnen noch Mose, der für sie eingetreten ist, so steht Zippora jetzt für ihren Mann auf gegen Gott. Sie akzeptiert den Zorn Gottes nicht, sie nimmt seine Wut nicht hin, sondern sie handelt. Sie, die Frau, lehrt Mose, wie man mit Gott umgeht. Sie, die nicht einmal dem Stamm der Israeliten angehört, zeigt ihrem Mann, der zum Anführer des israelitischen Volkes werden soll, wie man das Gesetz erfüllt.

Sie löst sich – und ihre Kinder – damit vom midianitischen Ritus und erkennt den israelitischen an, sie wird auf diese Weise sozusagen eine israelitische Mutter. In dem Fall, dass nicht, wie in manch einer christlichen Übersetzung, die Beine des Mose, sondern die des Beschnittenen mit der Vorhaut berührt werden, ändert sich auch die Aussage.

So hält Martin Buber für diese zweite Interpretation fest: »In der Stunde der Gefahr vollzieht Zippora die blutige Zeremonie schon am Kinde, das heißt, sie nimmt statt der midianitischen Sitte die israelitische an. … Das Kind soll die ganze Sippe vertreten und darstellen – und sie sagt dazu den Spruch, er sei ihr, der Sippenmutter, und damit der Sippe durch den Vollzug des Blutvergusses schon jetzt ein chatan (beschnittener Bräutigam, Anm. d. Autors) geworden. Mit dieser Tat unterstellt sie ihre Sippe, die Geborenen und die Ungeborenen, dem Gott Israels und versöhnt ihn.«

Das alles sagt viel aus über die Rolle und Bedeutung der Frauen für Mose und damit für das Volk Israel. Ausgerechnet in einer Gesellschaft, in der die rituelle Erfüllung des religiösen Gesetzes fest in männlicher Hand liegt, ist diese Stelle bahnbrechend. Es ist nicht der Prophet, sondern seine Ehefrau, die erkennt, was zu tun ist.

Zippora steht in einer Reihe mit anderen Frauen, die für die Mosegeschichte entscheidend sind. Die Entwicklung Moses kann in Teilen auch als Statement über die Bedeutung der Frau für die Entwicklung, gerade auch die religiöse Entwicklung des Menschen, gelesen werden.

Der Lebensweg des Mose ist geprägt von Frauen, die unbequeme, kreative, vor allem aber mutige Entscheidungen treffen. Das beginnt mit seiner Mutter, die die Courage hat und es übers Herz bringt, ihren Säugling auszusetzen und ihm damit das erste Mal das Leben rettet.

Das zweite Mal rettet ihn die Tochter des Pharao, die ebenfalls Herz zeigt, weil sie den ausgesetzten Säugling aus dem Wasser ziehen lässt, ihn bei sich aufnimmt und als ihren Sohn erzieht, ihm alle Privilegien angedeihen lässt, die ein junger Mann am Hof des Pharao erhalten kann. Damit ist gewissermaßen eine Gegenbewegung zur Tat der Mutter beschrieben, aber beide Taten retten das Leben des Mose: Seine leibliche Mutter setzt ihn aus, damit seine »Pflegemutter« ihn aufnehmen kann.

Das dritte Mal rettet Zippora dem Mose das Leben, als sie eingreift – beherzt eingreift. Alle drei Frauen zeigen auf verschiedene Art und Weise Herz: Seine Mutter, indem sie den Herzschmerz auf sich nimmt, die Trennung von ihrem Sohn akzeptiert, ihn weggibt, vermutlich in der Sicherheit, ihr eigen Fleisch und Blut nie mehr zu sehen.

Die Tochter des Pharao beweist ihr großes Herz, agiert warmherzig und barmherzig, verkörpert diese Facette des Herzens. Zippora schließlich steht für den Mut und die Entschlossenheit des

Herzens, für die bedingungslose Loyalität und das unerschrockene Eintreten für ihren Mann und ihre Söhne, wie das in letzter Konsequenz vielleicht wirklich nur Frauen können.

Alle drei Frauen sind im wahrsten Sinne des Wortes großherzig und Retterinnen des Mose. Sie erst ermöglichen, dass er zum Retter seines Volkes und zu dessen Befreier wird. Die Rettung des Volkes Israel liegt somit direkt auch in der Hand der Frauen.

Zu eigener Größe finden

Eine vierte Frau beeinflusst ebenfalls am Anfang und dann vor allem aber auch später das Leben Moses, seine Schwester Mirjam. Häufig wird sie als die ältere Schwester identifiziert, die sich damals, als Mose ausgesetzt wurde, am Nil versteckt hielt und darüber wachte, was mit ihrem Brüderchen passierte.

Also tritt auch sie in gewisser Form als eine Retterin, in jedem Fall als Beschützerin des Mose auf. Sie hat sogar dafür gesorgt, dass die Mutter des Kleinen seine Amme wurde und ihm so die Wärme geben konnte, die man meistens nur in der Familie und bei den eigenen Angehörigen findet.

Mirjam sorgt dafür, dass Mose zwar nicht in seinem ursprünglichen Zuhause aufwächst, aber auch nicht gänzlich von seiner Familie getrennt ist. Sie transportiert auf diese Weise etwas von der familiären Nestwärme und könnte ein Grund dafür gewesen sein, dass Mose sich überhaupt seiner Herkunft erinnert und sich ihr sogar verpflichtet fühlt. Durch Mirjam reißt das Band zwischen Mose und seiner eigenen Familie und seinem Volk nicht ab.

Die Rolle der Frauen für Mose im Allgemeinen und die der Zippora im Speziellen stehen für eine Emanzipation. Allerdings nicht nur für die Emanzipation der Frauen, sondern fast noch mehr für die Emanzipation Moses, für seine Emanzipation von Gott. Mose ist keiner, der nur gehorcht. Mose diskutiert mit Gott, er streitet mit ihm, will nicht einfach nur ein willfähriger Diener sein. In ihm drückt sich die Schwierigkeit des modernen Menschen aus, der beharrt: »Ich habe ein Recht auf mein Leben. Warum soll ich nach den Regeln eines anderen leben, weshalb meine Belange hintanstellen?« Mose akzeptiert die Weisungen Gottes nicht einfach, er hinterfragt.

Er ist ein Zweifler, ein ungläubiger Thomas lange vor dem ungläubigen Thomas. Der moderne Mensch tut sich schwer mit Wundern, er lässt sich nicht so einfach beeindrucken. Mose antizipiert die Skepsis des Pharao, als wäre auch der ein moderner Mensch, und sagt implizit zu Gott: »Entschuldigung, aber das mit den Wunderzeichen wird nicht reichen. Das mag ja schön und gut sein, aber hast du nicht mehr zu bieten?«

Die Skepsis des Mose ist ein Spiegelbild unserer Frage nach einem Mehr: einem Mehr an Überzeugung, einem Mehr an Glauben, vor allem an einem Mehr an Gott. Mose ist widerspenstiger und eigensinniger als Abraham. Während der seinen Sohn opfern wollte, hat Mose seinen Sohn noch nicht einmal beschneiden lassen – dieses doppelte Bild des Blutopfers steht in einem engen Zusammenhang und ist faszinierend. Vor allem aber verkörpert Mose den modernen Menschen in seinen Zweifeln, in seinen Widersprüchen, aber auch in seiner Bereitschaft, aufzubrechen, wenn er eine tiefe religiöse Erfahrung gemacht hat, trotz Angst und Gefahr.

Mose ist deshalb ein Rebell, weil er Gott und das System prüft. So wie er den Pharao und die damaligen Machtverhältnisse auf den Kopf stellt, wie er das Establishment herausfordert, so steht er auch auf gegen Gott, wenngleich manchmal zögerlich und mithilfe anderer. Mose ist ein Aufständischer, der sich aufrichtet, der nicht einfach auf den Knien vor Gott liegt, sondern der ihm auch die Stirn bietet – und zugleich die Stirn senkt, als ihn die religiöse Erfahrung in die Knie zwingt. Bildlich gesprochen: Mose richtet sich auf, er ist kein verkrümmter Buckler. Auf diese Weise ist er im Kontakt mit Gott, weil er sich gen Himmel streckt, weil er sich groß macht.

In der Widersprüchlichkeit Moses, in seinem Aufstehen gegen, aber auch mit und für Gott, zeigt sich eine zutiefst christliche wie auch jüdische Überzeugung: Nur wer sich nach Gott ausrichtet, wer seinen Mann steht, der wächst empor zu seiner echten Größe. Wer nur buckelt und auf Knien herumrutscht, wird nie zu der Größe finden, die ihm Gott geschenkt hat. Wer nicht aufsteht, wird auch nicht aufrecht gehen können. Der Mensch darf widersprechen, darf zweifeln, darf hinterfragen und muss all das auch tun. So findet er zu seiner ihm eigenen Größe.

Die Grundfrage des modernen Menschen nach seiner Identität wird hier noch einmal radikal beantwortet. Im Aufstand gegen Gott, das ist eine der zentralen Lektionen des Mose, wird der Mensch groß und so er selbst – wenn er zugleich darüber seine Bestimmung und seinen Auftrag nicht vergisst. Denn die Größe des Menschen besteht darin, dass er eben kein Sklave ist, dem man einfach Befehle gibt und die er stillschweigend akzeptiert. Gott will nicht nur die Israeliten aus der Sklaverei befreien, wo sie vor einem weltlichen Herrscher auf den Knien liegen und für ihn Sklavenarbeit ausführen müssen, sondern auch jeden einzelnen Menschen.

Die Wüstenlektion des Mose heißt zusammengefasst: Will der Mensch er selbst sein, darf er nicht als Sklave leben. Will der Mensch er selbst sein, muss er ein Aufständischer sein – muss er Rebell sein.

DER STOTTERER

Kann nicht, gibt's nicht

»Und jetzt du, Heiner!« Kein Fragezeichen, sondern ein Ausrufezeichen, keine Bitte, sondern eine Aufforderung. »Und jetzt du, Heiner!«, das ruft der Mann vor mir und meiner Klasse, und ich könnte ihm vor Wut an den Hals springen. Er ist mein Lehrer, ein besonderer Lehrer, ein Sprachlehrer. Und wozu er mich gerade auffordert, wozu er mich zwingt, ist, vor der gesamten Klasse, vor jetzt schon grinsenden und feixenden Gesichtern den Volldeppen zu geben. Er will, dass ich vor meinen Mitschülern die Übungen mache, die ich mit ihm sonst im Geheimen absolviere, er will, dass ich laut: »A-ra-bla-sa – O-ro-blo-so – U-ru-blu-su …« sage. »A-ra-bla-sa …«, beginne ich, leise. Umso lauter schallt dafür das Gelächter der Mädchen und Jungen um mich herum. Unendlich laut und dröhnend. Verletzend. Wie so oft, wenn mir schmerzlich bewusst wurde, was ich war: ein Stotterer.

Die Szene, die sich vor mehr als vierzig Jahren ereignete, hat sich tief in mein Gedächtnis eingebrannt, allerdings nur zum Teil. Was genau passierte, nachdem ich von meinem Sprachlehrer zu dem gezwungen wurde, was ich als unglaublich demütigend empfunden hatte und teilweise sogar instinktiv bis heute so empfinde, weiß ich nicht mehr. Ich habe es vermutlich verdrängt, zu sehr hatte es geschmerzt. Ich war in der vierten Klasse, hatte seit zwei Monaten Sprachtraining bei ihm, hatte gerade begonnen, mich etwas zu öffnen, und fühlte mich in diesem Moment nicht nur bloßgestellt, erniedrigt, ausgeliefert, sondern vor allem auch eines: verraten. Verraten von meiner eigenen Sprache, wieder einmal. Verraten aber auch von meinem Sprachlehrer, der mir doch einfach nur helfen sollte, dieses verdammte, verfluchte Stottern loszuwerden. Glaubte er wirklich, es würde helfen, mich vor meinen Klassenkameraden so zu demütigen?!

Ich habe später viele weitere solcher Szenen erlebt, vielleicht nicht mehr so exponiert, aber es war mir doch immer wieder peinlich. Der Sprachunterricht damals half nicht, meine Schwierigkeiten blieben. Wörter, die mit »h« oder »k« begannen, waren die Hölle für mich. Ich wusste das meist schon, bevor ich überhaupt versuchte, diese Wörter auszusprechen, und das machte mich noch fertiger.

Ich erinnere mich zum Beispiel an eine Szene, als ich im Biounterricht gefragt wurde, woher diese braunen Früchte stammten. Meine Antwort: »Diese Früchte stammen von einem Ka-ka …« Gelächter. Feixen. Eine laute Stimme, die sich fast überschlug, rief: »Er hat Kacker gesagt!« Und die Stimme wollte sich gar nicht mehr beruhigen. Andere stimmten ein in den »Kacker«-Chor, eine laut gewordene Kakofonie im wahrsten Sinne des Wortes ertönte, und ich wollte einfach nur raus. Raus aus dem Raum, raus aus meiner eigenen Sprache. Zum Glück ließ mich der Lehrer noch einmal antworten, in Ruhe, er nickte mir aufmunternd zu, nahm den Druck raus: »Diese Früchte stammen von einem Ka-Ka-stanienbaum.«

Damals in der vierten Klasse und auch später noch habe ich öfter versagt, wenn ich vor anderen Menschen sprechen musste, und die Scham, die Ohnmacht, die Hilflosigkeit, die Wut und manchmal sogar der Hass, all diese Gefühle, die habe ich nicht vergessen. Ich weiß noch sehr genau, wie es sich anfühlte, wenn sie in mir hochkrochen, wirklich verheilt ist diese Wunde noch immer nicht. Deshalb trifft mich auch heute noch die Stelle in der Exodusgeschichte, in der es heißt:

»Mose aber sprach zum Herrn: Ach, Herr, ich bin kein Mann des Wortes. Ich war es früher nicht und bin es auch jetzt nicht, seitdem du mit deinem Knecht redest. Denn unbeholfen sind mein Mund und meine Zunge.« (Ex 4,10)

Ich kann mir nur zu gut vorstellen, wie sich Mose gefühlt haben muss. Vielleicht hat er auch geschwitzt und seinen Puls am Anschlag gefühlt, vielleicht hat er versucht, seine schweißnassen Hände trocken zu reiben, vielleicht hat er sich einfach auf den anderen stürzen wollen, wie es mir damals mit meinem Sprachlehrer ging.

Warum tut Gott ihm das an? Warum nimmt er nicht jemanden anderen, warum nicht gleich Aaron? Wieso muss Mose da durch?

Erst spät, am Ende meiner Schullaufbahn habe ich Wege gefunden, mit meinem Stottern umzugehen. Ich wurde immer besser darin, Synonyme für K- oder H-Wörter zu finden. Ich sagte dann eben »Gotteshaus« und nicht »Kirche«, ich sagte nicht »Hobel«, sondern »Schleifgerät«. Mein Wortschatz wuchs auf diese Weise, ich war dazu gezwungen, darin lag meine Rettung vor dem Gelächter. Ich wurde immer besser darin und merkte, dass ich zunehmend ruhiger wurde, vor allem innerlich. Und mit der wachsenden Ruhe und schwindenden Angst verließ mich langsam das Stottern.

Vielleicht war es aber auch andersherum. Ein Lehrer hatte mich in der Mittelstufe einmal angesprochen, nach dem Unterricht und ganz im Vertrauen, niemand konnte zuhören. Er sagte: »Heiner, bleib ganz ruhig, wenn du redest. Du schaffst das schon.« Und: »Überleg dir, was du sagen willst. Stell dir vor, dass du das, was du sagen willst, zuerst unterm Tisch versteckt zu dir selbst sagst. Dann mach eine kleine Pause, und dann geht's von allein.« Der Ratschlag war nicht nur gut gemeint, sondern er wirkte auch. Nicht sofort, aber langsam und mit viel Übung. Doch je schneller und besser ich mich selbst innerlich unter dem Tisch verstecken, dort die Worte vorformulieren, sie schleifen, rund schleifen konnte, desto weniger stotterte ich – bis es irgendwann ganz vorbei war.

Mose war Stotterer, weil er sich die Zunge und die Lippen verbrannt hatte, so zumindest die jüdischen und islamischen Überlieferungen. Aber Gott hätte, so denke ich manchmal, doch ein Wunder wirken können und Mose einfach Lippen und Zunge gesunden lassen, um so das Stottern ein für alle Mal zu heilen. Doch so wirkt Gott nicht. Er sagt: »Hast du nicht deinen Bruder Aaron, den Leviten? Ich weiß, dass dieser sehr gut reden kann. Siehe, er ist schon auf dem Weg, um mit dir zusammenzutreffen. Wenn er dich sieht, wird er sich herzlich freuen. Rede mit ihm und leg ihm die Worte in seinen Mund. Ich aber will mit deinem und mit seinem Mund sein und will euch anweisen, was ihr tun sollt. Er soll für dich zum Volk reden; er soll Sprecher für dich sein und du wirst für ihn Gott sein.« (Ex 4,14–16)

Mose erhält also einen neuen Mund. Aber Gott macht nicht einfach alles ungeschehen. Er will, dass sich Mose entwickelt, dass er sich seinen Schwierigkeiten und Problemen stellt, nur so kann er wirklich zu dem Anführer heranwachsen, den es für den Auszug aus Ägypten braucht. Gott – und das kann eine schwierige und schmerzvolle Wüstenlektion sein – ist kein magischer Alles-wird-wieder-gut-Heiler, der den Menschen die Arbeit abnimmt. Gott will, dass wir selbst die Probleme lösen, dass wir an ihnen wachsen und dass wir so zu unserer eigenen Größe finden.

Mose muss sein Stottern akzeptieren, muss also auch bei diesem Gebrechen in seine Haut hineinkommen und sich selbst annehmen. Das ist die Voraussetzung dafür, dass er seine Selbstsicherheit und zu sich findet. Das mag wie eine Zumutung aussehen, und ohne jeden Zweifel ist es das auch. Aber mit dieser Zumutung konfrontiert uns Gott vor dem Hintergrund, dass er uns zutraut, dass wir sie schaffen. In ihr ist außerdem eine Absage an ein vorschnelles Aufgeben enthalten, an Sätze wie: »Das schaffe ich doch eh nicht.« Gott hält dagegen und sagt dem Mose, und damit auch uns: »Geht nicht, gibt's nicht.« Nicht etwa derjenige, der etwas wagt, sondern der, der es gar nicht erst probiert, versagt. Bange machen, das gilt nicht.

Wir sind zu viel mehr in der Lage, als wir oft denken. Gott erwischt Mose in einer Phase seines Lebens, in der er das Gegenteil von dem denkt und tut, was er vorher in Ägypten getan und gedacht hatte: Damals in Ägypten hatte die Hybris von ihm Besitz ergriffen, alles zu können und alles zu müssen. Jetzt aber ist es gerade andersherum, jetzt denkt Mose, überspitzt formuliert: Ich kann nichts und ich muss auch nichts. Das aber lässt Gott nicht zu. Er will nicht, dass wir uns aus unserer Verantwortung stehlen, sondern dass wir uns ihr stellen. Er akzeptiert nicht, dass wir unsere Schwächen nicht akzeptieren, er will, dass wir sie erkennen, er will aber auch, dass wir gegen sie angehen. Gott ist anspruchsvoll. Und mit diesem Anspruch hilft er uns, wir selbst zu werden.

Die Geschichte von Mose als Stotterer und wie er damit umgeht, macht Mut, sie nimmt aber auch in die Pflicht. Gottes Anspruch ist jedoch nicht maßlos. Gott weiß, was er Mose »zumessen« kann, ist »angemessen«. Er fordert, aber überfordert nicht, selbst wenn es sich manchmal im ersten Moment so anfühlen mag. Und er hilft uns, diesem Anspruch gerecht zu werden.

So wie der Lehrer mir damals nicht nur einfach sagte: »Komm, Heiner, stell dich nicht so an, bleib doch mal ruhig«, sondern mir einen konkreten Ratschlag gab, mir wirklich half, so hilft auch Gott dem stotternden Mose. Er lässt ihn nicht allein, sondern geht auf Mose in seiner Schwäche ein, er unterstützt ihn, ohne ihm alles abzunehmen. Gottes Anspruch bleibt nicht allein, er kommt zusammen mit seinem Zuspruch.

Es ist kein Zufall, dass Moses Einwand, er sei ein Stotterer, der letzte Widerstandsversuch gegen seine Beauftragung durch Gott ist. Danach heißt es nur noch: »Mose machte sich auf, kehrte zu seinem Schwiegervater Jitro zurück und sprach zu ihm: Ich möchte wieder zu meinen Verwandten nach Ägypten zurückkehren und sehen, ob sie noch am Leben sind.« (Ex 4,18)

Und Mose macht sich also auf und trifft, wie von Gott versprochen, bald seinen Bruder Aaron: »Und der Herr sprach zu Aaron: Geh Mose in die Wüste entgegen! Da machte er sich auf und traf ihn am Berg Gottes und küsste ihn. Mose teilte Aaron alle Worte des Herrn mit, mit denen er ihn gesandt, und alle Wunderzeichen, die er ihm befohlen hatte. Mose und Aaron gingen hin und versammelten alle Ältesten der Israeliten. Aaron berichtete alles, was der Herr zu Mose geredet hatte. Dieser aber wirkte die Wunderzeichen vor den Augen des Volkes. Das Volk glaubte ihm und freute sich, dass sich der Herr der Israeliten angenommen und ihr Elend gesehen hatte; sie verneigten sich und warfen sich vor ihm nieder.« (Ex 4,27–31)

Am Ende des vierten Kapitels findet das Scheitern Moses, ein Anführer sein zu wollen, ein Ende – vorläufig. Als er eigentlich schon gar nicht mehr in der Öffentlichkeit stehen und wirken, als er nur noch im Privaten und mit seiner Familie leben will, fordert Gott ihn auf. Und als Mose seinen Widerstand aufgibt, als er seine eigenen Abwehrgründe, Probleme und Ängste bezwingt, als er Zeichen wirkt, die nicht die seinen, sondern Gottes Zeichen sind, da erkennt ihn das Volk an.

Indem Mose klarmacht, dass Gott der Anführer ist und nicht er, wird er erst eigentlich zum Anführer. Es geht nicht mehr um ihn und seinen Ruhm, sondern um den Ruhm Gottes und um das Volk. Größeres, Wichtigeres steht im Vordergrund, und das überzeugt das Volk.

Das ist eine Erkenntnis, die wir in unserem Leben oft machen können und die wertvoll ist: Andere spüren sehr schnell und deutlich, wenn es uns nur vorgeblich um die anderen, in Wirklichkeit aber nur um uns selbst geht. Wir alle haben feine Antennen dafür, ob es jemand ernst mit uns meint, ob sich da jemand wirklich aus Sorge um uns für uns einsetzt, oder nicht vielmehr, weil er sich davon etwas für sich selbst verspricht. Wir erfahren immer wieder, dass Zuneigung und Vertrauen nicht erzwungen, dass sie nicht mit einer Gewalttat einfach genommen werden können, sondern dass sie erworben und verdient werden müssen. Vertrauen muss verdient sein. Durch eigenen Einsatz und sei es, dass wir dafür eigene Schwächen bekämpfen müssen.

Das Volk erkennt Mose vielleicht auch deshalb an, weil es spürt, dass da kein strahlender Held kommt, sondern einer mit Problemen, mit Schwierigkeiten, ein Mensch wie jeder andere aus diesem Volk. Einer, der deshalb weiß, was es bedeutet, gefangen zu sein: gefangen in der eigenen Angst und Unsicherheit, gefangen in der Hybris und Selbstüberschätzung, gefangen im eigenen Körper, gehalten von den Fesseln der eigenen Unzulänglichkeiten.

Einer, der sich aber gegen diese Fesseln wehrt, der sie abzustreifen versucht, der manche auch loswird und der sich nicht als Knecht oder Sklave halten lässt. So einen akzeptieren die Menschen – weil sie spüren, dass er weiß, was das Wort Freiheit bedeutet. Wie es riecht und schmeckt, wie der Hunger nach Freiheit schmeckt. Es ist schwer zu begreifen, was Hunger ist, wenn man den Hunger selbst nie erlebt hat.

Wortführer werden

Mose wird bei seiner Rückkehr nach Ägypten das Trauma seines Scheiterns los. Zugleich erlebt er, der Stotterer, wie mächtig das Wort ist. Sein Zorn und seine Aggression hatten ihn sprachlos gemacht, hatten ihn durchdrehen lassen. Mose hatte zum Stein gegriffen, statt zum Wort. Doch darin liegt seine Katastrophe begründet. Die Warnung Jesu an seine Jünger, nicht zum Schwert, also zur Gewalt zu greifen, schwingt hier mit. Die Macht des Wortes wird gerade durch den Stotterer Mose bewiesen. Ich selbst habe die Macht – und die Ohnmacht – des Wortes und der Sprache als Stotterer erlebt. Das ließ in mir ein tiefes Bewusstsein dafür reifen, was es bedeutet, sprachlos zu sein. Später, als ich bereits Lehrer war, konnte ich auf ganz andere Weise erfahren, was das Wort und der Umgang damit bedeuten kann, gerade im Hinblick auf die großen mosaischen Themen: Identität, Berufung, gelingendes Leben.

Ich war gerade 36 Jahre alt und stand erst ganz am Anfang meiner Laufbahn als Lehrer. Doch obwohl ich noch keinerlei Erfahrungen hatte, bot mir mein damaliger Provinzial, also der Leiter unserer deutschen Ordensprovinz, die Schulleitung unseres Gymnasiums Leoninum in Handrup an. Eine gewaltige Aufgabe für einen so jungen und unerfahrenen Pädagogen wie mich, nicht nur im Hinblick auf Organisation und Administration, sondern vor allem auch vor dem Hintergrund der Menschenführung – immerhin besuchten mehr als tausend Schüler unser Gymnasium.

Ich fühlte mich noch nicht genügend vorbereitet. Zwar hatte ich mein Staatsexamen bestanden und auch schon Erfahrungen in einem Mädchengymnasium bei den Liebfrauenschwestern in Vechta gesammelt, aber ich war noch nicht einmal Studienrat, geschweige denn jemals in einer Schulleitung aktiv gewesen, wie das üblich ist, bevor man eine solche Stelle antritt.

Ich wusste instinktiv, dass ich noch einmal in ein anderes Ambiente, andere Erfahrungen machen musste. Das nette und beschauliche Emsland schien mir dafür aber nicht auszureichen, ich wollte noch eine andere Herausforderung bestehen, um für die Aufgabe gerüstet zu sein, die jungen Menschen, die uns anvertraut werden, auch wirklich gut begleiten zu können. Zunächst dachte ich daran, nach Berlin zu gehen, zum Beispiel an das Canisius-Kolleg. Oder nach Turin, das hätte mich auch gereizt. Dann aber erinnerte ich mich an einen amerikanischen Professor, den ich während meines Studiums in Freiburg kennengelernt hatte, Pater Joseph Lienhard. Er hatte mir von einer Schule in einem ganz besonderen Umfeld erzählt: der Fordham Preparatory School, geführt von Jesuiten und gelegen in der Bronx in New York. In jenem berüchtigten Viertel, das für seine Gangs weltberühmt war, wollte ich raus aus meiner pädagogischen, aber auch persönlichen Komfortzone kommen.

Der Plan reifte bis hin zum Entschluss, es probieren zu wollen. Allerdings musste ich mich wie jeder andere auch bewerben, meine Ordenszugehörigkeit half mir dabei nicht, es gab keine Sonderregeln – und das war auch gut so.

Von meinem Entschluss erzählte ich fast niemandem, nur mein Provinzial und ein enger Freund wussten Bescheid. Dieser Freund brachte mich an einem Januartag 1997 zum Bahnhof in Diepholz, dem kleinen Startpunkt meiner großen Reise. Von dort ging es mit dem Zug nach Bremen, dann auf einem Cityhopper nach Amsterdam und schließlich rüber nach New York, John F. Kennedy International Airport.

Während der gesamten Reise hoffte ich nur, dass mich keiner erkennen würde. Ich wollte nicht, dass jemand von dem Abenteuer erfuhr, bevor ich sicher war, dass ich es starten konnte. Ich kam mir zeitweise vor wie ein Geheimagent, wie »Der Spion, der aus der Kälte kam«: Hut auf und bloß nicht auffällig gucken oder sonst irgendwie Aufmerksamkeit erregen.

Ich flog in die USA und wurde bei der Fordham Preparatory School vorstellig. Außerdem bewarb ich mich an einer anderen Schule, die in einem besseren Viertel als der Bronx lag. Ich hätte wohl auch dort anfangen können, doch ich fühlte mich nach meiner Anfrage der Fordham Preparatory School verpflichtet. Es hätte sich nicht richtig angefühlt, an einer anderen Schule zu arbeiten.

Die Zeit in der Bronx war für mich genau jene intensive und prägende Zeit, die ich mir erhofft hatte. Ich unterrichtete Geschichte und Deutsch und musste mich in dem neuen Umfeld beweisen, nicht zuletzt sprachlich. Natürlich hatte ich Englisch gelernt, aber dort in der Bronx zu unterrichten, das war noch einmal etwas ganz anderes, als braven deutschen Schülerinnen Geschichte, Politik und Religion beizubringen.

Wobei mich schon damals eines faszinierte, das mir im Hinblick auf Mose heute wieder besonders imponiert: Fast die Hälfte aller Schüler waren Hispanics, die zu Hause Spanisch und nicht Englisch sprachen. Sie fühlten sich mehr ihrer Kultur, ihrem »Stamm« verpflichtet als Amerika oder der englischen Kultur. Ihre Loyalität galt eher den Clans und nicht so sehr der Allgemeinheit, von der sie sich ohnehin kaum angenommen fühlten. Auch sie kamen sich nicht selten als Fremde in der Heimat vor oder sogar als Fremde in der Fremde. Die Jesuiten legten nun großen Wert darauf, dass die Schüler Englisch beherrschten, anders wäre Integration und Interaktion und damit eine

Lebensperspektive für die Schüler nur schwer zu erreichen gewesen.

Andererseits achteten die Patres und die Lehrer darauf, dass die Wurzeln der Hispanics nicht einfach ausgerissen wurden. So stand Spanisch dezidiert auf dem Lehrplan, eine Geste der Wertschätzung der Herkunft, aber auch eine sehr bewusste pädagogische Entscheidung. Es gab sogar Heritage Nights, also Nächte, bei denen auf das spanische Erbe eingegangen wurde: Lesungen, Diskussionen, auch Theater. All das, um die Jungen beim Ausbilden ihrer spanischen Wurzeln zu stärken, ohne dass Englisch und das Hineinfinden in die amerikanische Kultur darunter leiden sollten.

Man wusste, dass Sprache entscheidend ist für die Identität, und erlaubte das Spanische den Jugendlichen nicht nur, man unterstützte sie sogar dabei. Die Jungs sollten sprachlich in der Lage sein, sich in beiden Welten zu bewegen.

Die Sorge um die spanischen und englischen Sprachfertigkeiten hatte viel mit kulturellen Überlegungen zu tun, außerdem aber mit einer Hochachtung des Wertes des Wortes an sich. So gab es nicht nur für die Hispanics, sondern auch für die amerikanischstämmigen Schüler das Schulfach »Drama«. Nicht als freiwilliges Angebot, wie es die Theatergruppen an deutschen Schulen sind, sondern als Pflichtfach. »Drama« musste also jeder Schüler belegen, ohne Ausnahme.

Genauso wie ein anderes Fach verpflichtend auf dem Programm stand, das Fach »Writing Skills«. Dort lernten die Jungen nicht nur zu schreiben, sondern ganz allgemein zu texten, zu debattieren, zu argumentieren. Darüber hinaus gab es in Arbeitsgemeinschaften richtige Wettkämpfe, wie sie in Debattierclubs durchgeführt werden: Zwei Jungen bekamen dasselbe Thema und mussten dafür oder dagegen argumentieren. Besonders spannend wurde das, wenn die Schüler eine Meinung vertreten mussten, die sie gar nicht teilten. Ihre innere Überzeugung konnten sie dann nicht einbringen, sondern nur die Kraft der Argumentation, die Macht des Wortes.

Bis heute halte ich diese Fächer und diesen Ansatz für wertvoll. Für Länder wie Deutschland, Österreich, Frankreich, Italien und Spanien, in die immer mehr Einwanderer aus unterschiedlichen Kulturen und Sprachen kommen, kann das eine wichtige Anregung sein: Wie schaffen wir es, die Menschen sprachfähig zu machen? Sprachfähig in unserer Mehrheitsgesellschaft, aber eben auch sprachfähig in Bezug auf ihre Heimatkultur?

Die Jungs in der Bronx sollten sich ja nicht einfach assimilieren, sondern ihre Abstammung als Bereicherung begreifen, um so als Boten und Übersetzer von Kultur und Sprache in ihren Vierteln und Familien oder auch in ihren Gangs zu wirken. Früher war es an der Fordham Preparatory School ständig zu Kloppereien gekommen, teilweise sogar zu schweren Prügeleien. Und selbstverständlich gab es auch nach der Einführung dieser Pflichtfächer weiter Auseinandersetzungen. Doch es wurden weniger, und ich bin ziemlich sicher, dass das auch damit zu tun hatte, dass man auf die Macht des Wortes setzte.

Wenn man so will, erlebt Mose das Gleiche wie diese jungen Männer aus der Bronx: Als er zur Gewalt greift, als es ihm die Sprache verschlägt, scheitert er. Nicht einmal sein eigener

Stamm will etwas mit ihm zu tun haben. An dieser Stelle kommt noch einmal das Wörtchen »tēvāh« ins Spiel. Es bedeutet, wie schon gesagt, so viel wie »Kästchen« oder »Kasten« und stellt eine innere Verbindung her zwischen der Arche Noach und dem kleinen Kasten, in dem Mose auf dem Nil ausgesetzt wurde.

Beide »Kästen« sind Instrumente der Rettung – und hier kreuzen sie sich mit einer dritten Bedeutung von »tēvāh«. »Tēvāh«, das ist auch das Wort, das rettet. Mose ist kein Mann des Wortes, sein Leben lang nicht. Er stottert, schämt sich dafür, überlässt das Reden lieber seinem Bruder Aaron. Dieser Anführer, dieser Befreier der Israeliten aus der Gefangenschaft ist selbst gefangen, gekettet an die Begrenztheit seiner Sprache.

Mose, zumindest der frühe und junge Mose, ist kein Mann des Wortes, sondern eher einer, der auf Gewalt setzt. Er ist kein Mann des Gesprächs, sondern einer der Tat. Mose scheitert daran, dass er sich von seinen Emotionen übermannen lässt. Er muss erst noch lernen, das Wort zu führen, damit er Menschen führen kann. Er muss erst noch ein Wortführer werden.

Nur als Wortführer kann er helfen, sein Volk zu retten. Dass er dabei genau auf seine Worte achten muss, dass er manchmal auch an die Grenzen dessen stößt, was Sprache kann, das wird er später erfahren müssen. Doch immer wieder macht er auch die Erfahrung – und sei die Situation noch so verworren, die Lage noch so gefährlich: Das Wort rettet. Und auf das Wort Gottes ist Verlass.

DER AUFBRECHENDE

Mach was Verrücktes!

Der Satz und die Stimme klingen mir bis heute in den Ohren, nach zwei Jahrzehnten noch. Ich war damals Schulleiter am Leoninum, unserer Ordensschule im emsländischen Handrup. Wir steuerten auf das Jahr 2000 zu, und auch wir wollten etwas Besonderes zum Millenniumswechsel für unsere Schule und vor allem mit unserer Schule tun. Ich fand zwar die Dramatik und Theatralik, die von verschiedenen Seiten und in den Medien betrieben wurden, überzogen und fast etwas seltsam.

Trotzdem hatten wir in der Schule das Gefühl, dass wir gemeinsam etwas erleben sollten, das uns als Schulgemeinschaft prägen, uns zusammenschweißen, enger zueinander und jeden Einzelnen vielleicht auch ein bisschen voranbringen würde. Doch was sollte das sein? Ich sagte mir: Macht etwas Verrücktes!

Hape Kerkeling war damals noch lange nicht weg, das war also nicht der Grund, dass wir auf die Idee kamen, unsere Aktion könnte etwas mit dem Jakobsweg zu tun haben. Es lag eher daran, dass wir Herz-Jesu-Priester in einer besonderen Verbindung mit dem Camino stehen: Unsere spanischen Ordensbrüder leben in einer Niederlassung in Puente la Reina, einer kleinen Gemeinde in Navarra.

Der Name dieser Gemeinde hat seinen Ursprung in einer Legende um eine Königin und ihre Brücke. Die Stifterin, angeblich handelt es sich um die navarresische Königin Doña Mayor, ist historisch nicht belegt, die Bedeutung der Brücke für Pilger seit dem 11. Jahrhundert dagegen schon. Unsere Mitbrüder haben dort eine kleine Kommunität und leben den Camino deshalb auf eine ganz besondere Weise. Sie sehen die Pilger auf ihrem Weg, fühlen sich mit ihnen auf dem Weg, versuchen, wenn Pilger bei ihnen einkehren, mit ihnen ein kleines Stück geistlich mitzugehen.

Genau das war auch unser Gedanke: das Jahr 2000 als Aufbruch zu begreifen, als ein gemeinsames Gehen, als ein Sich-auf-den-Weg-Machen, und zwar gemeinsam mit der gesamten Schule. Alle zusammen, vom Fünftklässler bis zum Oberstufler, die Lehrer ebenso wie die Eltern und Unterstützer. Nicht nur wir Katholiken auf dem Leoninum, sondern auch die evangelisch getauften Christen, unsere Muslime, auch die Ungetauften unter uns, wirklich alle sollten sich gemeinsam auf den Jakobsweg nach Santiago de Compostela begeben. Die Pilgerfahrt als Verbindung über alle Generationen der Schule, über die Konfession und Profession hinweg, hin auf ein Ziel.

Sicher war mir damals auch die religiöse Komponente wichtig. Einfach nur ein netter Ausflug irgendwohin, das hätte für Publicity und wahrscheinlich auch für unvergessliche Momente gesorgt. Aber die Fahrt sollte auch ein spirituelles Angebot sein, eine Einladung, unverkrampft und unverbindlich, doch spürbar. Kein Zwang, natürlich nicht, aber auch keine beliebige Kaffeefahrt.

Die ersten Gespräche über diese Idee wurden heiß geführt, voller Energie, Begeisterung und Elan. Sie waren aber auch angefüllt mit Vorbehalten, Sorgen, Ängsten, sogar mit Vorwürfen. Warum wir nicht einfach nach Telgte pilgern könnten, das sei doch auch schön und würde gut zu uns passen. Ich war dagegen und sagte: »Auf Telgte haben die Schüler keine Lust. Es muss etwas Exotisches sein, sie müssen darauf stolz sein können, müssen davon noch um zwei Uhr in der Nacht in der Disco erzählen wollen.« Von Telgte will keiner um zwei Uhr in der Disco erzählen. Von Santiago de Compostela und dem langen Weg dorthin schon. Das ist etwas Exotisches, das ist Abenteuer, das ist Freiheit. Damit begeistern wir unsere Schüler – und nur damit bekommen wir sie überhaupt an Bord.

Einige meiner Kollegen waren entsetzt: »Der ist verrückt, der Junge. Oder größenwahnsinnig, auch nicht besser!« Das drückten die Gesichter einer ganzen Reihe von Leuten aus, und manche sprachen es sogar aus.

Irgendwann aber sagte dann einer diesen Satz, den ich bis heute nicht vergessen habe und der mich damals ins Wanken brachte: »Wenn Sie das machen, Pater Wilmer, dann kommen Sie mit Toten zurück. Mit Toten.«

Ich habe es schon erwähnt, möchte es aber noch einmal betonen: So sehr Mose für mich ein Abbild des modernen Menschen ist, so faszinierend seine Persönlichkeit, so lehrreich seine Wüstenlektionen immer sein mögen – ich identifiziere mich nicht mit ihm, und ich sehe mich schon gar nicht als Reinkarnation des Mose, was wäre das auch für eine Anmaßung.

Wenn ich also von unserem Weg, von unserem Auszug nach Santiago spreche, dann soll das nicht als eine Art Mini-Exodus verstanden werden. Santiago war nicht das Gelobte Land und die Schulzeit, und der Unterricht in Handrup, so hoffe ich jedenfalls, glich auch nicht der Sklaverei in Ägypten. Die Unterschiede sind groß, viele Details passen nicht zusammen; andere aber sehr wohl.

Vor allem eine Gemeinsamkeit sehe ich: die Dynamik, die hinter so einem Aufbruch und Auszug steckt, das, was in der Gruppe passiert. Und bestimmte Fragen, die sich Mose und Aaron gestellt haben, die haben sich auch mir und meinen Kollegen gestellt. Fragen, die einen ganz persönlich angehen: Machst du das für dich oder wirklich für die anderen? Kannst du das verantworten und mit deinem Gewissen vereinbaren? Was kann schiefgehen, und was passiert dann? Hast du alles bedacht oder bist du so berauscht von deiner Idee, dass du vielleicht das Große und Ganze im Blick hast, die entscheidenden Details aber nicht?

Sieht man sich die Mosegeschichte an, betrachtet man, wie sich Mose Gott gegenüber weigert, Verantwortung zu übernehmen, so stecken darin einige Fragen, mit denen Mose sich auseinandersetzen musste: Was sollte er den Israeliten eigentlich sagen? Hatte er überhaupt das Zeug zum Führer? Und wie sollte er seine neue politische Rolle vor der eigenen Familie rechtfertigen?

Schließlich jedoch lässt sich Mose überzeugen, lässt sich vielleicht sogar begeistern und zieht los. Man kann es sich leicht vorstellen, wie ihn damals, als er auf dem Weg von Midian zurück nach Ägypten war, die Fragen umgetrieben haben. Dann folgt das Wiedersehen mit seinem Bruder Aaron, dem Helfer an seiner Seite. Und es kommt zum ersten Auftritt vor den

Israeliten – und zum ersten Erfolg. Das Volk folgt Mose, zum ersten Mal. Zum ersten Mal ist er tatsächlich ein Anführer, einer, nach dem sich die Menschen richten.

Plötzlich trägt Mose aber auch Verantwortung, Erwartungen ruhen auf ihm. Sicherlich, auch die Jahrzehnte zuvor hatte er Erwartungen zu erfüllen, die nämlich, die an einen Familienvater gerichtet sind. Das sind keine kleinen, im Gegenteil. Er hat seine Frau und die Kinder ernähren müssen, musste die Söhne erziehen, ist Teil einer Gemeinschaft geworden, hatte vielleicht die Hoffnungen seines Schwiegervaters auf sich lasten gespürt. Das sind keine Kleinigkeiten.

Jetzt allerdings hat er ganz andere Erwartungen geweckt, die schwerer zu kontrollieren, schwerer zu erfüllen sind. Mit diesen Erwartungen, vielleicht gar nicht beladen, sondern von ihnen angefeuert, treten Mose und Aaron vor den Pharao. Vor einen neuen, denn der alte Pharao, der Mose hatte töten lassen wollen, ist längst verstorben. Dennoch muss den beiden mulmig zumute gewesen sein, als sie sagen: »So spricht der Herr, der Gott Israels: Gib mein Volk frei, dass es mir in der Wüste ein Fest feiert!« (Hier und zum Folgenden vgl. Ex 5,1 ff)

Der Pharao reagiert wie erwartet: »Wer ist der Herr, dessen Befehl, Israel freizugeben, ich gehorchen soll? Ich kenne den Herrn nicht und werde Israel nicht freigeben.« Mose und Aaron bleiben aber dran, sie trauen sich, dem Pharao die Stirn zu bieten: »Der Gott der Hebräer ist uns begegnet. Wir sollen drei Tagesreisen weit in die Wüste gehen und dem Herrn, unserem Gott, ein Opfer darbringen, sonst sucht er uns mit der Pest oder mit dem Schwert heim.«

Etwas fällt an dieser Stelle besonders auf: Es ist nicht die Rede von einem »Gelobten Land« oder einem »Land der Verheißung«, wie es heute oft heißt. Mose und Aaron fordern nur, der Pharao solle das Volk ziehen lassen, damit man in der Wüste ein Fest feiern könne. Um mehr geht es auf den ersten Blick nicht. Ziel ist das Fest, das Schlachtopfer für Gott, das als Erfüllung der religiösen Pflicht begriffen wird. Versteht man diese Stelle zunächst als Auszug, um Gott zu heiligen, so wird der Exodus zur Pilgerfahrt, zum Aufbruch in die Freiheit, die aber über ein geografisches Ziel hinausgeht. Die Freiheit erfüllt sich ganz in der Hingabe, im Dienst an Gott.

Jan Assmann fasst das prägnant so zusammen: »Dabei werden die ägyptische Unterdrückung und die befreiende Religion hebräisch mit demselben Wort bezeichnet: ›avodāh‹ ›Dienst‹. Menschendienst bedeutet Unterdrückung, Gottesdienst bedeutet Freiheit.« Diese entscheidende Aussage klingt hier schon an: Mose und Aaron erscheinen hier nicht als die, die aus eigener Kraft die Israeliten in die Freiheit führen, sondern sie sind diejenigen, die das Volk dorthin führen, wo es dem eigentlichen Befreier huldigen kann. Mose, der Ausziehende, lässt keinen Zweifel daran, wer das Sagen hat.

Der Pharao sieht das naturgemäß anders. Er kennt Moses Gott noch nicht und hat daher keine Veranlassung, diesen beiden dahergelaufenen Typen aus Midian zu glauben. Was interessiert es ihn auch, was die da wollen? Im Gegensatz zu Mose, der weiß, um wen es sich handelt, hat sich Gott dem Pharao noch nicht vorgestellt. Und so kann der die Bitten der beiden sehr locker von sich abperlen lassen: »Wer ist der Herr, dessen Befehl, Israel freizugeben, ich gehorchen soll? Ich kenne den Herrn nicht und werde Israel nicht freigeben.« Und dann: »Warum wollt ihr, Mose und Aaron, das Volk von seiner Arbeit abhalten? Geht an eueren Frondienst! (...) Das Volk im Land ist schon zahlreich genug. Da wollt ihr es von seinem Frondienst ausruhen lassen?« Der Pharao schickt die beiden weg und zeigt Härte: »Am gleichen Tag befahl der Pharao den über das Volk gesetzten Fronvögten und Aufsehern: Künftig sollt ihr den Leuten kein Stroh mehr zur Anfertigung von Ziegeln liefern wie bisher. Sie sollen selbst hingehen und Stroh sammeln. Aber die festgesetzte Menge an Ziegeln, die sie bisher angefertigt haben, müsst ihr von ihnen einfordern! Lasst ihnen davon nichts nach! Denn sie sind faul. Darum schreien sie: Wir wollen fortziehen, um unserem Gott zu opfern! Den Leuten muss die Arbeit erschwert werden, damit sie daran zu tun haben und nicht auf lügenhafte Reden achten.«

Die Reaktion des Pharao kommt uns nur zu bekannt vor: Er steht für die Menschen, die uns sagen: Komm, lass das Träumen, ran an die Arbeit. Wer arbeitet, der kommt auf keine hochfliegenden Pläne, der hat keine Flausen im Kopf. Wer Visionen hat, sagte mal ein Bundeskanzler, der solle zum Arzt gehen. Der Pharao schickt die Menschen jedoch nicht zum Arzt, sondern zum Frondienst. Seine Medizin: mehr Arbeit – und härtere Arbeit. Das uralte System der industriellen Unterdrückung blitzt auf, der Mensch wird zum Humankapital, er wird zur Maschine, die funktioniert und nicht lebt, die malocht und nicht träumt.

Träume gehören in Bücher oder sollen den Gedichten vorbehalten sein, an der Werkbank oder im Büro haben sie nichts zu suchen. Der Pharao steht stellvertretend für die Mächte, die die Menschen verzwecken und sie nicht das feiern lassen wollen, was ihnen heilig, was ihnen wirklich wichtig ist. Er ist der personifizierte Zeigefinger, der uns mahnt: Komm, lass es bleiben, das ist doch verrückt.

Gott ist das genaue Gegenteil dieser Traumverbrecher à la Pharao. Als Mose und Aaron von ihrer Mission zurückkommen, desillusioniert und entmutigt, da macht Gott ihnen keine Vorwürfe, weil sie ihren Auftrag nicht erfüllen konnten, weil sie nicht überzeugend genug waren. Stattdessen beruhigt er sie: »Ich bin der Herr! Ich bin Abraham, Isaak und Jakob unter dem Namen El-Schaddai (Gott, der Allmächtige) erschienen; doch mit meinem Namen JHWH habe ich mich ihnen nicht offenbart. Weil ich meinen Bund mit ihnen geschlossen habe, ihnen das Land Kanaan, das Land ihrer Wanderschaft, in dem sie als Fremde lebten, zum Besitz zu geben, so habe ich das Schreien der Israeliten, die man in Ägypten knechtet, gehört und meines Bundes gedacht. Deshalb verkünde den Israeliten: Ich bin der Herr! Ich werde euch vom Druck der ägyptischen Fron befreien und aus der Knechtschaft erretten und euch mit ausgestrecktem Arm und mit gewaltigen Strafgerichten erlösen.« (Ex 6,2–6)

Jetzt erst taucht das Gelobte Land auf, jetzt erst spricht Gott von Kanaan, von der Rettung. Wo der Pharao die Enge des Frondienstes verdonnert, verheißt Gott die Weite der Freiheit. Er weckt ihn wieder, bei Mose, Aaron und dem Volk, den Hunger nach Freiheit, der unter dem Sand der Arbeit und Knechtschaft verschüttet war. Gott ruft Mose gewissermaßen zu: Mach etwas Verrücktes! Sei verrückt, also nicht angepasst, nicht in der Spur, nicht im Mainstream. Gott will, dass sich Mose verrücken lässt, dass er nicht einfach an seinem Platz bleibt, sondern auszieht. Sich verrücken lassen, bedeutet, dynamisch zu sein. Die Verrücktheit Moses ist seine Dynamik und eine Aufforderung an uns, uns ebenfalls verrücken zu lassen, verrückt zu sein.

Gott gibt's nicht billig

»Pater Wilmer, dann kommen Sie mit Toten zurück.« Ein Hammersatz, ein Vorschlaghammersatz sogar. In der Nacht nach diesem Gespräch konnte ich nicht einschlafen, ich quälte mich mit so vielen Fragen. Die nächste Nacht war nicht besser und auch die folgende nicht, und so blieb es noch für einige weitere Nächte. Es dauerte, bis ich wieder ruhig schlafen konnte und die Dinge sich für mich zu klären begannen.

»Discernimento« nennen die Italiener das, »Unterscheidung der Geister« sagen die Jesuiten dazu. Ich versuchte mir bewusster zu machen, ob es der Geist des Hochmuts, des Egoismus, der Selbstüberschätzung war, der mich antrieb. Wollte ich, so würde ich aus heutiger Sicht fragen, etwas allein für mich? Wollte ich etwas durchziehen, ohne den Willen der Menschen um mich herum zu beachten, ohne auch die Konsequenzen zu bemerken, die es für sie haben würde? Wollte ich also so handeln wie der frühe Mose vor seiner Zeit in Midian?

Ich führte in dieser Zeit viele Gespräche – mit mir selbst und mit anderen –, und ich fühlte tief in mir, dass es uns wirklich um das Gemeinsame ging. Ich war nicht glücklich über den Widerstand, doch in mir wuchs die Überzeugung, die Idee weiterzuverfolgen, weil sich andere von ihr anstecken ließen.

Ernsthafte Einwände prüften wir, wir dachten sie durch. Andere Vorwürfe versuchten wir zu entkräften, wussten sie aber irgendwann auch einzuordnen. Mir kam dann oft ein Satz in den Sinn, der für mich bis heute kostbar ist und eine Leitlinie bildet: Gott gibt's nicht billig.

Pfingsten 1999 nahm das Unternehmen erstmals konkrete Züge an. Wir fuhren mit einem Reiseunternehmer, den wir für unseren Plan hatten gewinnen können, und einer kleinen Gruppe von acht Personen in einem umgebauten Bus die Strecke ab. Geschlafen wurde hinten im Bus, alle Mann zusammen, später auch bei unseren Mitbrüdern in Puente la Reina.

Der Reiseunternehmer filmte alles mit einer Kamera und fing bewegende bewegte Bilder ein. Als wir zurückgekehrt und die Bilder zu einem Film geschnitten waren, zeigten wir diesen Film der Schulgemeinschaft in der Aula. Ich rief: »Das ist etwas, das könnt ihr noch euren Kindern erzählen, euren Enkeln, ach, vielleicht sogar euren Urenkeln.« Totale Begeisterung. Zumindest bei den Schülern. Sie wollten das Projekt, wollten raus und auf die Pilgerreise nach Santiago de Compostela. Diese Begeisterung – und das war mitentscheidend – trugen sie nach Hause. Sie begeisterten ihre Eltern, ohne die das Vorhaben gar nicht möglich war. Wir alle ließen uns mitreißen von dem Gedanken, uns gemeinsam auf den Weg zu machen. Ein irres Gefühl. Am Ende war, bis auf ganz wenige Ausnahmen, die ganze Schule erfüllt von einer vibrierenden Dynamik; es war ein schulgewordener Aufbruch.

Zu dieser Dynamik gehörte, dass die Vorbereitungen akribisch vorangetrieben wurden. Wir von der Leitungsseite hatten die Strecke bis ins kleinste Detail analysiert. Wir hatten einen jungen Mann gewonnen, der, weil er so begeistert von dem Projekt war, für uns alles mit dem Fahrrad abfuhr und fotografierte.

Wir begannen, Verpflegung zu kaufen, eine viertel Tonne Müsli zum Beispiel, und natürlich setzten wir alles in Bewegung, um Spenden aufzutreiben. Noch beeindruckender aber war, wie die Schüler vom Stapel liefen. Sie sammelten mit den verschiedensten Projekten Geld, um die Kosten für jeden Einzelnen zu reduzieren.

In allen Unterrichtsfächern befasste man sich mit bestimmten Aspekten, die uns auf der Fahrt nutzen konnten: Die Lateiner und Historiker lasen alte Dokumente und bereiteten sie auf, die Jakobslegende zum Beispiel. Die Physiker berechneten, wie der Sternenhimmel während unserer Fahrt stehen würde, die Chemiker forschten über die Auswirkungen von Hitze und Flüssigkeitsverlust auf den Körper und wie man am besten damit umgehen sollte. Und die Mathematiker erfassten genau, wie lange wir wo wie viele Höhenmeter oder Straßenkilometer zurücklegen mussten, um im Plan zu bleiben. Kurz: Alle waren eingebunden. Alle hatten ihr Projekt, alle hatten ein Projekt, ein gemeinsames. Wir waren auf einmal das, was Schule auch sonst sein sollte, aber im Alltag oft nicht ist: eine Weggemeinschaft.

Als diese Weggemeinschaft machten wir uns schließlich auf den Weg, in zweiundzwanzig Bussen mehr als eintausend Schüler, Lehrer, Reisebegleiter und sogar Ärzte. Die Busse waren immer gemischt belegt, mit Schülern von der fünften bis zur zwölften Klasse. Die Kleinen schliefen bei den Großen auf dem Schoß, wenn sie müde waren, einmalige Bilder haben sich mir eingeprägt.

Sicherlich gab es auch Probleme, doch meistens ganz andere, als vorher erwartet. Zum Beispiel machte den Älteren die Hitze oft mehr zu schaffen, wir ermahnten vor allem die Jungs: Viel trinken und – den alten Kalauereinwand vorwegnehmend – nicht nur Bier. Doch am Ende waren – und darin liegt eine besondere Ironie – weniger Schüler krank als im normalen Schulalltag, viel weniger sogar. Schwere Verletzungen gab es gar nicht – und auch keine Toten.

Wurde Mose auch davor gewarnt, dass sein Handeln Tote mit sich führen könnte? Wahrscheinlich. Er wird sich aber auch selbst dessen bewusst gewesen sein. Seine Entscheidung, den Auftrag Gottes auszuführen und das Volk aufzurütteln, es zum Aufbruch anzustacheln, bedeutete auch, die Verantwortung für ein mögliches Scheitern auf sich zu nehmen.

Ihm war klar, dass nicht Gott für ein solches Scheitern zur Rechenschaft gezogen werden würde, sondern er selbst, möglicherweise auch noch sein Bruder Aaron. Vielleicht war er insgeheim sogar etwas erleichtert, als der Pharao sich weigerte, das Volk Israel ziehen zu lassen, womöglich hoffte er, auf diese Weise um seine Mission herumzukommen, ohne sich offen gegen Gott stellen zu müssen und sich drücken zu können. Sollte das der Fall gewesen sein, erfährt er nun aber: Gott gibt's nicht billig.

Dieser Gott, der sich offenbart hat und den der Pharao noch nicht kennt, schickt Mose wieder und wieder zu dem Herrscher. Er muss Wettkämpfe gegen Magier bestehen, Aarons Stab verwandelt sich in eine Schlange, die die Schlangen der Magier frisst. Er muss aber vor allem Unheil ankündigen. Es ist Mose, der dem Pharao die Plagen ankündigt, und es ist Mose, der mitansehen muss, wie diese Plagen tatsächlich über das Land kommen. Jenseits der in der Forschung üblichen literarisch-exegetischen Einordnung der Plagen in die damaligen Topoi von Plagen und Wundern als Zeichen der Legitimation zum Propheten Gottes kennen diese Plagen auch eine andere Dimension: Mose dient einem Gott, der Furchtbares über andere bringt – eine andere Art der Prüfung.

Erneut werden wir mit dunklen Stellen konfrontiert, die mit unserem Verständnis eines barmherzigen Gottes wenig zu tun haben, die aber nicht einfach negiert werden können. Der Gedanke des barmherzigen Gottes, der die Schreie und das Wehklagen nicht nur hört, sondern der sich seines Volkes erbarmt, der dann jedoch zugleich der gerechte Richter ist, liegt diesen Schilderungen zugrunde – neben der genannten Legitimation.

Gott richtet: Er richtet die Ägypter, weil sie sich gegen ihn richten. Er richtet die Israeliten, richtet sie auf, weil sie sich nach ihm richten. Gott gibt im wahrsten Sinne des Wortes die Richtung vor, wie wir von den Plagen der Menschheit befreit werden können, und diese Richtung kann nur zu ihm führen. Diese Plagen, die wir zum Teil mit modernen Plagen identifizieren können – man denke nur an die Heuschrecken des Kapitalismus –, machen Mose, den Israeliten und schlussendlich sogar dem Pharao deutlich, was es heißt, dass es Gott nicht billig gibt, und was es kostet, nicht den Preis zahlen zu wollen.

Der Überfluss, den Gott verspricht, steht im krassen Gegensatz zu der Dürre, die die Plagen bringen, nirgendwo wird das durch den natürlichen Kontext greifbarer als in Ägypten und am

Nil. Auf heute angewandt heißt das: Die Fülle, die Gott zusagt, steht im Kontrast zu der Leere, die ein Leben ohne ihn bedeutet. Wer, wie der Pharao, den Namen Gottes nicht kennt und auch nicht kennenlernen will, der wird diese Fülle nicht schmecken, sondern eher den Plagen zum Opfer fallen. Eine unbequeme Einsicht, die einen ebenso individuellen wie gesellschaftlichen Anspruch erhebt.

Die Exodusgeschichte als mosaische Scheidung, als Triumph des Monotheismus, wie es Assmann und andere beschreiben, bedeutet die Anerkennung der Aussage, dass eine Person oder eine Gesellschaft, die den Namen Gottes nicht kennen und daher auch nicht heiligen können – wieder klingt das Gebot an –, dass beide den Heuschrecken ausgeliefert sind, der Dürre, den Unwettern ihrer Zeit und ihres Lebens. Die Einsicht, dass es Gott nicht billig gibt, ist damit nicht nur eine persönliche, sondern auch eine zutiefst politische Einsicht.

Mut zur Zumutung

Das ist, man kann es nicht anders ausdrücken, eine Zumutung. Was nimmt sich Gott da eigentlich heraus? Nicht nur, dass er Mose wieder und wieder in Konflikte und heikle Situationen bringt. Nein, er nimmt ein ganzes Volk, nimmt uns in die Pflicht, in Pflichten.

Die erste Pflicht besteht darin, in die Wüste zu ziehen und ein Fest zu feiern. Aber eben kein Freudenfest, sondern ein Opferfest, keine Party, sondern einen Gottesdienst. Dafür fordert Gott von uns, dass wir aufstehen, aufbrechen und ausziehen.

Aufstehen gegen die, die den Namen Gottes nicht kennen und uns in Gefangenschaft halten. Aufbrechen in die Ungewissheit der Wüste, geführt nur durch das Wort Gottes, verkündet von einem stotternden Totschläger als Symbol menschlicher Abgründe und Zerbrechlichkeit. So einem sollen wir folgen? Wenn das keine Zumutung ist! Und noch mehr: Wir sollen nicht nur aufbrechen, sondern ausziehen. Nach dem Opferfest in der Wüste ist nicht Schluss, denn es geht nicht zurück in die Enge der Knechtschaft, die mit Berechenbarkeit und Routine lockt, und mag diese noch so beschwerlich sein.

Es geht hinaus in die Wüste der Freiheit, in unumkehrbarer Weise geht es hinweg über die Sanddünen des Alltags, hinter denen das Leben mit seinen Unwägbarkeiten liegt, mit wunderbaren, saftigen, erquickenden Oasen ebenso wie mit den wilden Schakalen und heftigen Stürmen, die beide mit rasendem Jaulen auf uns zukommen und an uns reißen, gegen die wir uns mit allem, was wir haben, zur Wehr setzen müssen. Gott will, dass wir dorthin hinausziehen und uns dem aussetzen, so wie Mose einst auf dem Nil ausgesetzt wurde, auf dem Strom des Lebens.

Das alles ist Pflicht. In der Pflicht liegt nun – und das ist der tiefe Kern der Erfahrung Moses – das wahre Wesen der Freiheit. Indem Gott sein Volk zum Dienst verpflichtet, entpflichtet er es von der Sklaverei Ägyptens und führt es in die Freiheit.

Im Gottesdienst, das war schon angeklungen, liegt die Bedingung der Möglichkeit der Freiheit, wie man mit Kant formulieren könnte. Diese Freiheit ist uns immer schon gegeben, so wie Gott uns in die Pflicht nimmt, ohne zu fragen. Er hat uns schon immer verpflichtet und damit schon immer entpflichtet. Aber: Wir können diese Verpflichtung ausschlagen. Auch Mose hätte sich verweigern können. Die Verpflichtung ist insofern der Kern der Freiheit, weil gegen sie noch einmal aufbegehrt werden kann. In all den Schwierigkeiten und Unwägbarkeiten des Mose und des Exodus an sich liegt in jeder Sekunde die Möglichkeit, aufzugeben, abzubrechen, statt aufzubrechen. Abbruch und Aufbruch sind auf der Reise des Mose ständige Nachbarn, eine Erfahrung, die Mose so wichtig für uns macht.

Wir wissen nur zu gut, wie sehr wir ringen müssen, um ständig aufzubrechen und nicht abzubrechen und so einzubrechen. Das ist Leben, ein ständiges Miteinander von Aufbruch gegen den Abbruch und Einbruch; eine Dynamik, die das Leben lebendig und lebenswert macht und die nicht verwechselt werden darf mit einem Hasten und Rasen. Aufbruch kann etwas Langsames, fast Bedächtiges sein. Der Auszug jedes Einzelnen in sein eigenes Leben hinein hat seine eigene Geschwindigkeit, die jeder selbst finden muss. Das Wunderbare: Die Richtung ist vorgegeben, wir müssen sie lediglich ausmachen.

Also doch keine Zumutung? Oh doch. Dieses Wort fiel übrigens auch, als es um unsere Fahrt nach Santiago de Compostela ging. Das sei eine Zumutung. Oder, manchmal als Frage formuliert, als Vorwurf aber gemeint: Kann man das den Schülern denn zumuten? Ist das keine Überforderung? Im Nachhinein lässt sich antworten: Nein, es war keine Überforderung. Eine Forderung, das ja. Eine Zumutung auch, an die Schüler und an uns Lehrer und die anderen Begleiter. Eine Zumutung gestützt auf das Vertrauen zu jedem Einzelnen.

Davon haben wir alle gezehrt: Dass wir den Mut hatten und das Vertrauen in uns, in uns selbst und in unsere Schulgemeinschaft als Ganze, dieses Abenteuer zu bestehen. Mit bester Planung und deshalb bestem Gewissen, aber natürlich auch mit einem gewissen Risiko. So wie das Leben geplant werden kann, aber immer ungewiss bleibt, wenn es Dynamik haben und wenn es vorwärts gehen soll.

Das Gefühl, individuell und kollektiv etwas gepackt zu haben, für den Mut belohnt worden zu sein, hat wohl alle beflügelt und war vielleicht die wichtigste Erfahrung. Das Unternehmen musste auf allen Ebenen gelingen: psychisch und physisch individuell, organisatorisch und finanziell kollektiv. Und natürlich spirituell, denn diese Dimension war uns überaus wichtig, wir wollten sie keineswegs verbergen. Die Schüler fragten uns natürlich vorher: Müssen wir dann eigentlich die ganze Zeit beten? Ich war dafür, dass wir klipp und klar sagten: Ja, weil wir pilgern. Und Pilgern ist Beten, ist auch Beten. Aber Pilgern ist mehr, Pilgern ist alles. Pilgern ist Sonne und Regen auf der Haut spüren, Pilgern ist Gehen und Stehen und Liegen, Pilgern ist Schwitzen und Frieren, Pilgern ist, Blasen und Schwielen an den Füßen zu haben, Pilgern ist Durst zu haben und ihn zu stillen, Pilgern ist Hunger zu haben und ihn zu stillen. Wer pilgert, spürt nicht nur seinen Geist, sondern vor allem auch seinen Körper. Wer pilgert, der fühlt seine Haut, und das ist meistens das Gegenteil von einer Wellness-Spiritualität, in der es darum geht, sich in seiner Haut in dem Sinne wohlzufühlen, dass möglichst nichts zwickt und zerrt und alles weichgespült und rund ist. Das ist nicht Pilgern und das ist auch nicht Leben, das ist keine Identität. Der Pilger spürt auf jeden Fall, dass er ist, dass er Geist und Körper ist – für viele von uns eine intensive Erfahrung auf dem Camino.

Pilgern ist in diesem Sinne wirklich »ganzheitlich«, auch wenn das Wort in unseren Ohren mittlerweile etwas überstrapaziert klingen mag. Es ist ein sowohl physisches wie psychisches Erleben, es ist individuell und kollektiv.

Für neun Tage pilgerten wir alle zusammen in Bussen, und zugleich pilgerte jeder für sich. Wir waren mit anderen unterwegs und dabei in manchen Momenten sehr bei uns selbst. Pilgern heißt, die Gemeinschaft zu suchen und sich davon abzusondern, aber immer auf dem Weg zu sein. Das Pilgern führte uns durch die Vielschichtigkeit der Natur, die leere und karge Hochebene im Norden und die fruchtbare Gegend der Rioja. Dabei hatten wir ständig neue Gefühlserlebnisse: Still vor Gott und im Gebet zu ihm. Hadernd, dankend, lobend. Oder wir waren mit Gedanken wie diesen konfrontiert: Heute geht es aber gut, das ist ja total leicht! Wie lange noch? Ich kann nicht mehr – und ich will auch nicht mehr. Auf unserer Pilgerfahrt erfuhren wir ein wenig von dem, was Mose erfahren hatte: wie es ist, scheinbar am Ende zu sein und dann doch weiterzugehen. Seine Grenzen vor sich zu sehen und sie zu überschreiten, raus aus den Krisen, die im Rückblick Momentaufnahmen sind, so dunkel sie auch scheinen mögen. Am Ende in Santiago hatte sicher jeder seine eigene kleine Krise gehabt und war jetzt doch am Ziel angekommen, wiederum gemeinsam und allein, als Antwort auf die Zumutung und als deren Bestätigung.

Der Begriff der Zumutung wurde für mich nach unserer Pilgerfahrt zentral und bei der Beschäftigung mit Mose mit neuem Leben gefüllt. Weil sowohl unsere Erfahrungen als auch die des Exodus zeigen, dass Gott eben nicht als Autopilot in unserem Leben funktioniert, sondern das Steuer in unseren Händen lässt.

Und weil die Zumutung Gottes ein wunderbares Zeichen seiner Liebe, seines Vertrauens ist. Gott mutet Mose seinen Auftrag zu, weil er überzeugt davon ist, mehr noch: weil er weiß, dass Mose es packen kann. Gott hat den Mut, Mose zur Freiheit zu befreien, ihm etwas zuzumuten – so wie er den Mut hat, jedem von uns etwas zuzumuten, weil er weiß, dass wir das schaffen können.

Schicksalsschläge wie Krankheiten oder Todesfälle sind sicherlich keine bewussten Prüfungen Gottes, diese Form der Theodizee, der Rechtfertigung Gottes angesichts des Leides in der Welt, wäre zu billig. Doch die mosaische Zumutung steht stellvertretend für den Mut Gottes und sein Vertrauen in uns. Moses Wüstenlektionen sind Mutmacher für uns. Gottes Aufforderung an das Volk Israel, auszuziehen, ist eine Aufforderung an jeden Einzelnen von uns: Mute dir etwas zu! Komm, sei nicht so bequem, brich auf, zieh hinaus in dein Leben! Selbst wenn du im Leben stotterst, gebe ich dir jemanden an die Hand, der deine Stimme sein wird. Selbst wenn du gescheitert bist, bekommst du eine neue Chance.

Für uns, die wir uns alle einmal als »Lebensstotterer« erleben, ist die Zumutung Moses der Vertrauensbeweis und das Versprechen Gottes an uns, dass man uns im Leben verstehen wird. Die Geschichte vom Auszug aus Ägypten ist Gottes ultimative Zusage, nein, ist sein ultimativer Zuruf, der an jeden Einzelnen von uns ergeht und der uns zum Aufbruch drängt und beim Auszug voranträgt. Ein Zuruf, kurz und knapp, wie ein Weckruf am Morgen vor der Wanderung: Aufstehen und los geht's! Und: Nur Mut, du kannst das!

DER EINSAME

Allein mit anderen

Da steht Mose also: kurz vor dem (Schilf-)Meer, und es geht nicht weiter. Der Auszug scheint dem Abbruch nahe zu sein, der Weg in die Freiheit hat in die Sackgasse des Scheiterns geführt. Wieder ist man am Ufer, die Sonne brennt, es herrschen Durst und Raserei, wie bei Meursault aus Albert Camus' »Der Fremde«. Die Szenen gleichen sich, nur ist es diesmal Mose, der um sein Leben fürchten muss. Von allen Seiten spürt er die Blicke – keine ehrfürchtigen oder gar liebevollen, sondern feindselige; aus allen Ecken vernimmt er Gewisper, das verstummt, wenn er sich nähert, und wieder anhebt, wenn er sich entfernt.

Mose wendet sich hierhin, er wendet sich dorthin und scheint doch überall gegen eine Mauer aus Abweisung, Vorwurf und Wut zu stoßen, noch undurchdringlicher als die Meeresmauer vor ihm. Und er hört Satzfetzen wie diese: »Hätten wir doch nicht auf diesen Ägypter gehört …« – »Wären wir doch geblieben …« – »Dieser falsche Prophet hat uns hierher geführt, mitten ins Verderben …«

Diese Dramatik ist auch in der Bibel greifbar, wenn es heißt: »Da erschraken die Israeliten sehr und schrien laut zum Herrn. Und sie sagten zu Mose: Gab es in Ägypten keine Gräber, dass du uns fortgenommen hast, damit wir in der Wüste sterben? Was hast du uns angetan, dass du uns aus Ägypten herausgeführt hast? Haben wir dir dies nicht schon in Ägypten gesagt: Lass uns in Ruhe! Wir wollen den Ägyptern dienen! Denn es wäre besser für uns, den Ägyptern zu dienen, als in der Wüste zu sterben.« (Ex 14,10–12)

Eine Szene von großer Eindringlichkeit. Das Volk Israel steht am Ufer des (Schilf-)Meeres und weiß nicht weiter. Hinter ihm rückt die ägyptische Armee heran – und mit ihr der Tod. Vor ihm breiten sich die Fluten aus, es gibt keine Boote und damit keine Möglichkeit, zu entkommen. Das Volk beginnt zu murren, erst leise und versteckt, dann offen und immer lauter werdend, wie ein Insektenschwarm, dessen Summen mit einem einzelnen Insekt beginnt, dann aber anschwillt, andere Insekten stimmen mit ein, die Lautstärke wächst, und auf einmal, aus buchstäblich heiterem Himmel, bricht ein ohrenbetäubendes, surrendes Getöse aus. Mose ist der, dem dieses Murren gilt. Das, was er sich ausgemalt, was er gefürchtet hatte, scheint passiert zu sein: Er hat sein Volk zwar aus der Knechtschaft geführt, aber nicht in die Freiheit, sondern in den Untergang.

Mose spürt diese Vorwürfe nicht nur körperlich, er macht sich selbst welche: »Wie konnte ich nur? Habe ich nicht aus der ersten Katastrophe gelernt? Was habe ich getan?« Quälende Fragen, die Mose mit niemandem teilen kann. Und das ist vielleicht das Quälendste für ihn: Er ist mit diesen Fragen allein. Allein und einsam.

Die Einsamkeit des Mose mitten im Volk – die Vorstellung davon ist herzzerreißend. Die Szene ließe sich in ein eindrucksvolles Gemälde bannen: Mose als Protagonist mit furchtsamem oder arglosem Gesicht in der Mitte, um ihn herum Menschen mit missgünstigen Blicken, mit Händen vor dem Mund, mit ausgestreckten Fingern, alle halb im Schatten, nur der Protagonist steht im grellen Licht des Vorwurfs, ist ihm ausgeliefert, ohne auch nur die geringste Möglichkeit zu haben, sich zu verstecken oder zu flüchten.

Was das Ganze so herzzerreißend macht, ist nicht nur diese Szene, die vor unseren Augen erwächst, es beschränkt sich auch nicht auf die Frage, wie Mose unter all den Schuldzuweisungen und Schuldgefühlen gelitten haben muss. Herzzerreißend ist vor allem die Tatsache, dass wir uns nur zu gut einfühlen können, weil wir Situationen wie diese aus unserem eigenen Leben kennen. Das Gemälde könnte auch einer jener Grafiken ähneln, die man Kindern in der Schule zeigt, wenn es um Mobbing und Ausgrenzung geht.

Oder die Szene könnte sich auf einer der Partys abspielen, bei denen wir als Außenseiter vielleicht nicht in der Mitte stehen, aber dennoch von vielen Menschen umgeben sind und trotzdem einsam bleiben – allein unter vielen. Die Vereinzelung in der Menge ist eine der intensivsten Erfahrungen, die dem Mensch begegnen kann. Wer in einem Dorf aufwächst und merkt, dass er anders ist als all die anderen, wer zu ahnen beginnt, dass er eben nicht nur einen Bausparvertrag und zwei Kinder will, der kennt das Alleinsein unter vielen.

Wer in einer Akademikerfamilie groß wird, aber lieber Zimmerer werden möchte, kennt das Außen-vor-Sein, selbst im innersten Zirkel. Und wer schließlich eine Gruppe leitet, egal, wie groß sie ist, und plötzlich spürt, dass hinter seinem Rücken getuschelt wird, sodass jedes Morgenmeeting einer potenziellen Abschiedsveranstaltung gleicht, der hat dieses Alleinsein bereits gekostet. Der hat geschmeckt, wie bitter es ist.

Reinhard Mey hat dieses Alleinsein mit anderen unter dem Titel »Allein« in wunderbare Strophen gefasst:

ALLEIN

Er drang mir in die Seele, weiß Gott, wie er mich traf,
Der Spott der guten Kinder, ich war das schwarze Schaf.
Im Pausenhof, die Tränen niederkämpfend, stand ich stumm,
Der Inhalt meines Ranzens lag verstreut um mich herum.
Wie wünscht' ich mir beim Aufsammeln eine helfende Hand,
Ein Lächeln, einen Trost, und da war keiner, der sich fand.
Ich hatte keinen Freund und schlechte Noten, ist ja wahr,
Und unmoderne Kleider und widerspenst'ges Haar.

Allein,
Wir sind allein,
Wir kommen und wir gehen ganz allein.
Wir mögen noch so sehr geliebt, von Zuneigung umgeben sein:
Die Kreuzwege des Lebens geh'n wir immer ganz allein.
Allein,
Wir sind allein,
Wir kommen und wir gehen ganz allein.

Wir war'n uns alle einig in dem großen Saal,
Wir hatten große Pläne und ein großes Ideal.

Ich war der Frechste und der Lauteste und hatte Schneid,
Ich wußte: unsre Stärke war unsre Geschlossenheit.
Doch mancher, der von großer, gemeinsamer Sache sprach,
Ging dabei doch nur seiner kleinen eig'nen Sache nach.
Und als sich ein Held nach dem andern auf die Seite schlich,
Stand einer nur im Regen, und der eine, der war ich.

Und noch ein Glas Champagner, und sie drückten mir die Hand,
Und alle waren freundlich zu mir, alle war'n charmant.
Und mancher hat mir auf die Schulter geklopft, doch mir scheint,
Es hat wohl mancher eher sich, als mich damit gemeint.
Die Worte wurden lauter, und sie gaben keinen Sinn,
Das Gedränge immer enger, und ich stand mittendrin
Und fühlte mich gefangen, wie ein Insekt im Sand:
Je mehr es krabbelt, desto weiter rückt der Kraterrand.

Nun, ein Teil meines Lebens liegt hinter mir im Licht,
Von Liebe überflutet, gesäumt von Zuversicht.
In Höhen und in Tiefen, auf manchem verschlung'nen Pfad
Fand ich gute Gefährten und fand ich guten Rat.
Doch je teurer der Gefährte, desto bitterer der Schluß,
Daß ich den letzten Schritt des Wegs allein gehen muß.
Wie sehr wir uns auch aneinander klammern, uns bleibt nur
Die gleiche leere Bank auf einem kalten, leeren Flur.

Allein mit anderen, das ist eine Grunderfahrung des Menschen und vor allem eine, die jeder macht, der Führungsverantwortung trägt. Nicht nur das Alleinsein in den schwierigen Situationen des Führens ist gemeint, sondern auch in Situationen, die typisch sind für Führungspersönlichkeiten: Entscheidungssituationen. Führen bedeutet Entscheiden.

Das kann eine alleinerziehende Mutter betreffen, die sich überlegt, wohin sie ihre beiden Kinder schicken soll, auf welche Schule. Sie kann sich Rat holen, kann sich an rationalen Kriterien orientieren – alles schön und gut. Entscheiden muss sie aber am Ende selbst, und zwar für ihre beiden Kinder. Sie fällt also eine Entscheidung, die nicht nur sie selbst betrifft, sondern die möglicherweise zwei andere Leben wesentlich beeinflusst. Das ist Alleinsein mit vielen. Mit vielen Menschen, die einem eventuell gar unterschiedliche Tipps geben; Alleinsein mit vielen Gedanken, Erwägungen, Zweifeln, Hoffnungen und Wünschen.

Im Job kann die Entscheidung noch mehr Leben betreffen, was aber von der Qualität der Entscheidung her keinen Unterschied macht, sie nicht erleichtert oder erschwert. Das aufzurechnen, würde der jeweiligen einzelnen Situation nicht gerecht. Der Teamleiter wird auch Menschen um sich haben, die er gern hat, für die er sich verantwortlich fühlt, mit denen er schon einen weiten Weg gegangen ist und bei denen er jetzt entscheiden muss, ob sie weiter zur Weggemeinschaft gehören sollen oder nicht. Am Ende ist er allein, mögen wirtschaftliche, strategische oder personelle Kriterien eine noch so klare Sprache sprechen – das entscheidende Wort spricht er.

Ich habe solche Entscheidungssituationen häufig erlebt und tue das noch immer. Ich kenne sie aus meiner Zeit als Schulleiter, erinnere mich an Situationen, in denen Noten oder Leistung nicht allein entscheidend waren, wenn es beispielsweise um die Zukunft eines Schülers an unserer Schule ging.

Später erlebte ich sie als Provinzial unserer Gemeinschaft in Deutschland, als ich in einigen Situationen enorm kämpfen musste und dabei auch gelitten und mir nicht nur einmal gewünscht habe, man möge mir die Last der Entscheidung abnehmen. Und auch jetzt als Oberer eines weltweiten Ordens, mit so vielen verschiedenen Mitbrüdern und Kontexten, begleiten sie mich.

In solchen Momenten erinnere ich mich oft an einen Satz, den mir einer meiner Vorgänger, Antonio Panteghini, gesagt hat. Panteghini war sehr jung Ordensoberer geworden und ist nach seiner Amtszeit, in der er unsere Gemeinschaft gut und stark geführt hatte, als Missionar nach Afrika gegangen. Dort lebt er noch heute, trotz schwerer gesundheitlicher Einschränkungen. Er will die Menschen, mit denen er so viel erlebt hat, auch am Ende seines Lebens nicht im Stich lassen. Panteghini war am Ende des Generalkapitels, der Versammlung unserer Gemeinschaft, auf der ich zum Oberen gewählt wurde, anwesend. Als das Ergebnis feststand, gratulierten mir alle und gaben mir persönliche Worte mit auf den Weg. So auch Panteghini, der mir unter anderem diesen Satz zuflüsterte: »Heiner, du wirst manchmal sehr einsam in deinem Amt sein.« Dieser Satz gehört zu den Schlüsseln an meinem Schlüsselbund, mit denen ich in schwierigen Situationen und Entscheidungen die Tür aufzuschließen versuche. Er erinnert mich daran, dass die Einsamkeit, das

Alleinsein zu meiner Aufgabe gehört und ich sie, als ich diese Aufgabe akzeptiert hatte, ebenfalls akzeptiert habe. Sie ist nicht etwa ein Preis, den ich bezahle, sondern schlichtweg Teil meines Jobs.

Ich weiß, dass ich eine hervorragende Führungsmannschaft habe, auf die ich mich verlassen kann, selbst in verzwickten Lagen. Menschen, denen ich voll vertraue. Ich muss trotzdem manche Entscheidungen selbst treffen, muss allein mit anderen sein – und weiß aber eben auch, dass es nur so geht: allein mit anderen, aber nicht allein ohne andere.

Allein mit vielen, das zeigt die Geschichte Moses uns heute eindringlich, bedeutet die Einsamkeit des Entscheiders, jedoch nicht in einem heroischen Sinne, einer gegen alle. Mose ist nicht der einsame Wolf, der auf nichts und niemanden baut und nur sich selbst gegenüber Rechenschaft ablegt. Mose ist allein mit vielen, weil er mit dem Volk reist, weil er mit seinen engsten Getreuen, seiner Familie unterwegs ist.

Mose hat seinen Stab: Nicht nur den aus Holz, sondern auch den aus Fleisch und Blut, seine Vertrauten. Auf diesen Stab stützt sich Mose mindestens so sehr wie auf den hölzernen. Und dieser Stab wird, im übertragenen Sinne, ebenfalls zur Schlange, wie der »Stab Gottes« – doch dazu mehr im kommenden Kapitel. Mose hat seinen Stab, er ist Anführer, aber Teamplayer, kein Solist. Von ihm können wir deshalb nicht nur das Alleinsein in der Krise lernen, sondern auch das Zusammenspiel mit anderen. Allein mit anderen, im doppelten Sinne also.

Hörer des Wortes

Mose, der Einsame, das ist die Verkörperung unserer schmerzhaften oder zumindest schwierigen Momente der Führung, der Entscheidung und der Verantwortung. Der Einsame, das ist aber auch jener Mose, der sich zurückzieht, um sein Leben zu überdenken. Einsamkeit ist für Mose Reflexion, ist Abstand gewinnen von seinem bisherigen Leben und auch von sich selbst. Einsamkeit ist vor allem der Raum der Gottesbegegnung. Dort, wo keiner mehr ist, dort ist Gott. Dort, wo es still wird, wird Gott laut. Er ist nicht im Sturm, sondern im leisen Säuseln wie bei Elija (1 Kön 19,12) und manchmal nicht einmal dort, sondern in der Stille. In dieser Stille allerdings kann Gott ein Sturm sein, der alles durcheinanderwirbelt, was gerade noch festgefügt war.

Das ist die Erfahrung, die man bei Exerzitien machen kann, eine Erfahrung, die manchmal keinen all jener Steine auf dem anderen lässt, aus denen unser Leben fest zusammengesetzt erscheint. Es bleibt keine Gewissheit.

Bis heute versuche ich mich einmal im Jahr für einige Tage zurückzuziehen, möglichst an einen Ort, der ein Mindestmaß an Einsamkeit gewährt. Diese Tage können an die Nieren gehen, die Stille kann zum Dröhnen anwachsen, die Einsamkeit kann sehr eng werden, ehe die Weite kommt. Exerzitien haben nichts zu tun mit sanfter Wellness-Spiritualität, mit gefühliger Meditationsromantik. Exerzitien sind Arbeit, ein Sich-Aussetzen. Mose erfuhr das Ausgesetztsein mehrmals, einmal setzte ihn seine Mutter aus, später wiederholte sich diese Erfahrung, wenn er die Einsamkeit suchte und Gott fand.

Wenn Mose Gott auf den Bergen trifft, sei es bei seiner Berufung, sei es bei der Offenbarung der Gebote, dann geschieht das immer in einer Situation des bewussten Alleinseins. Der einsame Mose ist der, der Gott am intensivsten erfährt. Der ihn nicht nur irgendwie fühlt, sondern der vor allem eines tut: Er hört ihn. Mose hört Gott seinen Namen rufen, er hört Gottes Selbstvorstellung, er versteht plötzlich, dass dies der Gott der Väter und sein Gott ist, der Gott aller Generationen. Hören, das wird hier klar, bedeutet dann auch Verstehen. Der einsame Mose ist der hörende Mose.

Im Deutschen sprechen wir vom Hören und Zuhören. Zuhören, das impliziert bewusstes Lauschen, darin steckt das »zu« von zugewandt sein. Wer zuhören will, der muss sich einem anderen zuwenden, muss ihm Gehör schenken. Das ist weit mehr, als zufällig einen Laut hören, das erfordert eine Entscheidung, ein Sich-Einlassen auf den anderen, zumindest für die Zeit des Zuhörens. Wer nicht mehr zuhört, wendet sich ab.

Wunderbar kommt dies in Michael Endes Geschichte über das Mädchen Momo zum Ausdruck: Die Leute kommen zu ihr, weil Momo besser zuhört als alle anderen. Weil sie die Geduld hat, weil sie die Menschen an- und vor allem vollnimmt, weil sie keine vorschnellen und neunmalklugen Ratschläge gibt, sondern einfach nur zuhört. Momo heilt durch Zuhören.

Hinter diesem Zuhören steckt etwas, das ich in der Seelsorge immer wieder erfahren habe: Es geht oft einfach nur darum, da zu sein. Da zu sein für jemanden, manchmal aber sogar auch nur schlichtweg da zu sein im Sinne von präsent zu sein. Interessanterweise stellt sich Gott dem Mose als derjenige vor, der da sein wird, der präsent sein wird, der die Sorgen und das Elend seines Volkes gehört hat – so sagt er es dezidiert – und der es ernst nimmt. Gott, das wird an dieser Passage klar, ist nicht nur der, der spricht, sondern auch derjenige, der zuhört. Er macht Mose klar: »Ich habe das Elend meines Volkes, das in Ägypten ist, wohl gesehen und sein Schreien über ihre Peiniger gehört. Ja, ich kenne seine Leiden.« (Ex 3,7)

Später betont Gott erneut, er habe »das Schreien der Israeliten, die man in Ägypten knechtet, gehört und meines Bundes gedacht«. (Ex 6,5) Und Mose, eingeschüchtert, antwortet: »Siehe, ich bin im Reden unbeholfen. Wie sollte der Pharao auf mich hören?« (Ex 6,30)

Tatsächlich hört der Pharao nicht auf Mose. Aber nicht etwa, weil er ihn rein akustisch nicht verstehen würde, Aaron ist ja dabei. Sondern weil der Pharao nicht hören will, weil er die Worte Moses nicht ernst nehmen will. Stattdessen entgegnet der Pharao kalt: »Wer ist der Herr, dessen Befehl, Israel freizugeben, ich gehorchen soll? Ich kenne den Herrn nicht und werde Israel nicht freigeben.« (Ex 5,2)

Der Pharao weist damit implizit darauf hin, was es bedeutet, Gott zu hören, ihm zuzuhören, ihn ernst zu nehmen. Es bedeutet, Gott zu gehorchen. Wer wie Mose Gott wirklich hört und ihn als Gott für voll nimmt, der stellt sich in den Dienst Gottes. Und wer Gott nicht hören will, dessen Herz ist verhärtet, wie es über den Pharao heißt. Knapp gesagt: Wer nicht zuhören kann, hat ein verhärtetes Herz.

Der Topos des Hörens zieht sich durch die gesamte Mosegeschichte: Der Pharao will nicht hören, deshalb muss er fühlen. Später wird das Volk nicht auf Mose hören, das hat Konsequenzen. Mose selbst hört nicht auf Gott und bezahlt dafür am Ende seines Lebens. Die Mosegeschichte kann nicht ohne das Hören verstanden werden – weil die Geschichte mit Gott nicht ohne das Motiv des Hörens verstanden werden kann.

Karl Rahner hat den Begriff vom »Hörer des Wortes« geprägt, er schreibt: »Der Mensch … hat ein offenes Ohr für jegliches Wort, das aus dem Munde des Ewigen kommen kann.« Raymund Schwager, Jesuit und Mitbruder Rahners, führt das in seinem Aufsatz »Hörer des Wortes« aus und erklärt, dass nach Rahner der »Mensch aufgrund seiner geistigen Wesensstruktur auf das Absolute hin offen ist und alle Akte seines Erkennens und Wollens innerhalb des unendlichen Horizontes vollzieht«. Dahinter steckt eine fundamentale Aussage: Der Mensch ist nach Rahner immer schon auf das Absolute, auf Gott hin ausgerichtet. Es gibt dazu das wunderbare Bild vom Menschen, der an einem Strand spaziert oder dort sitzt und mit Sandkörnern spielt. Die Sandkörner könnte man als Sinnbild des Alltags deuten, ohne damit in irgendeiner Weise eine Geringschätzung des Alltags ausdrücken zu wollen. Ausgebreitet vor dem Menschen, durch dessen Hände der Sand rinnt, liegt das Meer. Das Meer in seiner Weite, Tiefe, in seiner Undurchdringlichkeit. Und so wie der Mensch am Strand immer auf dieses Meer bezogen ist, so ist es der Mensch auf das Absolute. Und weiter: So wie der Mensch stets das Rauschen des Meeres hört – besser: hören kann –, so ist auch das Verhältnis des Menschen gegenüber dem Absoluten, gegenüber Gott.

Der Mensch hat die einmalige Fähigkeit, von Gott eine Botschaft zu empfangen. Er kann Gott hören, weil Gott ihn dazu geschaffen hat, weil Gott will, dass der Mensch Hörer des Wortes Gottes ist. Das bedeutet laut Raymund Schwager: »Der Mensch ist Hörer eines möglichen Wortes und folglich kraft seiner geistigen Natur auch verpflichtet, sorgfältig zu fragen und zu forschen, ob im Laufe der Geschichte nicht tatsächlich ein Wort oder eine Botschaft an ihn ergangen ist.«

Karl Rahner streicht heraus, was das Hören tatsächlich bedeutet: Es ist ein Wesenszug des Menschen, und zwar ein entscheidender und fundamentaler. Der Mensch ist als Mensch Hörer des Wortes Gottes. Und als solcher hat er auch die Pflicht, hinzuhören auf das Wort, weil er in der Lage ist, das Wort zu hören. Hinzuhören, um zuhören zu können, so kann man nach Rahner die ureigene Pflicht des Menschen umschreiben. Diese Pflicht wiederum, und dort schließt sich die Verbindung zum vorherigen Kapitel, macht den Menschen erst zum Menschen. Überspitzt gesagt: Mose wird erst dann zum Menschen, als er zum Hörer des Wortes wird.

Karl Rahner hat den Begriff vom »Hörer des Wortes« zum Eckstein seines Offenbarungsbegriffs gemacht. Dazu gehört auch ein dialogisches Offenbarungsverständnis, was bedeutet: Offenbarung ist immer ein Akt des Hörens, und zwar ein beidseitiger. Offenbarung ist ein Dialog mit Gott, kein Monolog Gottes. Mose spricht mit Gott, der hört seine Einwände, nimmt die Sorgen des Mose ernst, stellt ihm deshalb eine Hilfe zur Seite oder versucht, ihn zu ermutigen. Gott ist ebenso Zuhörer wie der Mensch. Offenbarung, das ist fundamental, ist keine Einbahnstraße, sondern immer eine Doppelspur mit Gegenverkehr.

Franz Rosenzweig hat in seinem Buch »Der Stern der Erlösung« das Dialogische der Offenbarung wie Rahner stark betont und schreibt: »Die ganze Offenbarung tritt unter das große Heute; ›heute‹ gebietet Gott, und ›heute‹ gilt es, seiner Stimme zu hören.« Und in dem Abschnitt über »Das Hören«: »Hier ist das Ich. Das einzelne menschliche Ich. Noch ganz empfangend, noch nur aufgetan, noch leer, ohne Inhalt, ohne Wesen, reine Bereitschaft, reiner Gehorsam, ganz Ohr.

In dieses gehorsame Hören fällt als erster Inhalt das Gebot. Die Aufforderung zu hören, der Anruf beim Eigennamen und das Siegel des redenden göttlichen Mundes – das alles ist nur Einleitung, vorklingend jedem Gebot, in voller Ausführlichkeit vorgesprochen nur vor dem einen Gebot, das nicht das höchste ist, sondern in Wahrheit das einzige, Sinn und Wesen aller Gebote, die je aus Gottes Munde kommen mögen.«

Für Rosenzweig ist die Aufforderung, zu hören, das einzige Gebot. Auf Gott zu hören, das bedeutet, wie im Umgangssprachlichen, Gott zu gehorchen.

Wenn ich auf jemanden höre, dann gehorche ich, dann vertraue ich, dann folge ich ihm. Auf Gott zu hören, bedeutet, seiner Stimme zu lauschen, die eigenen Regungen zu beobachten, still zu werden – aber eben auch zu folgen und zu vertrauen.

Das Gebot des Hörens ist für Rosenzweig Ausdruck des »Gebots des Gebotes«. Er schreibt: »Welches ist dies Gebot aller Gebote? Die Antwort auf diese Frage ist allgekannt; Millionen Zungen bezeugen sie spät und früh: ›Du sollst lieben den Ewigen, deinen Gott, von ganzem Herzen und von ganzer Seele und aus allem

Vermögen.‹ (Dtn 6,5) Du sollst lieben – welche Paradoxie liegt hierdrin! Kann denn Liebe geboten werden? … Das Gebot der Liebe kann nur kommen aus dem Munde des Liebenden. Nur der Liebende, aber er auch wirklich, kann sprechen und spricht: Liebe mich. In seinem Munde ist das Gebot der Liebe kein fremdes Gebot, sondern nichts als die Stimme der Liebe selber. Die Liebe des Liebenden hat gar kein anderes Wort sich zu äußern als das Gebot.«

Das Hören wird hier bei Franz Rosenzweig mit dem Dialogischen der Offenbarung, vor allem der Liebe verbunden. Damit wirft es einen tiefen Blick in die Bedeutung des »Sch^e^ma Jisrael« (»Höre Israel«), des Kerns des jüdischen Selbstverständnisses, wie er jeden Tag gebetet wird: »Höre Jisrael, der Ewige ist unser Gott, der Ewige ist einzig.« In der Bibel lautet die entsprechende Stelle: »Höre, Israel! Der Herr ist unser Gott, der Herr ist einzig!« (Dtn 6,4)

Und kurz zuvor schon ist davon die Rede, verbunden mit einer Verheißung: »Damit du den Herrn, deinen Gott, fürchtest alle Tage deines Lebens und alle seine Bestimmungen und Gebote hältst, die ich dir heute vorschreibe – du, dein Sohn, deine Tochter –, damit du lange lebst. So höre denn, Israel, und handle danach, damit es dir gut geht und ihr zahlreich werdet – wie der Herr, der Gott deiner Väter, dir zugesagt hat – in dem Land, das von Milch und Honig fließt.« (Dtn 6,2–3)

Das »Sch^e^ma Israel« drückt die Erfahrung des Mose aus, im Hören Gottes ganz Mensch zu werden, und das ist keine Erfahrung, die heute nicht mehr gemacht werden könnte. Im Gegenteil, es ist eine Erfahrung, die immer mit dem Heute verbunden ist.

Sie ist immer aktuell, sie ist immer auch Pflicht, immer heißt es »Schᵉma Israel«, um Mensch zu werden. Mose macht uns als Hörer des Wortes das vor, was zu unserem ureigenen Wesen gehört. Seine Wüstenlektion des Hörens kann auch die unsere sein, sollte die unsere sein. Zugleich verweist Moses Geschichte darauf, dass das Hören des Wortes Gottes nicht nur Wohlklang und Harmonie verspricht, sondern auch Dissonanzen mit sich führen kann.

Wir müssen, so kann man die Erfahrungen des Mose zusammenfassen, von Zeit zu Zeit allein und einsam sein, um zu dem zu werden, was wir immer schon vom Wesen her sind: Hörer und Hörerinnen des Wortes. Mose wird das wieder und wieder erleben, bisweilen in dramatischer Verknüpfung mit dem Alleinsein mit vielen.

Später, als die Israeliten durch das Meerwunder gerettet, die Ägypter vernichtet und Loblieder zu Ehren Gottes angestimmt worden sind – fast das gesamte fünfzehnte Kapitel handelt davon –, kommt es erneut zu einer Situation, in der sich die Stimmung gegen Mose wendet. Bezeichnenderweise eben in diesem fünfzehnten Kapitel, an dessen Anfang es heißt:

»Damals sang Mose mit den Israeliten zu Ehren des Herrn dieses Lied. Sie sangen:

Singen will ich dem Herrn, denn er ist hocherhaben,
Ross und Reiter warf er ins Meer.
Meine Stärke ist der Herr und mein Lied,
er ward mir zum Retter.
Er ist mein Gott, ihn will ich preisen,

der Gott meines Vaters, ihn will ich rühmen.
Der Herr ist ein Kriegsheld,
Herr ist sein Name!«
(Ex 15, 1–3)

All das ist wenig später wieder vergessen:
»Als sie nach Mara kamen, konnten sie das Wasser nicht trinken, weil es bitter war. Darum hieß der Ort Mara (Bitterer Brunnen). Das Volk murrte gegen Mose und sagte: Was sollen wir trinken? Er aber rief zum Herrn und der Herr zeigte ihm ein Holz. Als er es in das Wasser warf, wurde das Wasser süß. Dort gab er ihm Gesetz und Recht und dort stellte er es auf die Probe. Er sprach: Wenn du auf die Stimme des Herrn, deines Gottes, hörst und tust, was recht ist in seinen Augen, wenn du seinen Geboten gehorchst und alle seine Satzungen beachtest, dann will ich keine der Krankheiten, die ich über Ägypten kommen ließ, über dich verhängen. Vielmehr will ich, der Herr, dein Arzt sein.« (Ex 15,23–26)

Die Stelle spiegelt eindringlich wider, wie schnell der gerade noch umjubelte Mose (»Als die Israeliten die große Wundertat sahen, die der Herr an den Ägyptern gewirkt hatte, fürchtete das Volk den Herrn und vertraute auf den Herrn und auf Mose, seinen Diener.« (Ex 14,31)) allein dasteht und zum Buhmann wird. Um Hörer des Wortes zu sein, benötigt man Geduld, Ausdauer, manchmal sogar Leidensfähigkeit. Mose sieht die Not des Volkes und hört dessen Murren. Und so schreit er zu Gott, er ruft nicht, nein, er schreit – und Gott zeigt ihm, dass er zuhört und dass Mose, wenn er zuhört, erhört wird. Gott – und das ist ein wunderbarer Satz – sagt schlicht: Wenn du hörst, bin ich dein Arzt. Ich mache dich heil, ich mache dich ganz, du musst nur hören (vgl. Ex 15,23–26). Eine Verheißung von großer Macht und ein Versprechen. Ein Versprechen, das im Kontrast zu den vorherigen Plagen steht, die gegen die Ägypter und den Pharao gerichtet waren, der nicht hören wollte.

Mose ist nun nicht nur der Hörer des Wortes Gottes. Er ist auch der Hörer des Wortes des Volkes. Er hört es murren und schreit deshalb zu Gott. Das ist der neue Mose, der politische Mose, der einsteht für sein Volk. Nicht mehr der, der sich ins Private zurückgezogen hat.

Das macht diese Facette der Mosegeschichte so aktuell und brisant: Wie viele empfinden sich heute als unerhört? Wie ausgeprägt ist heute das Gefühl, dass die da oben, die Anführer, die viele als abgehoben und nicht mehr zum Volk gehörig empfinden, nicht zuhören und deshalb über die Sorgen des Volkes nichts wissen? Nichts wissen wollen, weil ihr Herz verhärtet ist wie das des Pharao? Das mag in vielen Fällen auch Klischee und Überzeichnung sein, doch das Beispiel des Mose zeigt, wie essenziell für »Anführer« das Zuhören ist. Wie oft ist von der »Stimme des Volkes« die Rede, davon, dass das Volk gesprochen habe, und auch, dass man es gehört habe? Und wie oft wird wirklich gehört – eben nicht im Sinne von einem Hören, das das Murren als Insektengeräusch vernimmt, als nervige Plagegeister, sondern als Zuhören mit der Dimension des Sich-Zuwendens und des Ernstnehmens.

Mose ist in der Akzeptanz seiner Einsamkeit und in seiner Fähigkeit, zuzuhören, eine Mahnung an alle Verantwortungsträger. Wer Verantwortung trägt, muss Hörer des Wortes sein, das zeigen Mose, Rosenzweig und Rahner. Wer nicht zuhört, kann seiner Verantwortung nicht gerecht werden, kann nicht führen. Und wer etwas zu sagen hat, muss auch hören. Egal, ob Mose, jeder Einzelne von uns – und selbst Gott.

DER VERRATENE

Das Goldene Kalb und Mobbing

Vorurteile, Abneigung oder gar Hass gegenüber Fremden sind eine Geisel der Menschheit und gleichen einem Urschatten, der auf der menschlichen Seele liegt. Es ist so leicht, diesen Schatten heraufzubeschwören, ihn zu einem gewaltigen finsteren Banner anwachsen zu lassen, unter dem sich Menschen unterschiedlichster Couleur sammeln, verbunden allein durch das Nein zum anderen.

Wie stark der Geist ist, der verneint, können wir selbst immer wieder in Politik und Gesellschaft sehen. Der Stammtisch wird zum Salon, die Hetze gerät zum Argument, der Hass auf den anderen gibt sich als Liebe zum eigenen Land. Eine Gesellschaft, die sich im Umbruch und im Aufbruch befindet, muss nicht zwangsläufig anfälliger dafür sein als eine eher statische Gesellschaft.

Man denke nur an den Sinozentrismus und die Xenophobie des chinesischen Kaiserhofes und dessen Reaktionen auf europäische Gesandte im 15. Jahrhundert und lange danach, bis schließlich das Opium und die Kanonen der modernen Kolonialherren die Grenzen des Landes sprengten. Fremdenhass hat nicht zwingend etwas mit Veränderung zu tun, kann aber durch sie begünstigt werden. Eine Nation, die scheinbar auf der Stelle tritt, die sich bedroht fühlt, die ihre Zukunft nicht mehr als hoffnungsvollen Schimmer am Horizont, sondern als untergehenden Stern ausmacht, kann in der Abgrenzung und Abschottung vielleicht nicht das Heil, aber ein Herauszögern des Unheils sehen, was zumindest einem selbst Zeit lässt. Das geschieht derzeit in vielen europäischen Gesellschaften und das geschah auch, als Mose und Israeliten aus der Gefangenschaft aufbrachen. Die Ironie dabei: Das Volk der Ausziehenden, das Migrantenheer per definitionem, das sich gerade im Aufbruch befindet, reagiert selbst mit Fremdenhass und Ablehnung anderer.

Es ist nur eine kleine Szene, oft übergangen, doch aus heutiger Sicht und für unsere Wüstenlektionen umso kostbarer, weil so aktuell, politisch und anthropologisch essenziell. Sie wird nur beiläufig erwähnt, kommt fast belanglos daher: »Von Kibrot-Taawa zog das Volk nach Hazerot weiter, wo sie lagerten. Da aber verleumdeten Mirjam und Aaron Mose wegen der Kuschiterin, die er geheiratet hatte; er hatte ja eine Kuschiterin zur Frau genommen.« (Num 11,35–12,1)

Was daran ist essenziell, was hat es mit uns und unserer Gesellschaft zu tun, wenn Mirjam und Aaron, Schwester und Bruder, über Mose reden? Es ist die Art und Weise, wie sie reden, wie sie sich über die neue Frau ihres Bruders unterhalten. Kein gewöhnlicher Austausch findet hier statt, kein »Was hältst du von ihr, ist sie gut für ihn?« aus echter und aufrichtiger Sorge um den Bruder. Nein, dieses Reden ist ein Tuscheln, es ist ein Argwöhnen, scheinbar aus einem einfachen Grund: wegen der kuschitischen Frau.

Mirjam und Aaron beginnen hinter dem Rücken ihres Bruders die Messer zu wetzen, weil der eine Ausländerin, eine Nicht-Israelitin zur Frau genommen hat. Sie nehmen ihm womöglich übel, dass er damit wichtige Traditionen gebrochen hat, dass er sich nicht an den Mainstream hält, dass er eigene Wege geht. Die Frau des Mose wird als Kuschiterin abgelehnt, nicht als Frau – und das ausgerechnet von den engsten Verwandten und Vertrauten Moses. Ausgerechnet?

Eigentlich ist das nicht überraschend. Noch immer erleben wir, wie gerade in den Familien das Brechen mit Traditionen, das Hereinlassen des Anderen von anderen argwöhnisch betrachtet wird.

Für die beiden Geschwister mag sich die Entscheidung des Mose wie eine Entscheidung gegen die eigene Familie anfühlen, mehr noch: wie Verrat. Warum denn eine Kuschiterin, wenn er doch Führer der Israeliten ist? Muss das denn sein? Gibt es nicht genügend andere, passendere Optionen? Das sind Argumente, die die meisten von uns wohl schon einmal gehört haben, gerade von Nahestehenden, von der Familie oder von Freunden. Über Beziehungen sehr oft.

Aber auch über andere Entscheidungen, die nicht mit den üblichen Überzeugungen, mit dem Althergebrachten konform erscheinen. Der individuelle Aufbruch hat eben etwas mit Aufbrechen, auch mit dem Aufbrechen von eingefahrenen Strukturen zu tun, dem Verlassen der Familienpfade und dem Suchen nach den eigenen Spuren im Sand des Lebens. Mose ist ägyptisch erzogen worden, er hat eine Midianiterin geheiratet, die ihn gerettet hat vor Gott, er ist ausgebrochen aus seinen eigenen Ängsten und aus der Knechtschaft – und jetzt soll er keine Kuschiterin heiraten, wegen der Vorbehalte seiner Verwandten?

Diese Vorbehalte sind keineswegs harmloser Natur, Aaron und Mirjam beginnen zu hetzen: »Hat denn der Herr nur mit Mose geredet? Hat er nicht auch mit uns geredet?« (Num 12,2) Damit gewinnt das Verhalten der beiden Geschwister eine ganz neue Dimension: Aus dem Gefühl, dass Mose sie oder die Traditionen vernachlässigt, ja vielleicht »verrät«, verraten Mirjam und Aaron ihren Bruder auf fürchterliche Weise. Sie sind auf dem Weg, einen Putsch anzuzetteln. Das ist Mobbing, Mobbing gegenüber einer schwachen Fremden, und das ist Mobbing als Versuch des Aufwiegelns des Volkes hin zu einem Mob.

Die beiden Geschwister stellen die rhetorische Frage, ob denn wirklich nur Mose ein Prophet sei oder ob Gott nicht auch zu ihnen gesprochen habe. Das ist ein brutaler Angriff auf die Legitimation und die gesamte Berechtigung Moses, auf sein Lebenswerk, auf seine Identität. Aus dem Tuscheln über eine Fremde heraus erwächst ein Aufruhr: Aaron und Mirjam attackieren all das, wofür Mose steht. Sie stempeln ihn damit zum Volksverräter ab – die Parallelen zu heutigen politischen Kampagnen sind unübersehbar.

Das Sich-Einlassen auf andere, das Offen-Sein für Fremde wird als Verrat am eigenen Volk stigmatisiert. Diese Stigmatisierung zielt direkt auf die Person selbst und stellt alles infrage, was sie ausmacht. Dahinter stehen, neben dem Fremdenhass und der Angst vor dem anderen und Fremden, primitive machtpolitische Motive wie auch bei den beiden Geschwistern Moses: Sie wollen selbst anführen und im Rampenlicht stehen, sie wollen die Geheimnisträger und Wortführer sein. Sie vermeinen, selbst den Weg zu sehen, glauben, den Stab in der Hand zu halten, den Kurs durch das Meer und die Wüste zu kennen.

Doch sie überschätzen sich – und unterschätzen Gott: »Der Herr hörte es. Mose aber war ein demütiger Mann, mehr als alle

Menschen auf Erden. Der Herr sprach nun plötzlich zu Mose, Aaron und Mirjam: Geht alle drei zum Offenbarungszelt hinaus! Da gingen die drei hinaus. Der Herr aber stieg in der Wolkensäule herab, trat an den Eingang des Zeltes und rief Aaron und Mirjam. Die beiden kamen heraus. Der Herr sprach: Hört doch meine Worte: Ist sonst ein Prophet unter euch, mache ich mich ihm durch Gesichte kund und rede durch Träume zu ihm. Nicht so bei meinem Knecht Mose, dem mein ganzes Haus anvertraut ist! Mit ihm rede ich von Mund zu Mund, offenbar und nicht in Rätseln; ja, die Gestalt des Herrn darf er schauen. Warum habt ihr es dennoch gewagt, Mose, meinen Knecht, zu verleumden? Und der Zorn des Herrn entbrannte gegen sie. Als er gegangen und die Wolke vom Zelt gewichen war, da war Mirjam von Aussatz weiß wie Schnee geworden. Als Aaron sich zu Mirjam hinwandte, da war sie schon aussätzig.« (Num 12,2–10)

Welch eine Reaktion! Gott bestraft Mirjam als Verschwörerin, Aaron hingegen kommt ungeschoren davon, eine Tatsache, die später noch einmal thematisiert werden wird. Mirjam allerdings wird aussätzig, womit ihr Komplott auch für alle Augen sichtbar auffliegt.

Das ist keine Kleinigkeit, hatte doch Mirjam selbst eine starke Stellung innerhalb der Gemeinde inne, sie taucht mehrmals während des Exodus an prominenten Stellen auf, und im Zusammenhang des Meerwunders wird sie sogar als »Prophetin« bezeichnet (Ex 15,20).

Gott macht auf diese Weise noch viel deutlicher, wer der Prophet ist, wer sein Prophet ist, und dass das Verhalten seines Propheten in keinem Fall ein Verrat an der Sache Israels oder Gottes ist. Die

Loyalität Gottes zu Mose übersteigt die Loyalität der Geschwister. Der verratene Mose spürt im Verrat seinen Gott bei sich, merkt, dass der wirklich mit ihm unterwegs ist, auch auf Pfaden abseits der Familie.

Aaron entgeht der Bestrafung, und er wendet sich an Mose:

»Bitte, mein Herr! Lass uns doch nicht die Sünden büßen, die wir leichtfertig begangen haben! Mirjam soll nicht wie eine Totgeburt sein, die beim Austritt aus dem Mutterschoß schon halb verfault ist!« (Num 12,11–12)

Aaron erkennt zumindest, was dieser Verrat bedeutet, und wendet sich an Mose. Der Verräter bittet den Verratenen um Verzeihung für den Verrat. Und mehr noch: Dadurch, dass er Mose anfleht, seiner Schwester zu helfen, erkennt er automatisch die Stellung des Mose als Prophet und seine eigene als (Hohe-)Priester an.

Mose wiederum reagiert für uns verblüffend; interessanterweise wird er, der früher Aufbrausende und Hochmütige, als »ein demütiger Mann, mehr als alle Menschen auf Erden« beschrieben – nicht nur demütig, möchte man hinzufügen, sondern auch großmütig. Er verzeiht seinen Geschwistern nicht allein den Verrat, sondern setzt sich für sie ein: »Da schrie Mose zum Herrn und sprach: Ach Gott! Mach sie doch wieder gesund!« (Num 12,13) Der Herr antwortet Mose: »Hätte ihr Vater ihr ins Gesicht gespien, müsste sie sich da nicht sieben Tage hindurch schämen? Sieben Tage lang soll sie aus dem Lager ausgeschlossen bleiben, danach mag sie wieder aufgenommen werden!« (Num 12,14)

So kommt es, Mirjam muss sieben Tage lang als Aussätzige leben, ausgeschlossen, als Einsame. Sie bekommt die Einsamkeit des Mose zu schmecken, ist den Gefahren ausgesetzt, die außerhalb des Lagers auf sie warten. Die Pointe ist gerade für unsere heutige Situation faszinierend: Mirjam, die eine Fremde nicht in die Gemeinde hereinlassen wollte, sperrt sich damit selbst aus der Gemeinschaft aus. Ihre Xenophobie und ihre Machtgier katapultieren sie aus dem heraus, was das Volk ausmacht, und setzen sie den wilden Tieren und Strauchdieben aus, die in der Wüste lauern.

Der Verrat an Mose und an Gott ist deshalb in letzter Konsequenz auch ein Verrat am Volk und wird als solcher geahndet – allerdings mit zeitlicher Beschränkung. Das Verstoßenwerden, das Gott verfügt, wird nach sieben Tagen aufgehoben und widersetzt sich damit dem plumpen menschlichen »Wie du mir, so ich dir«-Prinzip. Es lässt zu, dass Mirjam zurückkehrt und sich, hoffentlich, wieder einbringt, diesmal wirklich zum Wohle des Volkes – auch das eine zutiefst aktuelle und politische Facette der Geschichte vom Verrat der Geschwister des Mose.

Vor diesem Verrat an Mose steht indes ein anderer, wesentlich bekannterer und für die Geschichte Israels gravierenderer, der für uns heute mindestens genauso grundlegend ist. Es ist einer der berühmtesten Verrate überhaupt in der menschlichen Geschichte: der Verrat durch das Goldene Kalb. Vorausschickend gesagt: Das Goldene Kalb (Ex 32) ist auch unsere Tragödie.

Diese Tragödie beginnt damit, dass Gott sich Mose mehrmals auf dem Sinai offenbart. Er gibt ihm verschiedene Botschaften für das Volk mit und befiehlt Mose unter anderem: »Geh zu dem Volk! Sie sollen sich heute und morgen zurüsten, ihre Kleider waschen und sich für den dritten Tag bereit halten. Denn übermorgen wird der Herr vor den Augen des ganzen Volkes auf den Berg Sinai herabkommen. Du aber zieh um den Berg eine Grenze und gebiete: Hütet euch, auf den Berg zu steigen oder auch nur seinen Fuß zu berühren! Jeder, der den Berg berührt, muss sterben. Keine Hand darf ihn berühren; er soll gesteinigt oder durch Pfeilschuss getötet werden. Weder Mensch noch Tier darf am Leben bleiben. Erst wenn das Widderhorn geblasen wird, dürfen sie den Berg hinaufsteigen.« (Ex 19,10–13)

Mose richtet die Weisungen Gottes getreu aus, und das Volk erhält schließlich die berühmten Zehn Gebote, die mit den Worten beginnen: »Da sprach Gott alle diese Worte: Ich bin der Herr, dein Gott, der dich aus Ägypten, dem Sklavenhaus, herausgeführt hat. Du sollst keine anderen Götter haben als mich. Du sollst dir kein geschnitztes Bild machen, kein Abbild von dem, was im Himmel oben oder unten auf der Erde oder im Wasser unter der Erde ist. Du sollst dich nicht vor diesen Bildern niederwerfen und sie nicht verehren.« (Ex 20,1–5)

Es folgen weitere Offenbarungen, Rechtsvorschriften und andere Anweisungen, darunter sehr konkrete für den Bau des Offenbarungszeltes. Allerdings gibt es einen entscheidenden Unterschied: Die Zehn Gebote, der Dekalog, werden von Gott direkt dem Volk verkündet, es hört sie unmittelbar. Die Gesetzesvorschriften wiederum werden von Mose ausgerichtet, das Volk erträgt die Stimme Gottes nicht, so heißt es.

Der Dekalog als Grundlage der biblischen Ethik ist von vielen Autoren beschrieben worden. Zusammen mit den anderen

Vorschriften entsteht in der Bibel ein Recht, über das Jan Assmann beispielsweise schreibt:

»Die Theologisierung des Rechts, das heißt der Gedanke, Gott nicht nur zum Richter und Rechtsgaranten, sondern zum Gesetzgeber zu machen, ist ein revolutionärer Schritt. Zwar war im gesamten Alten Orient das Recht seit Jahrtausenden eng mit den Göttern verknüpft. Das Geschäft der Gesetzgebung aber war die Sache der Könige und ihrer rechtskundigen Berater, denn das geltende Recht galt es den wechselnden geschichtlichen Umständen anzupassen. Der Gedanke ewiger, zeitlos geltender Gesetze war schlechthin undenkbar. Genau das aber war Sinn und Ziel einer Theologisierung des Rechts.«

Zu diesem Gesetzwerk gehören die Zehn Gebote als elementare Grundlage, vor allem aber auch die Vorschriften ab dem 21. Exoduskapitel. Der Bundesschluss, dieser revolutionäre Schritt, wie es Assmann nennt, wird in verschiedenen Zeremonien bestätigt.

Schließlich heißt es: »Darauf kam Mose und verkündete dem Volk alle Worte des Herrn und alle Satzungen. Das ganze Volk antwortete einmütig und sprach: Alle Worte, die der Herr geredet hat, wollen wir halten! Nun schrieb Mose alle Worte des Herrn nieder. In der Frühe des anderen Morgens errichtete er einen Altar am Fuß des Berges und zwölf Steinmale, entsprechend den zwölf Stämmen Israels. Dann beauftragte er junge Männer Israels, Brandopfer darzubringen und junge Stiere als Gemeinschaftsopfer für den Herrn zu schlachten. Darauf nahm Mose die Hälfte des Blutes und goss es in Opferschalen, die andere Hälfte des Blutes sprengte er an den Altar. Dann nahm er das Bundesbuch und las es dem Volk vor. Sie aber erklärten: Alles, was der Herr gesprochen hat, wollen wir tun und befolgen! Hierauf nahm Mose das Blut und sprengte es gegen das Volk und sprach: Das ist das Blut des Bundes, den der Herr mit euch auf Grund all dieser Bedingungen geschlossen hat.« (Ex 24,3–8)

Der Bund ist geschlossen, das Volk hat sich dazu bekannt, es will aufhören zu murren und will die Vorschriften des Herrn befolgen. Mose kehrt zurück zum Sinai, und es folgt die Übergabe der Bundesurkunde, die berühmten zwei steinernen Tafeln: »Nachdem der Herr zu Mose auf dem Berg Sinai alles gesagt hatte, übergab er ihm die beiden Tafeln der Bundesurkunde, steinerne Tafeln, die von Gottes Finger beschrieben waren.« (Ex 31,18)

Die Übergabe der Tafeln erscheint fast wie die Verschriftlichung des Vertrages zwischen Gott und dem Volk Israel, vertreten durch Mose. Der Vertrag hat damit sein Symbol gefunden, er ist Stein geworden, in Stein gemeißelt, beide Seiten haben sich zueinander bekannt. Und doch folgt direkt im Anschluss eben jene Tragödie, die so beginnt:

»Als das Volk sah, dass Mose zögerte, vom Berg herabzukommen, rottete es sich um Aaron zusammen und verlangte von ihm: Auf, mache uns einen Gott, der vor uns herzieht! Denn wir wissen nicht, was aus diesem Mose geworden ist, aus dem Mann, der uns aus Ägypten herausgeführt hat.« (Ex 32,1)

Und dann: »Das ganze Volk nahm die goldenen Ringe ab, die sie an ihren Ohren trugen, und brachte sie zu Aaron. Er nahm sie aus ihren Händen in Empfang, schmolz sie in einer Form ein und goss daraus ein Goldenes Kalb. Da riefen sie: Das ist dein Gott,

Israel, der dich aus Ägypten herausgeführt hat! Als Aaron dies sah, baute er vor ihm einen Altar und Aaron ließ ausrufen: Morgen ist ein Fest für den Herrn! Am anderen Morgen standen sie früh auf, opferten Brandopfer und brachten Gemeinschaftsopfer dar. Und das Volk ließ sich nieder, um zu essen und zu trinken; dann erhoben sie sich, um sich zu vergnügen.« (Ex 32,3–6)

Die Nähe des Bundesschlusses und des Verrates durch die Schaffung des Goldenen Kalbes ist bemerkenswert. Es hätte ja sein können, dass das Volk, guten Willens und beeindruckt von den Gesetzen, zunächst wirklich Anstalten der Besserung unternimmt. Dass es sich also so verhält wie wir mit unseren guten Vorsätzen zum Jahresanfang, die im Januar und Februar noch unerschütterlich sind, die überhaupt nicht in Gefahr scheinen und erst im März und April zu wanken beginnen und im Juli oder August das erste Mal fallen.

Nein, die Bibel zeigt die menschliche Schwäche gnadenloser auf, zumindest von ihrer erzählerischen Konzeption her. Auf den Höhepunkt der Beziehung zwischen Gott und dem Volk folgt der Tiefpunkt. Auf den Bundesschluss und die Zehn Gebote folgt unmittelbar der Verrat durch das Brechen des ersten Gebotes. Der Verrat durch das Goldene Kalb erscheint somit als der Verrat, für den jeder von uns empfänglich ist, weil er Mensch ist.

Jeder von uns sehnt sich nach einer sichtbaren Repräsentation Gottes, nach einer Vorstellung, nach einem Bild, jeder möchte wissen, wie er wohl sein könnte. Vor allem aber sehnen wir uns nach seiner Gegenwart, dass er hier und jetzt da ist, dass er mit mir ist, ich in ihm und er in mir. Dass er eben der ist, der mit mir ist und immer sein wird. Das ist das ultimative Versprechen JHWHs, seine Selbstzusage als Name, und umso schwerer wiegt für das Volk die Erfahrung, dass sie glauben, JHWH sei nicht mehr mit ihnen, habe sich abgewandt, habe seinen Namen wieder ihren Mündern entzogen. Mehr noch: Als Mose zum Berg hinaufstieg, setzte die schlimmste Erfahrung Israels ein: Sie hatten keinen Gott mehr und keinen Leiter. Gott war abwesend, es gab kein Bild von ihm. Seit der Offenbarung am brennenden Dornbusch hatte sich Gott mit seinem Namen JHWH geoffenbart, dessen Bedeutung er mit »Ich bin der Ich-bin!« (Ex 3,14) erklärt. Gott sagt damit Israel seine geheimnisvolle personale Nähe bei bleibender Entzogenheit zu, die sich nicht – wie der Abfall zum Goldenen Kalb zeigt – visuell oder anderswie »greifen« oder instrumentalisieren lässt. Er war ein völliges Geheimnis, ein absolutes Mysterium. Nichts Gegenständliches, nichts Hörbares, nichts Spürbares erinnerte mehr an ihn. Gott war abwesend.

Und jetzt war Mose, die Führungsgestalt, ebenfalls abwesend. Von ihm wussten sie nicht, ob er von seinem Bergaufenthalt jemals zurückkommen würde, von seiner Begegnung mit Gott. Vielleicht war er schon tot, wie später Sigmund Freud meinte. Die subjektive Erfahrung des Todes Gottes und des Todes Moses war das schlimmste Drama Israels.

Das Erleben der totalen Abwesenheit Gottes ist auch das Drama spiritueller Menschen. Niemand gelangt zur Tiefe im geistlichen Leben, ohne die Erfahrung der Abwesenheit Gottes gemacht zu haben. Thérèse von Lisieux beispielsweise hat bereits in jungen Jahren diese dramatische Erfahrung gemacht: Statt Gott erlebt sie das Nichts, statt seiner Anwesenheit nur innere Leere.

Oder Mutter Teresa, deren Briefe von erschütternder Dunkelheit und verzweifelter Suche nach Gott sind, ein Jakobskampf (Gen 32,23–33), der Versuch, wie ein Ringer den anderen irgendwie zu fassen zu bekommen, um ihn bei sich zu behalten.

Glaube bedeutet dann nicht nur, wie es Karl Rahner formulierte, Gottes Unbegreiflichkeit ein Leben lang auszuhalten, sondern auch seine Abwesenheit zu erleben und ihr standzuhalten. Denn in dieser Abwesenheit liegt der Nährboden für die Versuchung, wie es das Volk Israel erlebt hat, als erst JHWH verschwunden scheint und dann auch noch sein Prophet. Israel hält dieser Versuchung nicht stand und schafft sich deshalb ein Goldenes Kalb. Israel glaubt nicht.

Es ist so, als könnten wir Menschen es nicht ertragen, Gott Mysterium sein zu lassen. Gott als Mysterium zu erleben, zu denken, zu spüren und zu atmen – dazu fehlt uns oft die innere Einstellung. Die Abwesenheit Gottes zu ertragen, ohne die Leere mit mehr Leere zu füllen, das ist eine der wichtigsten Wüstenlektionen überhaupt. Leere zulassen, ohne das Vertrauen auf die Fülle zu verlieren, das ist unendlich schwer und zugleich unendlich zentral. Und diese Erfahrung ist nicht etwas Statisches, man hat Gott nicht einfach, und alle Leere ist für immer gefüllt. Zur Fülle Gottes, das ist das Paradoxon, gehören die Leere und ihre Erfahrung. So wie Gott Mensch wird, der Große klein, so ist auch die Fülle in der Leere und die Leere in der Fülle.

Die Israeliten ersetzen die Leerstelle, die Gott und der Prophet zurückgelassen haben, geradezu panisch und hektisch mit Füllmaterial. Als Mose zurückkehrt und den Verrat entdeckt, ist er entsetzt. Und er reagiert auf eine Weise, die für uns heute kaum zu begreifen ist und die diesen Mose zu dem macht, was er ist: zu einer Persönlichkeit, die nicht einfach nur ein Vorbild für uns sein kann, mit all ihren Brüchen, dunklen Seiten, Schatten.

Mit heutigen Maßstäben kann man Ex 32, vor allem das letzte Drittel, nicht verstehen. Der dritte Teil des 32. Kapitels aus dem Buch Exodus wird in keiner Liturgie gelesen. Ist es so, weil Mose sich hier erneut als Totschläger entpuppt? Als Totschläger Gottes gar? Denn er stellt sich an den Eingang des Lagers Israel und ruft: »Wer für den Herrn ist, der komme zu mir!« Um ihn herum versammeln sich die Leviten, denen er den Auftrag gibt, alle Abtrünnigen, alle, die dem Goldenen Kalb geopfert haben, mit dem Schwert zu töten, auch Brüder, Freunde und Nachbarn. Am Ende des Tages haben die Leviten dreitausend Männer erschlagen.

Wie gesagt: Diese Passage wird in der Liturgie nie gelesen, und sie reizt zur Gegenrede, zum Aufstand, zur Rebellion gegen Gott im Namen der Menschlichkeit. Wie kann Gott so grausam sein? Wie kann er Mose so inspirieren, dass er zum Totschläger Gottes wird? – Aus meiner Sicht gibt es nur einen Weg, auf dem man sich vorsichtig bewegen kann, fast, als würde man im Dunkeln tappen, um einen solchen Gott nicht in Bausch und Bogen abzulehnen. Was die Erbsünde, der Fall des Menschen im Paradies, für die Christen darstellt, bedeutet das Goldene Kalb für die Juden. In der Verehrung des Goldenen Kalbes liegt die Ursünde Israels.

Von Gott, dem Befreier aus der Knechtschaft Ägyptens, abzufallen, wiegt so schwer, dass Gott erst nach einem geduldigen fürbittenden Eintreten Moses für sein Volk bereit ist, die »große

Sünde« zu verzeihen (Ex 33). JHWH wird sich vor Mose auf dem Sinai offenbaren als »ein gnädiger und barmherziger Gott, langmütig und reich an Gnade und Treue, der Gnade bewahrt den Tausenden, Schuld, Frevel und Sünde vergibt, aber nicht ganz ungestraft lässt, sondern die Schuld der Väter an den Söhnen und Enkeln bis in das dritte und vierte Geschlecht verfolgt.« (Ex 34,6 f) Mit der anschließenden Bundeserneuerung vergibt JHWH das Vergehen des Bundesbruchs (vgl. Ex 34,9.10.27).

Jean-Christoph Attias meint in diesem Zusammenhang sogar, dass in allen Schicksalsschlägen Israels auch immer die Bestrafung für das Goldene Kalb mitschwingt. Wie ein genetischer Code kennzeichnet die Ursünde am Berg Horeb ein für alle Mal das zerbrechliche Verhältnis zwischen Gott und seinem Volk.

Der Bundesschluss am Sinai verlangt von beiden Seiten eine exklusive Treue. Folglich reagiert Gott auf den Bundes- bzw. Vertrauensbruch Israels wie ein eifersüchtiger, weil betrogener Partner. Es kann nur einen geben. Sollte es andere Götter geben, so darf alle Verehrung doch nur dem Gott JHWH gebühren. Er ist der einzige Gott, der wirklich in die Freiheit führt. Es ist eine Freiheit, die brennt. Geheimnisvoll und brennend, wie der Dornbusch. Und gefährlich. Aber es ist die einzige Möglichkeit. Nur dieser Gott macht frei, nur jener JHWH, dessen Namen man nicht aussprechen darf. Nur dieser Gott führt wirklich ins Leben, alle anderen Götter führen immer schon in den Untergang, in die Vernichtung, in den Tod. Nichts ist daher verwerflicher und unmenschlicher, als dem Kult anderer Götter zu erliegen.

Von daher, nur von daher kann man verstehen, warum Mose im Namen einer freien und humanen Welt drakonische Maßnahmen ergreifen musste. Es galt alles oder nichts, Leben oder Untergang. Es gab nur einen einzigen, nicht zu diskutierenden Weg, der zum Licht des Lebens führte. Und nicht zum endlosen Teufelskreis des Tanzes um ein Goldenes Kalb.

Streiten mit Gott

Noch ein Detail ruft zum Widerspruch auf: die Tatsache, dass Aaron am Leben bleibt. Gerade er, der offensichtlich dem Wunsch des Volkes nach einem Goldenen Kalb gleich entgegenkam. Von Aaron wird keine Gegenwehr berichtet, kein Widerstand im Namen Gottes. Ganz im Gegenteil, er scheint sich dem Willen des Volkes gleich zu ergeben, so, als habe er schon innerlich längst auf etwas wie ein Goldenes Kalb gewartet. War es so, weil er selbst die Leere nicht mehr aushielt? War seine Nähe zur Offenbarung, die er verkünden, aber nie erhalten durfte, besonders quälend? Oder war Aaron schlichtweg eifersüchtig und wollte die Führungsposition Moses? Ein eleganter Putsch, vertuscht als Wille des Volkes nach einer neuen religiösen Ausrichtung? Immerhin heißt es im letzten Satz des 32. Kapitels: »Und der Herr schlug das Volk dafür, dass es das Kalb gemacht hatte, das Aaron angefertigt hatte.« Das Volk – Aarons Sündenbock?

Gewissermaßen ja. Aaron hätte es doch besser wissen müssen. Wenn alle schreien, muss jemand in hoher Verantwortung – wie Aaron – nicht unbedingt mitschreien. Zum Profil einer Persönlichkeit in hoher Verantwortung gehört es, sein Fähnlein nicht in jeden Wind zu hängen. Wer Verantwortung trägt, muss auch zum Wohle eines übergeordneten Ganzen zum richtigen

Zeitpunkt gegenhalten können, auch dann, wenn die große Mehrheit einen anderen Weg will.

Oder war der Wille einer vernünftigen Mehrheit zum Druck einer aufdringlichen Masse geworden? Sah Aaron sein persönliches Leben in Gefahr? Bangte er um seine Frau, seine Kinder und seine Familie? Sah er seine gesellschaftliche Stellung in Israel gefährdet? Vielleicht hat er sich ja anfangs noch gewehrt. Wohl aber nicht lange – wenn überhaupt. Aaron macht jedenfalls nicht nur nicht mit wie ein Gegenläufer. Er schwingt sich sogar zum Hauptorganisator auf, lässt Ringe, Kettchen, Goldumhänge und goldene Figuren einsammeln. Alles lässt er einschmelzen, um aus dem geschmolzenen Gold das Kalb formen zu lassen. Im kollektiven Glaubensabfall, auf dem Weg zum größten Vertrauensbruch aller Zeiten gegen JHWH, hatte Aaron die Leitung und die Logistik übernommen. Er war an der Seite Moses nicht nur ein brillanter Redner gewesen, jemand, der wusste, wie man zur Masse spricht, sondern er war auch ein exzellenter Organisator, ein Genie in der Abwicklung komplexer Vorgänge. Er hatte das große Ziel vor Augen, ohne das Detail zu vergessen. Das Volk war zufrieden. Es sang und tanzte um das Goldene Kalb. Glaubensbrot und Spiele. Der Populist Aaron hatte sein Werk getan.

Warum bleibt Aaron also trotzdem am Leben? Hatte er mildernde Umstände erhalten, weil er glaubhaft versichern konnte, dass er nicht anders hätte handeln können, dass, wenn er in dem Chaos nicht die Führung übernommen hätte, alles nur noch schlimmer gekommen wäre? Oder bleibt er schlicht am Leben, weil er der Bruder von Mose ist, der zweite nach dem ersten? Weil Mose und JHWH ihn zur Erfüllung der anstehenden Aufgaben brauchten, als genialen Redner und Meisterorganisator?

Oder wird Aaron verschont, weil JHWH schon immer auf krummen Zeilen gerade schrieb? Weil unsere Auffassung von Recht, Gerechtigkeit und Gericht nicht die JHWHs ist? Sind es nicht manchmal Strukturen des Bösen und verbrecherische Mentalitäten, die JHWH nutzt, um seine einmal zugesagte Verheißung Wirklichkeit werden zu lassen?

Das sind Fragen, die im Raum stehen und die nicht beantwortet werden können. Sie sind ein Indiz dafür, dass Gottes Rechtswege nicht immer mit den menschlichen Rechtsvorstellungen kompatibel sind. Warum? Weil Gott Gott ist. Ein Indiz, keine Antwort.

Die Frage nach der Verschonung Aarons drängt auch deshalb so sehr, weil Aaron einen zweifachen Verrat begeht. Das spätere Mobbing gegen Mose aufgrund dessen kuschitischer Frau ist in erster Linie gegen Mose selbst gerichtet, zu Beginn jedenfalls, es ist also ein individueller Verrat. Hier, bei dem Tanz um das Goldene Kalb, handelt es sich allerdings um einen kollektiven und individuellen Verrat. Der Verrat des Aaron an Mose, seinem Bruder. Aber auch der Verrat an Gott und der Verrat am Volk. Der Tanz um das Goldene Kalb ist ein doppelter individueller Verrat (von Aaron und an Mose), aber auch ein doppelt kollektiver (vom Volk und am Volk). Aaron verrät das Volk, weil er ihm nicht die Stirn bietet. Die angebliche Loyalität ist eben keine Treue, sondern Verrat. Treue, das wird später noch anklingen, gleicht manchmal gerade auf dem ersten Blick Illoyalität und entpuppt sich erst in der Rückschau als das, was sie wirklich war.

Mose hatte sich aus Treue immer wieder dem Volk entgegengestemmt, nicht aus Illoyalität. Auf die Stimme des Volkes zu hören, ist etwas anderes, als in seinen Schrei einzustimmen. Das gilt für Politiker auf der großen Bühne, das gilt aber auch für uns in unseren jeweiligen Beziehungen. Jemanden nicht zu verraten, bedeutet manchmal, ihm zu widerstehen, nicht nach dem Mund zu reden. Oder, an die vorherigen Gedanken anknüpfend: Die Leere auszuhalten, die entsteht, wenn mir von einer nahestehenden Person die Sympathie entzogen wird, das kann Treue sein.

Mit der Abwesenheit der Zuneigung umzugehen, sie nicht nur durch etwas anderes zu ersetzen, das ist fundamental. Und das Nachgeben, das Goldene Kalb schaffen, das die Abwesenheit füllt, das ist Verrat. Individueller Verrat am Anderen und kollektiver Verrat an sich und dem Anderen als Gemeinschaft.

Mose erlebt diese Leere, die Abwesenheit von Zuneigung und Anerkennung, die Einsamkeit nicht zum ersten Mal. Doch ohne Zweifel erreichen der Verrat seines eigenen Bruders und die Unermesslichkeit des Frevels durch das Goldene Kalb eine neue Dimension, selbst für Mose. Es ist deshalb nicht nur schwer, zu verstehen, weshalb Gott nicht Aaron zur Rechenschaft zieht, sondern weshalb auch Mose nichts tut.

Andererseits bleiben da die dreitausend niedergemachten Freunde, Verwandten und Weggefährten, die an dieser Stelle ihre Schatten werfen. Hat Mose vielleicht seinen Bruder geschont, dafür aber das Volk nicht? Lässt er das Volk nicht doch im Stich, zumindest teilweise? – Er tut es nicht. Mose tritt für Aaron ein, vor allem aber auch für das Volk. Zu diesem sagt Mose: »Ihr habt euch schwer versündigt. Nun will ich zum Herrn hinaufsteigen. Vielleicht kann ich Vergebung für euere Sünden erwirken.« (Ex 32,30)

Mose zeigt sich erneut nicht als rachsüchtiger Geist, nicht als nachtragend, im Gegenteil. Er will sich für das Volk verwenden und scheut dafür die Konfrontation mit Gott nicht, obwohl er um den Verrat weiß. Mose wirft alles in die Waagschale, ruft zu Gott: »Ach, dieses Volk hat eine große Sünde begangen und sich einen Gott aus Gold gemacht. Doch nun vergib ihm seine Sünde. Wenn nicht, dann lösch mich aus deinem Buch, das du geschrieben hast.« (Ex 32,31–32)

Mose hält Fürbitte für Israel. Er geht sogar so weit, dass er bereit ist, um der von Gott erbetenen Vergebung willen sein Leben hinzugeben. Als radikaler Anwalt des Volkes, wie ein Rebell gegen Gott, stellt er sich auf die Seite Israels: Entweder vergibst du dem Volk die Sünde, oder du löschst mich aus dem Buch, das du geschrieben hast, aus. Welche Chuzpe, welche unglaubliche Kühnheit! Mose streitet mit Gott, ist anderer Meinung als der Schöpfer der Welt. Mose bietet gar sein eigenes Leben an. Er tritt mit aller Wucht für Israel ein, weil er sagt: Wenn du meinen Leuten nicht vergibst, dann töte mich auch. Dann will ich nicht mehr dein Diener sein.

Dieses ultimative Engagement ist ungeheuerlich. Ungeheuerlich, weil Mose das Leben, das ihm von Gott geschenkt, das ihm mehrmals gerettet wurde, als Verhandlungsmasse einbringt. Ungeheuerlich aber auch, weil der verratene Mose sich so radikal vor die Verräter stellt. Nur: Gott zeigt sich gerade in dieser Situation als Garant eben jenen Rechts, als Gesetzgeber und Richter: »Der Herr aber entgegnete Mose: Wer gegen mich gesündigt hat, nur den tilge ich aus meinem Buch. Aber geh nun und führ das Volk dorthin, wohin ich dir geboten habe. Siehe, mein Engel soll vor dir hergehen. Aber wenn der Tag der Vergeltung gekommen ist, werde ich sie wegen ihrer Sünde zur Rechenschaft ziehen. Und der Herr schlug das Volk dafür, dass es das Kalb gemacht hatte, das Aaron angefertigt hatte.« (Ex 32,33–35)

Gott macht klar: Ich lasse mich nicht drängen. Und zweitens habe ich durch das Gesetz festgelegt, was Sünde ist und was nicht. Und wer nicht gegen dieses Gesetz verstoßen hat, der wird auch nicht »aus dem Buch gelöscht«. In diesem äußersten Moment, in dem Mose sein eigenes Leben einsetzt, vorbei an Recht und Gesetz, pocht Gott auf das Gesetz und zeigt sich gerade darin als nicht rachsüchtig. Gott weist Mose in seinem radikalen Vorschlag ab, und er weist darauf hin, dass es einen Bund gibt, der auf dem Gesetz basiert, und dass Verrat geahndet wird, aber eben nach dem Gesetz.

Der verratene Gott sorgt dafür, dass selbst in diesem dunklen Moment der tiefen Enttäuschung der Bund zwischen ihm und dem Volk nicht verraten wird. So erst macht es Gott möglich, dass der Verrat nicht bereits das Scheitern des Bundes ist, der gerade erst geschlossen wurde.

DER TREUE

Ich bin mit dir unterwegs

Nahezu vierzig Jahre sind die Israeliten nun schon unterwegs, nahezu vierzig Jahre ziehen sie durch die Wüste, für Mose sind dies nach seinen vierzig Jahren in Ägypten und den vierzig Jahren in Midian weitere vierzig Jahre. Und noch immer scheint das Gelobte Land, scheint die Sättigung des Hungers nach Freiheit fern.

Stattdessen rumort es erneut im Volk, viele von denen, die mit Mose ausgezogen sind, sind bereits verstorben, ohne dass sich das Volk in Kanaan niedergelassen hätte. Statt endlich Frieden und Freiheit gefunden zu haben, scheinen sie kurz vor dem Ziel zu scheitern.

So wenigstens klingen die Nachrichten der ausgesandten Kundschafter: »Und der Herr sprach zu Mose: Sende Männer aus, dass sie das Land Kanaan auskundschaften, das ich den Israeliten geben will; jeweils einen aus dem Stamm seiner Väter sende aus, jeweils einen der führenden Männer. Da sandte sie Mose auf Geheiß des Herrn von der Wüste Paran aus, lauter führende Männer unter den Israeliten. … Nach Verlauf von vierzig Tagen kehrten sie um, nachdem sie das Land ausgekundschaftet hatten, zogen heimwärts und kamen zu Mose und Aaron und der ganzen Gemeinde der Israeliten in die Wüste Paran nach Kadesch. Ihnen und der ganzen Gemeinde gaben sie Bericht, wobei sie ihnen die Früchte des Landes zeigten. Sie erzählten ihm und sagten: Wir sind in das Land hineingezogen, in das du uns gesandt hast. Es fließt wirklich von Milch und Honig und dies hier sind seine Früchte. Aber das Volk, das in dem Land wohnt, ist stark und die Städte sind befestigt, dazu sehr groß ...« (Num 13,1–3.25–28)

Wieder einmal scheint die Stimmung zu kippen, doch ein Mann namens Kaleb kommt Mose zu Hilfe und versucht das Volk zu beruhigen: »Unverzüglich wollen wir hinaufziehen und es in Besitz nehmen; denn wir können ganz gut seiner Herr werden!« (Num 13,30)

Damit trifft er jedoch auf Widerstand. Denn in der Bibel heißt es weiter: Die Männer aber, »die mit ihm hinaufgezogen waren, sprachen: Wir sind nicht imstande, gegen diese Bevölkerung hinaufzuziehen; denn sie ist stärker als wir. Und nun verbreiteten sie unter den Israeliten falsche Gerüchte über das Land, das sie erkundet hatten: Das Land, das wir durchzogen haben, um es auszukundschaften, ist ein Land, das seine Bewohner verschlingt, und alle Leute, die wir darin sahen, sind über alle Maßen groß. Auch sahen wir dort die Riesen, die Söhne Anaks aus dem Geschlecht der Riesen, und wir kamen uns vor wie Heuschrecken und genau so mussten wir ihnen vorkommen.« (Num 13,31–33)

Ist Mose wieder einmal der Einsame und Verratene, ist er wieder einmal allein mit vielen? Einerseits ist er nicht ganz allein, Aaron steht an seiner Seite, diesmal wenigstens. Andererseits: Mose wird an dieser Stelle nicht nur angezweifelt oder angemeckert – er wird regelrecht verraten: Die Männer, die er ausgesandt hat, lügen bewusst, um ihn zu beseitigen, um einen anderen zum Anführer zu machen: »Da brach die ganze Gemeinde in lautes

Geschrei aus und das Volk jammerte in jener Nacht. Alle Israeliten murrten gegen Mose und Aaron … Und schon sprachen sie zueinander: Wir wollen uns einen Führer bestellen und nach Ägypten zurückkehren! Da fielen Mose und Aaron vor der ganzen versammelten Gemeinde der Israeliten auf ihr Angesicht. Josua aber, der Sohn Nuns, und Kaleb, der Sohn Jefunnes, die das Land mit ausgekundschaftet hatten, zerrissen ihre Kleider und sprachen zu der ganzen Gemeinde der Israeliten: Das Land, das wir durchzogen, um es zu erkunden, über alle Maßen vortrefflich ist das Land. Wenn der Herr uns geneigt ist, dann bringt er uns in dieses Land und gibt es uns, ein Land, das von Milch und Honig fließt. Nur dürft ihr euch nicht gegen den Herrn auflehnen und ihr dürft die Bevölkerung des Landes ja nicht fürchten. Denn sie werden von uns verschlungen, ihr schützender Schatten ist von ihnen gewichen, während mit uns der Herr ist. Habt keine Furcht vor ihnen! Aber schon drohte die ganze Gemeinde sie zu steinigen.« (Num 14,1 ff)

Die Situation ist wieder einmal völlig verfahren. Wenn ich diese Stelle lese, frage ich mich: Wie hält Mose das aus? Er wird die ganze Zeit über beschimpft, wird für alle Fehler verantwortlich gemacht; Dankbarkeit, so sie denn überhaupt aufkommt, ist nur von kurzer Dauer, er wird verraten und jetzt sogar mit dem Tod bedroht. Wie kann das ein Mensch ertragen? Stellen wir uns doch einmal vor, wir würden das in unserem Job, in unserer Beziehung, in überhaupt irgendeiner Konstellation so erleben: Wer von uns würde da nicht hinwerfen? Bei aller Liebe, aber das geht dann doch zu weit.

Sogar Gott geht es zu weit, er kann das Murren der Israeliten nicht mehr hören, und er kann es nicht mehr mit ansehen, wie schlecht sein Prophet behandelt wird. Ihm reicht es, er greift zu drastischen Maßnahmen: »Da erschien die Herrlichkeit des Herrn allen Israeliten am Offenbarungszelt. Und der Herr sprach zu Mose: Wie lange noch will mich dies Volk da schmähen, wie lange noch mir keinen Glauben schenken trotz all der Zeichen, die ich unter ihnen wirkte? Ich will es mit der Pest schlagen und es so ausrotten, dich aber will ich zu einem Volk machen, größer und stärker als dieses.« (Num 14,10–12)

Gott zeigt sich an dieser Stelle loyal gegenüber seinem Propheten. Was er zu ihm sagt, ließe sich auch so formulieren: Weißt du was, dieses Volk hat jemanden wie dich nicht verdient. Sie kapieren einfach nicht, was sie an dir haben. Murren ist das Einzige, was sie dir gegenüber bringen, das musst du dir nicht antun. Lass mich mal machen.

Die Worte Gottes an dieser Stelle erinnern an manch ein Gespräch, das wir womöglich schon einmal mit unseren Vorgesetzten geführt haben. Stellen wir uns vor, dass wir uns in einer Führungsposition befinden, aber nicht an höchster Stelle stehen. Unserer Firma geht es nicht so gut, und wir haben Probleme mit unseren Mitarbeitern. Unverschuldet, denn die Krise unserer Firma kennt viele Ursachen: Womöglich hat sie mit der Weltwirtschaft zu tun, mit dem miesen Wetter, mit Pech, mit starken Konkurrenten, die ihr Terrain nicht kampflos aufgeben wollen. Wir rennen uns die Hacken ab, suchen nach einem Schlupfloch ins Gelobte Land, doch es will einfach nicht klappen.

Das Gemurre der Mitarbeiter wird immer lauter und steigert sich zur Meuterei, man will uns loswerden, ganz offen und ohne diplomatische Verrenkungen. Da tritt der Firmenbesitzer auf, der uns vor einiger Zeit eingestellt hat und mit dem wir auch schon unsere Scharmützel ausgetragen hatten, der aber auch genau sieht, dass wir uns nichts vorzuwerfen haben, und er sagt: »Das Team hat Sie nicht verdient. Wissen Sie was? Wir drehen den Spieß einfach um: Nicht Sie werden entlassen, sondern die ganze Bande. Sollen die doch sehen, wie es da in der Wüste des Marktes weitergeht. Sie haben jedenfalls ein besseres Team verdient.«

Wie würden wir da reagieren? Es wäre die einmalige Chance, jeglichen Verdacht, versagt zu haben, loszuwerden. Ein kompletter personeller Neuanfang wäre doch auch nicht schlecht. Und überhaupt, vielleicht kriegen wir mit neuen Leuten eine andere Dynamik rein und schaffen es doch noch, die Krise zu überwinden. Schaden kann es in keinem Fall, wir verlieren ja nichts. Vermutlich wäre das eine sehr realistische Reaktion, verführerisch wäre sie ohne Zweifel. Mit einem Male wären wir wieder am Drücker und hätten alle Schuld auf die anderen abgewälzt. Wer würde das nicht machen?

Mose würde es nicht machen. Er bekommt von Gott die Möglichkeit, auf einen Schlag viele Probleme vom Teller zu haben und sich für den Verrat zu rächen. Doch was antwortet Mose? »Die Ägypter haben gehört, dass du durch deine Macht dieses Volk da aus ihrer Mitte herausgeführt hast, und auch alle Bewohner dieses Landes haben vernommen, dass du, Herr, inmitten dieses Volkes wohnst, der du dich sichtbar offenbarst, o Herr, dessen Wolke über ihnen steht und der du am Tag in der Wolkensäule und bei Nacht in der Feuersäule vor ihnen hergehst. Tötest du nun dieses Volk wie einen Mann, dann sprechen die

Völker, die diese Kunde von dir vernommen haben: Weil der Herr nicht imstande war, dieses Volk in das Land zu bringen, das er ihnen eidlich versprochen hatte, darum hat er sie in der Wüste abgeschlachtet. Zeig darum die Größe deiner Macht, o Herr … Vergib doch diesem Volk da seine Schuld nach deiner großen Huld, wie du diesem Volk von Ägypten an bis hierher verziehen hast.« (Num 14,13–17.19)

Was Mose da tut, das ist ungeheuerlich. Ungeheuerlich dumm, würde wohl der eine oder andere Coach oder Karriereplaner schimpfen. Da hat der Mann die Chance, seine erfolglose und undankbare Truppe auszutauschen, aber er hat nicht den Mumm, es zu tun. Stattdessen wirft er sich für seine Leute in die Bresche und bittet den Chef, ihnen noch einmal eine Chance zu geben, schon wieder eine neue Chance, als hätten sie davon nicht genug gehabt.

Mose zeigt sich an dieser Stelle ganz als der, der er geworden ist: als ein Fürbitter und Anwalt des Volkes, als ein Volkstribun im klassischen Sinne. Als einer, der, obwohl sie ihn emotional tangieren, genug über den Dingen steht, um sich davon frei zu machen, um gegenüber den Murrenden nachsichtig zu sein, um Gott entgegentreten zu können. Mose hat seine Wüstenlektion begriffen, bei der ihm seine Frau Zippora Courage gegenüber Gott gelehrt hatte. Er weiß, dass er Gott gegenüber aufstehen muss und aufstehen darf.

Die Offenbarung ist ein Dialog, das wird gerade an solchen Stellen deutlich. Gott lässt sich überzeugen, allerdings immer nur bis zu einem gewissen Grad: »Da sprach der Herr: Ich vergebe, wie du gebeten hast. Aber so wahr ich lebe und so wahr die ganze Erde voll der Herrlichkeit des Herrn ist: Alle Männer, die meine Herrlichkeit und meine Zeichen gesehen haben, die ich in Ägypten und in der Wüste gewirkt habe, und die mich dennoch schon zehnmal versucht und nicht auf meine Stimme gehört haben, sie sollen das Land, das ich ihren Vätern eidlich versprochen habe, nicht zu sehen bekommen; keiner von allen, die mich geschmäht haben, soll es zu sehen bekommen. Doch meinen Knecht Kaleb, den führe ich, weil ein anderer Geist mit ihm war und er völlig hinter mir stand, in das Land, das er betreten hat, und seine Nachkommen sollen es in Besitz nehmen.« (Num 14,20–24)

Mose, der Wortführer und Anwalt des Volkes, muss eine weitere Lektion lernen: Gott lässt mit sich sprechen. Er ist Argumenten zugänglich. Doch er ist kein Wunschautomat, auch für seinen Propheten nicht. Gott gibt's nicht billig, und die Israeliten haben, so macht er klar, bislang wenig für den gemeinsamen Bund getan. Im Gegenteil: »Der Herr sprach zu Mose und Aaron: Wie lange noch soll diese böse Gemeinde gegen mich murren? Das Murren der Israeliten habe ich lange genug gehört! Sag ihnen: So wahr ich lebe – Spruch des Herrn –, so wie ihr laut vor mir geredet habt, so will ich mit euch verfahren. In dieser Wüste sollen die Leichen von euch allen verwesen, die ihr gemustert wurdet, von zwanzig Jahren aufwärts, die ihr gegen mich gemurrt habt. Niemals sollt ihr in das Land kommen, in dem ich euch wohnen lassen wollte – meine Hand hatte ich dafür zum Eid erhoben –, ausgenommen Kaleb, der Sohn Jefunnes, und Josua, der Sohn Nuns. Doch euere kleinen Kinder, von denen ihr sagtet, zur Beute würden sie werden, sie werde ich hineinbringen, und sie sollen das Land kennen lernen, das ihr verschmäht habt.« (Num 14,26–31)

Und mehr noch: Die Männer, die Mose ausgesandt hatte und die ihn verraten haben, fallen auf der Stelle tot um, nur die Loyalen bleiben am Leben. Gott bestätigt, woran Mose zu erinnern gewagt hat: »Zeig darum die Größe deiner Macht, o Herr, wie du verheißen hast, als du sprachst: Der Herr ist langmütig und reich an Huld, vergibt Schuld und Frevel. Er lässt sie aber nicht ungestraft und er verfolgt die Schuld der Väter an den Kindern bis in die dritte und vierte Generation.« (Num 14,17–18; vgl. oben zu Ex 34,6 f)

Das Leben durchziehen

Mose, das spürt man hier intensiv, brennt für die Sache Gottes und für sein Volk. Für ihn muss die drastische Entscheidung Gottes deshalb niederschmetternd gewesen sein. Er hat sicherlich mit Konsequenzen gerechnet, kennt er doch Gott. Doch die Einsicht, nur Anwalt des Volkes zu sein und nicht auch dessen Richter, muss ihn erschüttert haben.

Neben dem Befremden und Grausen, das sich einstellen mag, wenn man von diesem Gericht Gottes liest, von seiner Unversöhnlichkeit den Verrätern gegenüber, die weniger Mose als vielmehr den Herrn verraten haben, bleibt auch die Erkenntnis, dass der Wortführer Mose, der Teamleiter, sich zwar vor seine Truppe stellen kann, die Entscheidung aber nie ganz in seiner Hand liegt.

Eine Erfahrung, die wir aus Situationen kennen, in denen wir führen. Wir können den Sohn, der in der Schule Mist gebaut hat, vehement verteidigen, wir können vielleicht ein Nachsitzen statt eines Verweises rausholen, doch ganz raushauen können wir ihn ziemlich sicher nicht. Den Mitarbeiter, der zum wiederholten Male einen Fehler gemacht hat, der aber ansonsten gute Arbeit leistet und den wir nicht entlassen sehen wollen, werden wir vor dem Rausschmiss, jedoch nicht vor der Abmahnung schützen können.

Ich erinnere mich noch zu gut an eine Situation, die ich als Schulleiter erlebte und die für mich sehr kompliziert war. Ein Vater, erfolgreich und ehrgeizig, war mit den Leistungen seines Sohnes überhaupt nicht einverstanden. Dabei stand der Junge nicht völlig katastrophal da, allerdings hangelte er sich nur von Jahr zu Jahr weiter, Tendenz eher absteigend. Wo sollte das hinführen? Zu einem miesen Abitur, zu einer Verlegenheitswahl beim Studium, vielleicht zum Studienabbruch, zum Verlust an Zeit und vielleicht sogar dazu, dass er die Lust am Lernen an der Universität verlieren konnte …

Ich weiß nicht en détail, wie weit sich der Vater diese Spirale ausgemalt hatte oder ob ihn in erster Linie die Überzeugung umtrieb, sein Sohn bräuchte eine Lektion, einen Schuss vor den Bug zur rechten Zeit. Jedenfalls teilte er mir im Gespräch seinen Entschluss mit, sein Sohn solle lieber in der Mittelstufe die Klasse wiederholen, um wieder in die Spur zu finden. Das müsste ihn doch zur Vernunft bringen – oder zumindest zu mehr Fleiß.

Ich widersprach vehement, versuchte ihm meine Sicht nahezubringen, dass es genügend Anzeichen gebe, dass der Knoten noch platzen würde, dass gerade jetzt der Schuss vor den Bug auch ein Torpedo mitten in den Maschinenraum sein könne, der das Schiff ganz zum Sinken bringen würde. Ich redete, argumentierte, warb aus voller Überzeugung, aber auch mit der

Gewissheit, dass alle Worte nur vorläufig waren und am Ende allein der Vater bestimmen würde. Was auch immer ich vorbrachte, ich konnte nichts entscheiden. Keine einfache Lage.

Am Ende hat der Vater tatsächlich seinen Sohn in der Klasse bleiben lassen, und die ganze Geschichte ging ordentlich aus. Wir haben seitdem den Kontakt gehalten, und der Vater erzählt mir mit Stolz von der Laufbahn seines Sohnes, die sich wirklich sehen lassen kann. Für mich ist das mehr Freude als Bestätigung und auch, das will nicht verhehlen, eine gewisse Erleichterung. Denn was wäre gewesen, wenn der Vater zwar auf mich gehört, der Sohn es aber nicht gepackt und ich mich schlechtweg komplett getäuscht hätte?

Das ist in meinem Leben auch vorgekommen, und es kommt immer wieder vor. Was dann? Die Möglichkeit des Fehlens zu akzeptieren wie auch die Tatsache, dass nicht jede Entscheidung bei einem selbst liegt – in diesem Fall lag sie beim Vater, aber letztlich auch beim Sohn selbst –, gehört zu dem, was Führung ausmacht, und es gehört auch zur Treue: der Treue gegenüber den Menschen, die einem anvertraut sind, aber auch der Treue gegenüber dem Vorgesetzten oder Entscheider.

Hätte der Vater damals anders entschieden, hätte ich dem Sohn dann von unseren Unterredungen erzählen dürfen? Hätte ich ihm sagen dürfen, dass sein Vater darauf bestanden habe, dass er die Klasse wiederholen muss – gegen meinen Willen? Sicherlich nicht, ich hätte das Vertrauen des Vaters in mich nicht verraten dürfen. Das wäre nicht einfach gewesen. Denn ganz sicher hätte ich, auch, um mich reinzuwaschen, dem Jungen sagen wollen: »Hör mal, ich habe alles probiert, aber dein Vater wollte nicht auf mich hören. Tut mir leid, es ist wirklich nicht meine Schuld. Ich habe alles probiert, mehr war nicht drin.«

Dieses Reinwaschen, bei dem wie Indikatoren solche Wörter wie »echt«, »wirklich« oder »ehrlich« auftauchen, als seien sie Seifensteine, um unsere Reinheit und Unschuld noch weißer erscheinen zu lassen, ist eine zutiefst menschliche Reaktion.

Auch Mose hätte sich damit von Gott absetzen können, er tat es aber nicht. Er ist nicht nur treu gegenüber dem Volk, sondern auch gegenüber Gott. So heißt es im Fortgang der biblischen Erzählung: »Als nun Mose diese Worte allen Israeliten mitteilte, wurde das Volk sehr traurig. Und am nächsten Morgen machten sie sich bereit, auf die Höhe des Gebirges hinaufzuziehen; sie sagten: Jetzt sind wir bereit, zu der Stätte hinaufzuziehen, von der der Herr gesprochen hat; denn wir haben gesündigt. Mose aber entgegnete: Warum wollt ihr denn den Befehl des Herrn übertreten? Das wird nicht gelingen! Zieht nicht hinauf, denn der Herr ist nicht in euerer Mitte! Ihr werdet sonst von eueren Feinden geschlagen werden. Denn die Amalekiter und Kanaaniter stehen euch dort gegenüber und ihr werdet durch das Schwert fallen; weil ihr euch vom Herrn abgewandt habt, wird der Herr nicht mit euch sein.« (Num 14,39–43)

Mose bietet in Treue zum Volk nicht nur Gott die Stirn und verteidigt es, sondern auch umgekehrt. Er trägt die Entscheidung Gottes mit und führt dem Volk klipp und klar vor Augen, dass es mit den Konsequenzen leben muss, wenn es sich erneut verweigert.

Mose hält Gott die Treue, macht keine Flanke auf, wie man das so gerne tut, um sich vom bösen Vorgesetzten abzusetzen und sich selbst zu profilieren. Mehr noch: Mose beweist seine Treue Gott gerade darin, dass er ihn davon abhält, das Volk komplett zu vernichten. Er denkt weiter und macht Gott auf den »Imageschaden« aufmerksam, den er erleiden könnte, Mose weist darauf hin, was die Ägypter, was die anderen Völker sagen könnten, nämlich dass Gott zwar das Volk aus der Knechtschaft befreit habe, aber am Ende doch nicht in der Lage gewesen sei, es auch in das Gelobte Land zu führen (vgl. Num 14,13–17.19).

Mose bietet Gott nicht nur die Stirn, weil er sich um das Volk sorgt, sondern auch, weil er sich um Gott selbst sorgt. Weil er den Namen Gottes, der geheiligt werden soll, nicht in den Dreck gezogen sehen will. Er steht gegen alle auf, die den Namen Gottes in Misskredit bringen könnten: gegen die Ägypter, die Israeliten und sogar gegen Gott selbst.

In dem Widerspruch lässt Mose eine Treue erkennen, die weit über das hinausgeht, was ein Mitarbeiter tun müsste. Auf das obige Beispiel angewandt, würde das bedeuten, dass wir dem Vorgesetzten für sein Verständnis danken, uns für das Team einsetzen und zugleich zu bedenken geben, was ein Austausch des Teams für den Chef selbst bedeuten würde: »Haben Sie nicht all diese Leute eingestellt, damals, kurz vor Ihrer Beförderung? Möchten Sie, dass die anderen Abteilungen Zweifel an Ihrer Menschenkenntnis und Personalpolitik bekommen oder gar unsere Konkurrenten da draußen?«

All das nicht als rhetorischer Trick, das könnte es ja auch sein, sondern aus echter Loyalität. Einer Loyalität, die sicher nicht in jeder Konstellation angebracht ist, manchmal wird man im Berufsleben oder auch im Privaten anders agieren müssen. Doch im Fall der angebrachten Treue ist das die Steigerung des Widerspruchs und Einspruchs um beider Seiten willen. Treue richtet sich nicht nur nach einer Seite, sondern nach dreien: Nach unten, nach oben und auf sich selbst. Im Eintreten für und gegen Gott, für und gegen das Volk ist Mose ganz bei sich.

Die dreifache Treue Moses deutet darauf hin, dass Gott Menschen will, die ihm auch die Stirn bieten, die mit ihm ringen, die ihre Freiheit zu nutzen wissen, die keine kriecherischen Sklaven sind und deshalb nicht einfach nur murren und jammern, sondern argumentieren. Menschen, die Dinge ablehnen, aber auch annehmen, die durchhalten können. Gott will, um das Zitat von Papst Franziskus noch einmal aufzugreifen, keine »Wohnzimmer-Christen«. Er will keine Lauen, sondern Heiße. Dienst nach Vorschrift, das genügt nicht. Mehr ist gefordert: Dienst als Gottesdienst, das bedeutet, zu brennen und sich nicht bei dem kleinsten Widerstand zurück nach den Fleischtöpfen Ägyptens, der Bequemlichkeit der Unfreiheit, zu sehnen.

Glauben, das wird hier klar, ist Erinnerung, aber keine Nostalgie. Das Festhalten an Tradition und Überlieferung gehört zur Treue des Gläubigen, der Gemeinschaft und Gott gegenüber, aber immer mit dem Blick auf das Heute und das Morgen.

Die Treue Moses ist zu diesem Zeitpunkt frei von Nostalgie und Sentimentalität, woraus wir einen Hinweis für unsere Beziehungen entnehmen können: Treue zu sich und zum Anderen erschöpft sich nicht im Verweis auf Geleistetes und Erfahrenes, sondern muss immer auch den Blick nach vorne und auf das noch Kommende miteinschließen. Eine zukunftsträchtige Beziehung kann sich nie nur aus nostalgischen und sentimentalen

Quellen speisen. Wer brennen will, der braucht nicht nur die Asche der Erinnerung, sondern auch die Glut der Gegenwart und die Flamme für die Zukunft. Wer das Leben durchziehen will, braucht alle drei Dinge: Asche, Glut und Flamme – und die Treue zu allen dreien.

Ich habe Gott lieb.
Sein Gesetz habe ich lieber

Die Israeliten hören erneut nicht auf Moses Warnungen: »Doch sie zogen starrsinnig auf die Höhe des Gebirges hinauf, aber die Bundeslade des Herrn und Mose wichen nicht aus dem Lager. Die Amalekiter und Kanaaniter, die auf jenem Gebirge wohnten, stiegen herunter, schlugen sie und zersprengten sie bis Horma.« (Num 14,44–45)

Kein Mose hilft, und Gott tut es auch nicht. Und dennoch wird die Treue zum Bund durch eben jenen kurzen Satz ausgedrückt: »Aber die Bundeslade des Herrn und Mose wichen nicht aus dem Lager.« Die Bundeslade, das Zeichen dessen, dass Gott mit dem Volk unterwegs ist, dass er mit ihnen das Leben durchzieht, bleibt bestehen, so wie auch der grundsätzliche Bund bestehen bleibt. Die Bundestreue, die Bündnistreue, sie steht, und zwar mitten im Lager. Dieser Bund, darauf weisen die Exegeten hin, ist von einer neuen Qualität.

Micha Brumlik schreibt: »Robert Bellah in seinem nachgelassenen Werk Religion in Human Revolution bestätigt: Die Geschichte von Moses sei eine welthistorisch neue Konzeption dessen, was ein ›Volk‹ sei – nämlich ein Bund unter Gesetzen. Moses erweise sich daher als ›Übergangsobjekt‹ für Völker, die bisher nur ein monarchisches Gottkönigtum kannten (in der Bibel verkörpert durch die Pharaonen) und sich plötzlich einem transzendenten, gestaltlosen Gott in wechselseitigem Bund verpflichtet sehen.« (»Die Zeit« vom 15. Januar 2015)

Brumlik entfaltet weiter: »Die ideengeschichtliche Forschung zeigt, dass die Exoduserzählung mit ihrem Helden Moses zur Grundlage des politischen Denkens der westlichen Zivilisation seit der Neuzeit wurde.

So setzte sich Spinoza ausführlich mit Moses als Gesetzgeber auseinander, auch Thomas Hobbes, ja schon früher Machiavelli erörterten den Vorbildcharakter der mosaischen Gesetzgebung; und einer der Begründer des Völkerrechts gar, Hugo Grotius, nahm auf Moses Bezug, um die Prinzipien eines universalistischen Völkerrechts zu entfalten. … Ist das Buch Exodus eine Anweisung zur Revolution?

Vor allem trägt es die Idee des (politischen) Bundes in den Okzident. Dieser Bund schafft aus einer herkunftsbezogenen Stammesgesellschaft eine politische Nation – und unterscheidet sich radikal von den griechischen Staatsideen etwa eines Aristoteles, der im politischen Leben eine anthropologische Bestimmung des Menschen sah.« Mose, der keinen Stamm mehr anführt, sondern ein Volk, das ist in der Tat eine Revolution. Der Befreier wird zum Politiker, Fürbitter, zum Volkstribun eben, der drauf achtet, dass das Gesetz befolgt und der Bund eingehalten wird. Ausgerechnet der Mose, der seinen Sohn vor dem Auszug aus Midian nicht beschnitten hatte – auch das ist ein wunderbares

Symbol der Veränderung Moses und für uns eine Wüstenlektion, wie weit und tief eine Wandlung gehen kann und muss. Eine politische Ansage ist es außerdem und eine Absage an einen bornierten Partikularismus, an kleinliche Klientelpolitik, an realitätsfernen Separatismus, an nostalgische Politiksentimentalität, an Kleinstaaterei und Nationalismus. Der Bund geht über die Grenzen hinaus, er ist universal, und nur darin beweist sich die Treue Gottes zur Menschheit und zu sich selbst.

Die Bundestreue im Exodus ist die ultimative Warnung vor Isolation, physischer wie psychischer, und die Aufforderung, das Leben gemeinsam zu durchziehen – gegründet auf ein Gesetz, das universal ist. Ein Gesetz – und das ist von höchster kultureller und politischer Bedeutung –, das sich mehr auf die jüdische als die griechische Tradition stützt.

Das Abendland ist in jedem Fall jüdischer geprägt als griechisch, der Gottesglaube ist ein Glaube der Propheten, nicht der Philosophen. Das Abendland steht mehr auf den Schultern Moses als auf den Schultern Aristoteles'.

Dieser Bund hat einen Aspekt, der auf den ersten Blick widersprüchlich erscheinen mag: Er stellt die Beziehung zu Gott auf eine gesetzliche Basis und damit auf mehr als pure Sympathie. Es geht eben nicht um reine Günstlingspolitik, sondern um ein Geflecht aus Pflichten und Rechten, aus Gesetzen eben. Die Verlässlichkeit Gottes beweist sich gerade in seinen Gesetzen, denen der Mensch entsprechen muss.

Der Verrat durch das Goldene Kalb ist deshalb so gravierend, weil es ausgerechnet die Geburtsstunde dieser Beziehung torpediert. Die Menschen wenden sich lieber einem Götzen zu, bar jeder Verlässlichkeit, aber eben auch bar jeder Verpflichtung, als sich auf den Bund einzulassen. Sie bleiben lieber im Vagen, als sich festzulegen. Die grundsätzliche Bindungsangst des Menschen wird hier greifbar. Lieber irgendeinen Götzen anbeten als den abstrakten und verborgenen Gott des Gesetzes und der Verbindlichkeit.

Der Tanz um das Goldene Kalb ist Symbol der Flüchtigkeit von Beziehungen, an der auch viele von uns heute leiden. Denn dahinter steckt ja die Erkenntnis, dass das, was heute das Goldene Kalb ist, morgen vielleicht eine steinerne Baal-Statue und übermorgen eine kupferne Pharaobüste sein kann. Dieser Beliebigkeit steht das Gesetz entgegen. Es wird entgegengesetzt.

Die Fragen nach dem Gesetz und dem Bund bewegen sich also nicht nur auf religiöser Ebene, sie sind allgemein menschlich von Bedeutung. Für das jüdische Volk hat das Gesetz indes sicherlich eine Intensität, die für viele von uns nur schwer nachzuvollziehen ist, spätestens seit der Schoa. Die Frage der Theodizee, die Klage des »Was haben wir getan, dass wir das erleiden müssen?« wird für immer zum Himmel schreien. Die bittere Frage, wie man nach Auschwitz noch von Gott reden könne, zum Beispiel prominent von Hans Jonas 1984 gestellt, ist der Menschheit unvergesslich ins Gedächtnis geschrieben.

Doch gerade in den Höllen von Auschwitz oder Treblinka, im Ghetto von Theresienstadt und von Warschau hat sich die Treue zum Bund und zum Gesetz auf eine Weise gezeigt, die erschüttert und beeindruckt zugleich. Und in der sich das Aufstehen gegen Gott, das Ringen mit ihm, das Kämpfen, auf unfassbare

Weise manifestiert. Wie wenige hat das der jüdische Journalist Zvi Kolitz beschrieben in seinem Jahrhundertwerk »Jossel Rakovers Wendung zu Gott«, einer fiktiven Erzählung aus dem Warschauer Ghetto:

»In ein, zwei Stunden werde auch ich es wissen. Und wenn das Feuer nicht mein Gesicht verzehrt, wird ein ähnliches Lächeln nach meinem Tod vielleicht auch auf meinen Zügen ruhen. Aber noch lebe ich. Und da will ich vor meinem Tod zu meinem Gott noch einmal wie ein Lebender reden: wie ein einfacher, lebendiger Mensch, der die große, aber unglückliche Ehre hatte, ein Jude zu sein.

Ich bin stolz, dass ich ein Jude bin – nicht trotz der Beziehung, die die Welt zu uns hat, sondern gerade dieser Beziehung wegen. Ich würde mich schämen, ein Angehöriger der Völker zu sein, die jene Verbrecher geboren und erzogen haben, die die Taten verantworten müssen, die an uns verbrochen wurden.

Ja, ich bin stolz auf mein Judesein. Denn Jude zu sein ist eine Kunst. Jude zu sein ist schwer. Es ist keine Kunst, Engländer zu sein, ein Amerikaner oder ein Franzose. Es ist vielleicht leichter und bequemer, einer von ihnen zu sein, aber keineswegs ehrenhafter. Ja, es ist eine Ehre, ein Jude zu sein.

Ich glaube, Jude sein, das heißt: ein Kämpfer sein, ein ewiger Schwimmer gegen den brodelnden, verbrecherischen menschlichen Strom. Der Jude ist ein

Streiter, ein Blutzeuge, ein Verhafteter Gottes: Sein Eigentum, heilig. Ihr, unsere Feinde, sagt, wir seien schlecht. Ich glaube aber, wir sind besser als ihr: feiner. Doch selbst wenn wir schlechter wären, hätte ich gern gesehen, wie ihr an unserer Stelle ausgesehen hättet.

Ich bin glücklich, zum unglücklichsten aller Völker der Welt zu gehören – dessen Tora das höchste Gesetz und die schönste Moral enthält. Jetzt ist diese Tora noch einmal mehr geheiligt und verewigt worden in der Art und Weise ihrer letzten Schwächung und Schändung durch die Feinde Gottes.

Judesein ist angeboren, eingefleischt, glaube ich. Zum Juden wird man wie zum Künstler geboren. Vom Judesein kann man sich nicht befreien. Das ist das göttliche Mal an uns, das uns als Sein auserwähltes Volk aussondert. Die das nicht verstehen, werden niemals den höheren Sinn unseres Martyriums begreifen. ›Es gibt kein ganzeres Ding als ein zerbrochenes Herz‹, hat einmal ein großer Rabbi gesagt; und es gibt auch kein auserwählteres Volk als ein permanent gepeinigtes. Wenn ich nicht glauben könnte, dass Gott uns zu seinem auserwählten Volk bestimmt hat, so würde ich doch glauben, dass wir durch unsere Leiden auserwählt wurden.«

Der todgeweihte Jude, der Streiter ist und Blutzeuge, Blutbräutigam möchte man hinzufügen, der die Tora und den Namen Gottes heiligt, gegen die Feinde Gottes. Er ist Israel, der Ringer mit Gott, in einer Tradition mit dem Kampf des Jakob und des

Mose. Er ist der, der Gott anblickt und ihn ohne Angst und Schrecken zur Rede stellt und dabei die Treue zu seinem Volk –

»Es ist eine Ehre, ein Jude zu sein!« – zu sich selbst – »Und da will ich vor meinem Tod zu meinem Gott noch einmal wie ein Lebender reden: wie ein einfacher, lebendiger Mensch!« – und zu Gott – »Zu meinem Gott!« – durch die unverbrüchliche Treue zum Gesetz krönt. Der Mensch wiederum wird durch seine Treue zum Schüler und hört auf, Knecht zu sein. Und als Schüler wird er frei, frei wie Jossel Rakover:

> *»Ich glaube an den Gott Israels, auch wenn Er alles getan hat, dass ich nicht an Ihn glauben soll. Ich glaube an Seine Gesetze, auch wenn ich Seine Taten nicht rechtfertigen kann. Jetzt ist meine Beziehung zu Ihm nicht mehr die eines Knechts zu seinem Herrn, sondern wie die eines Schülers zum Lehrer. Ich beuge mein Haupt vor Seiner Größe, aber werde die Rute nicht küssen, mit der Er mich schlägt. Ich habe Ihn lieb. Doch Seine Tora habe ich lieber. Selbst wenn ich mich in Ihm getäuscht hätte, Seine Tora würde ich weiter hüten. Gott heißt Religion. Seine Tora aber bedeutet eine Lebensweise! Und je mehr wir sterben für diese Lebensweisung, so unsterblicher wird sie werden.*
>
> *Darum erlaube mir, Gott, vor meinem Tod, völlig frei von jeder Angst, ohne den geringsten Schrecken, in einer Lage absoluter innerer Ruhe und Sicherheit, Dich zur Rede zu stellen, ein letztes Mal in meinem Leben.«*

DER FREIE

Die Tränen des Mose

Müsste man jemanden erklären, was ein Emsländer ist, dann wäre es am besten, diesem jemand ganz einfach einen Emsländer zu zeigen, zum Beispiel meinen Onkel Bernd, der sich dafür ganz wunderbar eignen würde: ein knorriger Mann, der keine großen Worte brauchte, der aber präzise war und auf den Punkt kam. Mit unglaublich buschigen Koteletten, bis ins hohe Alter hinein, kräftig und stämmig wie ein Bär, mit runden und fleischigen Händen, mit denen er beim Kartenspielen selbst unseren uralten, massiven Eichentisch zum Erzittern brachte. Ein Bauer, der seine Scholle kannte und liebte. Der gerne Skat spielte, er hätte gesagt »kloppte«, der barfuß über den Stoppelacker ging, und wenn er doch einmal Schuhe trug, dann am liebsten die klobigen Holzschuhe mit dem Lederband über dem Spann.

Ich erinnere mich an ihn aber nicht nur, weil er durch all diese Dinge eine so eindrückliche Erscheinung war. Ich erinnere mich vor allem deshalb an ihn, weil er mir einmal beim Essen mit wenigen Worten das beschrieb, was Freiheit, was vor allem den Hunger nach Freiheit, ausmacht und wie man mit diesem Hunger umgehen sollte.

Ich war damals noch ein Junge und hatte den Inhalt seiner Worte nicht wirklich verstanden. Aber noch heute klingen mir diese Worte im Ohr und ich höre ihn sagen, auf Platt: »Jungs, i droijt ju nie heel satt äätn, nie heel satt äätn.« – »Jungs, ihr dürft euch nie ganz satt essen. Nie ganz satt essen.«

Was das bedeutet, was mein Onkel Bernd da kurz zwischen zwei Bissen brummte, wird mir erst jetzt langsam bewusst. Wir sprechen heutzutage viel über Achtsamkeit, aber was ist damit gemeint? Mir wird immer klarer: Barfuß über das gemähte Kornfeld zu laufen, das ist Achtsamkeit. Zu spüren, wann Schluss ist, egal, ob mit Essen oder anderen Dingen, das ist Achtsamkeit. Zu merken, was andere brauchen, das ist Achtsamkeit, das ist Wachheit. Achtsam zu sein, bedeutet wach zu sein, offen. Diese Wachheit und diese Offenheit wiederum machen Freiheit aus. Und was bedeutet Freiheit? Freiheit, das ist immer die Freiheit von und die Freiheit zu.

Für Mose und das Volk Israel ist es die Freiheit von den Ketten des Pharao hin zu den Gesetzen und Geboten Gottes. Freiheit ist offen, darin liegen die Möglichkeiten, die Chancen, aber auch die Risiken. Sie ist nichts, was man plötzlich und dann für immer hat; an wahrer Freiheit überfrisst man sich auch nicht, sie betäubt den Hunger nicht, sondern macht im Gegenteil noch mehr Hunger auf Freiheit und bleibt auf diese Weise unabgeschlossen. So wie das Leben von Mose, auch dieses bleibt auf den ersten Blick unabgeschlossen.

In der Bibel erzählt das 34. Kapitel des fünften Buches Mose vom Tod des Propheten. Der Erzählung zufolge steigt Mose aus den Steppen von Moab hinauf auf den Nebo, den Gipfel des Pisga gegenüber Jericho. Gott ist mit ihm, und er zeigt ihm Gilead bis nach Dan hin, ganz Naftali, das Gebiet von Efraim und Manasse, ganz Juda bis zum Mittelmeer, den Negeb und die Jordangegend, den Talgraben von Jericho, der Palmenstadt, bis Zoar.

Mose muss zutiefst gerührt gewesen sein und erschüttert. Endlich ist er angekommen, endlich nicht mehr unterwegs. Gott wendet sich an ihn, und nun müssten sie eigentlich kommen, die erlösenden Worte der Erfüllung und der Verheißung, des Einziehens in das Gelobte Land, das Signal, nach all den Qualen und Strapazen, nach den vielen Kilometern und Jahren am Ziel zu sein. Gott beginnt und sagt: »Das ist das Land, das ich Abraham, Isaak und Jakob mit den Worten versprochen habe: Deinen Nachkommen will ich es geben!« (vgl. hier und zum Folgenden Dtn 34,4 ff)

Und dann: »Ich habe es dich mit eigenen Augen schauen lassen, aber hinüberkommen wirst du nicht!« Danach heißt es nur noch lapidar: »Dort im Land Moab starb dann Mose, der Knecht des Herrn, nach dem Wort des Herrn … Mose war einhundertzwanzig Jahre alt, als er starb; sein Auge war nicht matt geworden und seine Frische nicht gewichen.«

Herzzerreißend. Mose ist zwar alt, aber nicht müde, er ist vielleicht erschöpft, aber noch fit. Ohne Probleme könnte er die letzten Kilometer bewältigen, sein Volk auf dem letzten Stück führen, voranschreiten wie seit Jahrzehnten schon. Doch Gott lässt ihn nicht.

Gott, und das ist nicht einfach zu akzeptieren, macht Mose klar: Bis hierher und nicht weiter. Du hast deine Schuldigkeit getan, jetzt ist es vorbei. Du hast es bis zum Ziel geschafft. Bis ins Ziel wirst du es nicht schaffen.

Man erwartet an dieser Stelle wieder den Revoluzzer, den Rebellen Mose. Man erwartet, dass er sich noch einmal gegen Gott und das ihm bestimmte Schicksal auflehnt. Dass er dieses schmähliche Ende nicht akzeptiert und seine Mission zu Ende bringen will. Doch nichts dergleichen passiert.

Mose hat sein Volk in die Freiheit geführt, hat überhaupt erst den Hunger des Volkes geweckt. Er hat das Volk von der Freiheit von den Ketten zur Freiheit zu Gott und damit zu sich selbst geführt. Mose hat Fehler gemacht, auch aus Hunger nach Freiheit, er hatte Zweifel und dunkle Momente, wollte aufgeben. Er hat mit Gott gehadert und noch öfter mit dem Volk, wieder und wieder hat er sich aber für sein Volk entschieden und für seinen Gott, aus Treue und in Freiheit. Am Ende führt Mose das Volk gegen alle Widrigkeiten hin zum Gelobten Land, durch Wüsten und Verrat, vierzig Jahre lang ist er in unwirtlichem Gebiet mit murrenden Gefolgsleuten unterwegs. Zum Gelobten Land führt er sie, aber nicht hinein. Denn es wird wahr, was Gott ihm angekündigt hatte: Mose wird, weil er nicht auf Gott gehört hat, nicht mit in das Gelobte Land einziehen. Für Mose wird das geografische Ziel unerreicht bleiben, seine Mission ist, mit äußerlichen Maßstäben gemessen, unabgeschlossen.

Nach heutigen Erfolgskriterien scheitert Mose, kurz bevor seine Aufgabe beendet ist. Ist das die Tragik seines Lebens? In gewisser Weise mit Sicherheit. Ist Mose deswegen ein unglücklicher Mensch? Diese Kategorie, die Frage, ob Mose am Ende seines Lebens glücklich oder unglücklich ist, scheint nicht wirklich zu passen, zumindest befänden wir uns im Reich der Spekulation, wenn wir darauf antworten wollten. Was jedoch als sicher scheint, ist, dass Mose ein erfülltes Leben hatte. So erfüllt, dass er überfließt, kurz, bevor er stirbt.

Das Bild, dass Mose überfließt, mag schief anmuten. Das Leben des Mose, das einem Gebirgsfluss gleicht, wird am Ende zu einem ruhigen Strom auf das eine Ziel hin. Doch bevor das Wasser sein Ziel erreicht, versickert es als Fluss, verrinnt als Bach, versiegt im Sand.

Mose weint am Ende seines Lebens. Nach Raschi hat ihm Gott sogar den Bericht über seinen eigenen Tod diktiert. »Weinend« schreibt Mose treu das nieder, was ihm diktiert wird, so Raschi in seinem Tora-Kommentar.

Weint Mose Tränen der Trauer, weil er sterben muss? Weil ihm das Privileg verwehrt bleibt, seine Mission abzuschließen? Weint er Tränen der Reue, weil er damals einen Fehler begangen und sich gegen Gott gestellt hat? Tränen der Sehnsucht, Tränen des Verlustes, Tränen der Angst, weil er hierbleiben wird in der Wüste, im Feindesland und nicht mitdarf, in das den Vätern verheißene Land? Vielleicht ist das so, vielleicht kommen all diese Tränen bei ihm zusammen. Sicher weint er aber auch eine Träne der Fülle.

Moses Leben bleibt unabgeschlossen. Ihm wird bewusst, dass auch er nur ein einfacher Mensch geblieben ist. Das zeigen seine Tränen. Er weint Tränen der Trauer, weil er sterben muss, weil er das Ziel, das Gelobte Land, nicht mehr erleben darf. Und er weint Tränen der Fülle, weil er ein Leben mit allen Widrigkeiten und Schwierigkeiten lebte, mit all dem Grau und Schwarz, mit allen Schattierungen und dunklen Flecken.

Ein Leben aber eben auch mit weißen Flächen, ein Leben in Freiheit und in die Freiheit, und vor allem: ein Leben voller Sinn. Was Mose erfüllt, das ist das Wissen, ein sinnvolles Leben geführt zu haben. Sinnvoll, weil er es nicht nur mit anderen, sondern auch für andere geführt hat, weil er sie geführt hat hin zum Gelobten Land, hin zum letzten Schritt, den er nicht mehr gehen darf. Moses Leben hat eine Bedeutung, ist bedeutungsvoll im wahrsten Sinne des Wortes.

Um Henri Nouwen noch einmal aufzugreifen und seine vier Deutungen des menschlichen Lebens, seine Vergleiche mit dem Brot: Mose hat sein Leben als sinnvoll erfahren, weil er gerettet, auserwählt und gesegnet wurde. Er fühlt sich gebrochen, sein Leben hat kein Hollywood-Happyend; doch er hat sich gegeben, für sein Volk und Gott, bis zum Ende.

Mehr noch, er hat sich über das Ende hinaus gegeben. Denn der letzte Dienst Moses ist der des Vergessenwerdens. Mose, der nicht mit seinem Volk in das Gelobte Land darf, könnte im Gegenzug auf eine pompöse Grabstelle bestehen, auf einen Ort, zu dem seine Nachfahren pilgern, um ihm wieder und wieder die letzte Ehre zu erweisen, seine Taten zu rühmen, zu ihm zu beten. Doch Moses Dienst geht so weit, dass er sich selbst diese letzte Ehre verweigert.

So heißt es schlicht, man »begrub ihn im Tal im Land Moab gegenüber von Bet-Pegor; aber niemand kennt sein Grab bis auf den heutigen Tag … Die Israeliten weinten dreißig Tage lang um Mose in den Steppen Moabs, dann war die Zeit der Trauer und Klage um Mose zu Ende.« Und dann: »In Israel aber stand künftig kein Prophet mehr auf wie Mose, der den Herrn von

Angesicht zu Angesicht wahrgenommen hätte, mit all den Zeichen und Wundern, zu denen ihn der Herr entsandte und die er in Ägypten am Pharao, an allen seinen Dienern und an seinem ganzen Land wirkte, und mit all der starken Macht und all den gewaltigen furchtbaren Taten, die Mose vor den Augen ganz Israels vollbracht hat.« (Dtn 34,6,8.10–12)

Wie Mose stirbt, das erschüttert. Nicht nur, dass Mose sterben muss, scheinbar zu früh, sondern auch, dass er an einem unbekannten Ort begraben wird. Jedoch erhält seine Bestattung etwas Geheimnisvolles und Außerordentliches. Möglicherweise ist es JHWH selber, der ihn begräbt. Und mit der auffällig langen Dauer der Trauer (dreißig Tage) wird er von Israel ausdrücklich gewürdigt (vgl. Dtn 34,6.8; ebenso Aaron nach Num 20,29).

Manchmal wünscht man Mose, bei allen Fehlern, die er hatte und gemacht hat, ein anderes, ein versöhnlicheres Ende. Nur wäre das nicht das Ende, das Mose am Schluss akzeptierte. Mose radiert sich aus dem Gedächtnis, damit das Gedächtnis an Gott nicht getrübt wird. Was aber von ihm für immer bleibt: die »Fünf Bücher Mose«.

Meister der Freiheit

Mose wählt das Schicksal des Vergessenwerdens, damit das Gedächtnis des Volkes nur einem ganz gilt. Bezeichnenderweise nehmen die Bücher, die in der Bibel der Tora folgen, fast nur noch Ägypten, die Knechtschaft, den Auszug und die Gesetze in den Blick. Mose dagegen taucht kaum mehr auf. Selbst die Bibel vergisst Mose. Genau das ist der letzte und wahre Dienst des Mose: an Gott, aber auch an seinem Volk. Darin zeigt sich das, was Mose am Ende seines Lebens vor allem kennzeichnet: Er ist »Maître«, wie das Jean-Christophe Attias auf Französisch ausdrückt, also ein wahrer Meister und weiser Lehrer. Als Lehrer weiß er um die Möglichkeit seines Scheiterns und akzeptiert das, auch wenn es ihm nicht leichtfällt. Als Lehrer nimmt er sich außerdem zurück und lässt die Schüler gehen, entlässt sie in die Freiheit des Lebens und auf den eigenen Weg, selbst wenn das bedeutet, dass sein Weg mit ihnen zu Ende ist. Und: Der Meister Mose ist wegweisend und weg weisend – er weist weg von sich, hin zum Weg zur Tora und zu Gott.

Mose, und das arbeitet Attias heraus, kann deshalb als Lehrer und Meister als die Absage an zwei Thesen gelten, die heute oft als Antworten auf die Frage dienen: »Was macht das Judentum aus?« Nach Attias gibt es gegenwärtig hier im Wesentlichen zwei Antwortlinien: Die erste definiert das Judentum von Abraham her, einem Konvertiten, der zum Vater der Nation wurde: Ich bin Jude, weil ich zur jüdischen Ethnie gehöre und von einer jüdischen Mutter abstamme. Die zweite Antwort oder These definiert das Judentum von Josua her, dem Eroberer des Landes. Nach dieser These definiert sich das Judentum über einen Staat und über eine Armee, die für den Erhalt und den Erwerb des Territoriums kämpfen muss. Mose, so Attias, erteilt beiden Antwortlinien eine Absage. Nach Mose sei das Judentum ganz einfach ein Lehrhaus, eine Schule. Immer gehe es darum, zu lernen, nämlich an Gott zu glauben und dem Gesetz treu zu sein.

Genau das lernt und lehrt der »Maître« Mose. Als Lehrer bleibt er sein Leben lang ein Lernender. Er glaubt Gott, hört auf ihn und dient ihm und dem Volk über seinen Tod hinaus, weil er als weiser Lehrer beiseitetritt und den Weg freigibt. Sein Verschwinden in der Anonymität schützt das Volk davor, ihn zum neuen Goldenen Kalb zu machen.

Mose hat am Ende den Sinn seines Lebens, aber auch den Sinn des Lebens mit Gott überhaupt so sehr verinnerlicht, dass er in der Lage ist, sich selbst dem Vergessen preiszugeben, um die Erinnerung des Volkes nicht zu gefährden. Er erleichtert dem Volk die Treue zu Gott dadurch, dass er sich dem Volk für immer entzieht.

Der Satz »Der wahre Prophet stirbt immer im Exil« wird durch Mose nicht nur bestätigt, sondern mit einem tiefen Verständnis von Treue und Freiheit gefüllt. Mose ist innerlich so frei, dass er das Volk frei lässt von jeder gefühlten Verpflichtung, ihm ein Denkmal zu setzen. Der Tod des Mose und sein Begräbnis in der Fremde ist letztlich der existenzielle Sieg über das Goldene Kalb und die Erfüllung der Freiheit, die Gott gegeben hat. Mose ist, wie es bei Attias heißt, der »Maître de la liberté.«

Zu dieser Freiheit gehören die freudigen Stunden, die innere Erfülltheit, das sinnvolle Leben, die Erfahrung, für sich und für andere eine Bedeutung zu haben. Dazu gehören aber auch die Tiefen, die Verirrungen, die dunklen Stunden. Sie kommen und gehen, gerade bei einer tiefen Spiritualität, das scheint ein Gesetz des geistlichen Lebens zu sein. Allerdings liegt auch darin das, was den Glauben an Gott ausmacht. Es ist eine Treue, die befreit, weil Gott uns als freie Diener und nicht gezwungene Knechte will, nicht als Sklaven, sondern als Söhne und Töchter.

C. S. Lewis hat dies in seinem Werk »Screwtape's Letters« beschrieben, im Deutschen bekannt als »Dienstanweisung für einen Unterteufel«. In einem der Briefe des höllischen Unterstaatssekretärs Screwtape an seinen Neffen, den Unterteufel Wormwood, erklärt Screwtape das scheinbare Scheitern des »Patienten« seines Neffen so, dass diese spirituellen Dürreperioden normal seien, weil der Mensch stets wie eine »Amphibie auf ein Plateau« gelange, aber wieder herunterrutsche, und gerade dies das Kennzeichen des geistlichen Lebens sei. Allerdings dürfe man sich darauf als Versucher nichts einbilden, weil Gott genau das wolle: »Nun mag Dich die Tatsache überraschen, dass Er (Gott, Anm. d. Autors) bei seinem Bemühen um den endgültigen Besitz einer Seele weit mehr auf ihre Tiefpunkte als auf ihre Höhepunkte baut. Einige Seiner besonders Auserwählten sind durch Tiefen und Dunkelheiten gegangen, wie sie niemand sonst kennenlernen wird. Der Grund dafür ist der: Für uns bedeutet der Mensch hauptsächlich ein Nahrungsmittel; wir bezwecken seinen Willen vollständig aufzusaugen in unseren Willen, unseren Lebensraum auf seine Kosten zu erweitern. Der Gehorsam aber, den der Feind (Gott, Anm. d. Autors) von den Menschen verlangt, ist etwas ganz anderes. Wir müssen uns der Tatsache stellen, dass alles Gerede über Seine Liebe zu den Menschen und über die Freiheit des Menschen in seinem Dienst nicht bloße Propaganda, sondern erschreckende Wahrheit ist.«

Und dann bricht es förmlich aus dem Teufel heraus: »Er hegt wirklich die Absicht, das Weltall mit einer Menge ekelhafter Abbilder Seiner selbst zu füllen – mit Geschöpfen, deren Leben im Miniaturmaßstab dem Seinen wesenhaft gleich geworden sind, nicht weil er sie in Sich aufgenommen hätte, sondern weil ihr Wille aus freiem Entschluss dem Seinigen gleichförmig geworden ist. Wir brauchen Vieh, das schließlich zum Fraß wird. Er sucht Diener, die letztlich zu Söhnen werden.«

Die Wut des teuflischen Versuchers angesichts der Liebe Gottes und der den Menschen gegebenen Freiheit wird hier zum obszönen Fluch und zeigt die Unfassbarkeit der Zusage eben dieser Freiheit. Der freie Dienst aus der Liebe zu Gott ermöglicht das, was den glaubenden Menschen ausmacht und ihn aus der Knechtschaft befreit. Der Glaubende ist, um es mit Paulus zu sagen, frei von und frei zu. Frei vom Tod und frei zum Leben, selbst wenn er stirbt. Das scheinbare Scheitern des Mose, das Stolpern und der Sturz kurz vor dem Ziel, wird so noch einmal zur Bestätigung der Freiheit des Menschen, die sich letztlich in der Antwort auf den Ruf Gottes erfüllt. Passend dazu heißt es weiter bei C. S. Lewis: »Weil Er will, dass sie selbstständig gehen lernen, muss Er Seine Hand von ihnen abziehen. Und wenn nur der Wille zum Gehen wirklich da ist, so freut Er sich auch über ihr Stolpern.«

Mose stolpert, mehrmals, liegt sogar am Boden. Doch er steht auf, wieder und wieder, und lernt so, selbstständig zu gehen. Er lernt die Wüstenlektionen seines Lebens, die exemplarisch für menschliche Wüstenlektionen überhaupt stehen. Mose gleicht auf diese Weise einer Folie, durch ihn können wir uns mit unseren Abgründen und Tiefen, Gipfeln und Höhen wiedererkennen. Mose, das ist kein Held und auch kein Vorbild im klassischen Sinne. Er taugt nicht als strahlendes Idol. Er will es gar nicht sein. Doch als Lehrer und Meister, als Wegweiser durch und zu unserem Ich, auf dem Pfad Gottes mit seinem Volk, ist Mose für uns heute wichtig. Sein Leben, seine

Zerbrechlichkeit und Einsamkeit, seine Freude und seine Fülle, seine Wüstenlektionen wecken nicht nur bei seinem Volk den Hunger nach Freiheit, sondern auch bei uns. Sie können es zumindest. Das macht Moses Leben so sinnvoll und bedeutungsvoll: Weil er auch unseren Hunger wecken kann. Weil Mose der »Maître de la liberté« ist. Mose, der Meister der Freiheit.

NACHWORT

Verliert das Abendland seine Seele? Ein Plädoyer angesichts von Antisemitismus

Die stechende Sonne, das Meer und der Strand, das Geheimnis der Wüste, das Schicksal von Knechtschaft und der Hunger nach Freiheit: Um Albert Camus und seinen »Fremden« tiefer zu verstehen, sollte man ihn in Afrika lesen. Und um Mose und den Exodus noch mehr zu verinnerlichen, sollte man die biblischen Erzählungen darüber ebenfalls in Afrika lesen.

Afrika ist ein Schlüssel zu den Tiefen der beiden Geschichten und Persönlichkeiten, die uns ansonsten entzogen bleiben. Afrika ist darüber hinaus auch ein Schlüssel zu einem besseren und tieferen Verständnis: dem Verständnis von Europa und dem Abendland. In Afrika habe ich nicht nur Mose neu lesen und deuten gelernt, sondern auch das Abendland. Die afrikanische Perspektive auf unseren Kontinent, mehr noch auf unsere jüdisch-christliche Kultur, hat mir fremde Blickwinkel eröffnet, die mir mein eigenes Erbe neu gezeigt haben.

Die Erfahrungen in Angola oder Kamerun, Erfahrungen wie Wasserknappheit, Hunger oder auch schreiende Ungerechtigkeit haben scheinbare Selbstverständlichkeiten wie beispielsweise die Gleichheit aller Menschen in ein neues Licht gerückt. Die

Botschaft der Tora und des Evangeliums, dass wir alle Kinder Gottes und gleich seien, erscheint von Afrika aus gesehen als das, was sie zur Zeit ihrer Verkündigung war und in vielen Gegenden heute noch ist: radikal und revolutionär. Radikal, weil sie an die Wurzel unseres Menschseins und das Fundament des Zusammenlebens geht. Revolutionär, weil sie bestehende Verhältnisse nicht nur kritisiert und infrage stellt, sondern mit ihnen bricht und sie zu verändern sucht. Afrika hat mir die Radikalität und die Revolution Moses und Jesu bewusster gemacht.

In Afrika habe ich zumindest zu einem kleinen Teil die Perspektive auf Europa nachvollziehen können, die die Millionen haben, die jährlich zu uns kommen. Ich würde mir nie anmaßen zu sagen, ich habe Europa mit ihren Augen gesehen, das wäre angesichts meiner Lebensverhältnisse unverschämt.

Aber ein wenig von ihrem Blickwinkel durfte ich einnehmen, und das hat meine Sicht auf Europa zurechtgerückt. Hat in mir eine Frage aufkommen lassen, die mich bereits lange beschäftigt, die aber trotz ihrer Wichtigkeit immer wieder in den Hintergrund zu rücken droht. Die Frage lautet: Verliert das Abendland seine Seele?

Am 12. Dezember 2011 hielt Großrabbiner Lord Jonathan Sacks an der Päpstlichen Universität Gregoriana einen Vortrag mit dem Titel: »Has Europe lost its soul?« (»Hat Europa seine Seele verloren?«) In diesem Vortrag zeigte Jonathan Sacks die religiösen Wurzeln der Marktökonomie und des demokratischen Kapitalismus auf und charakterisierte sie als Werte des jüdisch-christlichen Erbes. Doch Sacks ging weiter, er versuchte die Problemstellung zuzuspitzen, indem er einen berühmten

Spruch Jesu paraphrasierte und fragte: »Was wird aus Europa werden, wenn es die ganze Welt gewinnt, aber seine Seele verliert?« Tatsächlich laufe Europa Gefahr, so Sacks, seine Seele zu verlieren. Der englische Lord nahm dabei Bezug auf das Dokument »Nostra aetate« des Zweiten Vatikanischen Konzils.

Diese »Erklärung über das Verhältnis der Kirche zu den nichtchristlichen Religionen« gilt bis heute als Meilenstein im interreligiösen Dialog. Besonders das Verhältnis der Kirche zu den Juden hat die Erklärung beeinflusst. Knapp zwanzig Jahre nach den Verbrechen der Schoa erkannte die Kirche ausdrücklich die Erwählung des Judentums an wie auch die Verwurzelung des Christentums in diesem Judentum. Dies, so Sacks, sei eine der dramatischen Wandlungen in der religiösen Geschichte der Menschheit gewesen und habe einen Funken der Hoffnung entzündet, nicht nur für Juden und Katholiken, sondern für die gesamte Welt.

Seit jenem Zweiten Vatikanischen Konzil seien sich Christen und Juden in einem Dialog begegnet, den Sacks als »face-to-face« (»von Angesicht zu Angesicht«) beschreibt. Nur, und hier setzte Sacks seinen entscheidenden Punkt, reiche das heute nicht mehr aus: Es sei die Zeit gekommen, eine neue Phase einzuläuten und zu einer Partnerschaft zu finden, die von ganz anderer Qualität sei, zu einer Partnerschaft »side-by-side« (»Seite an Seite«).

Das Brisante: Sacks ist damit katholischer als die katholische Kirche. Denn die Formulierung »Seite an Seite« verweist implizit auf »Nostra aetate«. Dort ist bildlich von »Schulter an Schulter« die Rede, womit Bezug genommen wird auf die Bibelstelle Zefanja 3,9 (»Dann will ich den Völkern / reine Lippen schaffen, dass sie alle den Namen des Herrn anrufen / und ihm dienen, Schulter an Schulter.«).

Sacks nimmt das Zweite Vaticanum wörtlicher und verbindlicher als viele Teile der katholischen Kirche selbst. »Schulter an Schulter« – diese Formulierung halte ich für entscheidend: Katholiken, nein, Christen überhaupt und Juden sollen Schulter an Schulter, Seite an Seite, unsere Welt gestalten. Sie sollen nicht nur miteinander reden, nicht nur einmütig sein, sondern gemeinsam tätig werden. Sie sollten sich zum Beispiel in Bildung und Erziehung engagieren, Möglichkeiten dafür gibt es unzählige: jüdisch-christliche Kindergärten und Grundschulen, Wahlfach »Judentum« an christlichen Gymnasien und Wahlfach »Christentum« an entsprechenden jüdischen Schulen, jüdisch-christliche Fakultäten und ein gemeinsames Bibelstudium in eigens dafür eingerichteten Institutionen.

Oder auch jüdisch-christliche Volontariate im Ausland, bei denen man sich zusammen in Projekten engagiert, gemeinsam als Brüder und Schwestern Seite an Seite in der Fremde arbeitet, um den Fremden als Freund zu gewinnen. Das sind nur einige wenige Möglichkeiten, die nicht allein dringend notwendig, sondern vor allem auch realisierbar sind.

Hinter Jonathan Sacks' Sorge um die Seele Europas und seiner Forderung nach einer neuen Allianz von Christen und Juden steckt folgende These: Wenn Europa sein jüdisch-christliches Erbe verliert – ein Erbe, das seine Identität ist –, dann hat dieses Europa keine Zukunft. Ich würde noch weiter gehen: Nicht nur Europa verliert seine Seele und seine Zukunft, sondern das Abendland allgemein, verstanden als politisch-gesellschaftliche

Ausgestaltung des jüdisch-christlichen Erbes, des jüdisch-christlichen Glaubens. Zu diesem Abendland gehört eben nicht nur Europa, sondern unter anderem auch ganz Amerika. Der Auftrag »Schulter an Schulter« beschränkt sich daher nicht auf Europa, sondern formuliert die Rolle des Abendlandes in der Welt und für die Welt.

Mit Sacks lässt sich deshalb formulieren: Wenn das Abendland seinen jüdisch-christlichen Glauben verliert, verliert es seine Zukunft. Wenn es seinen Glauben wiederentdeckt, entdeckt es seine Zukunft wieder. Es geht also um mehr als um eine ängstliche Bestandserhaltung. Es geht um ein dynamisches Wiederentdecken, ein aktives Einfinden und sich Aneignen dieses Erbes. Mit Goethes »Faust« gesagt: »Was du ererbt von deinen Vätern hast, erwirb es, um es zu besitzen.« Die Frage nach unserem jüdisch-christlichen Glauben ist deshalb eine Frage der Verantwortung für die Zukunft, unsere Zukunft und die Zukunft unserer Kinder und aller weiteren Generationen. Auf Mose gewendet: Unser Umgang mit seinem Erbe entscheidet mit über die Zukunft unserer Gesellschaft.

Als Jonathan Sacks 2011 seine Rede hielt, befand sich auch Papst Benedikt XVI. unter den Zuhörern. Der hatte vor seiner Wahl 2005 in dem Buch »Werte in Zeiten des Umbruchs« geschrieben: »Europa sollte ganz bewusst wieder seine Seele suchen. Toynbee hat gesagt, dass das Schicksal einer Gesellschaft immer wieder von schöpferischen Minderheiten abhängt. Die gläubigen Christen sollten sich als eine solche schöpferische Minderheit verstehen. Sie sollten dazu beitragen, dass Europa das Beste seines Erbes neu gewinnt und damit der ganzen Menschheit dient.«

Ich möchte beide Positionen zusammenführen: Es gibt erst dann eine Versöhnung zwischen Christen und Juden, wenn die Christen nicht mehr leugnen, dass ihre Wurzeln jüdisch sind. Es muss darauf ankommen, dass die Christen sich zu ihren jüdischen Wurzeln bekennen, sie schätzen und lieben lernen und gemeinsam mit den Juden in der Welt wirken.

Die Juden sind nicht ein befreundetes Gegenüber, sondern der Jude ist dem Christ wie ein älterer Bruder, an dessen Seite der jüngere Schulter an Schulter durchs Leben geht. Ohne dieses Bekenntnis kann die gemeinsame Aufgabe, die Seele des Abendlandes zu bewahren oder gar wiederzufinden, nicht gemeistert werden. Vergessen wir das Jüdische in uns, dann vergessen wir einen entscheidenden Teil unserer christlichen Seele.

Ignorieren wir, dass wir mehr auf den Schultern Moses als auf den Schultern Aristoteles' stehen, dann stürzen wir ins Leere. Unser Glaube ist, um es mit Blaise Pascal zu sagen, ein Glaube an den Gott Abrahams, den Gott Isaaks und an den Gott Jakobs und nicht an den Gott der Philosophen und Gelehrten.

Das ist keine Absage an die griechisch-römische Tradition, an die Synthese von Vernunft und Glaube. Die Vernunft muss ihr Licht, das später noch durch die Aufklärung Strahlkraft erhalten hat, scheinen lassen können. Nur bleibt bei aller Aufklärung ohne das jüdische Erbe ein entscheidender Bereich unserer Seele im Dunkeln. Dieses Erbe ist wesentlich durch Mose geprägt und kann von ihm her tiefer verstanden werden.

Mose hilft uns individuell, Räume in unserer Persönlichkeit und unserem Wesen zu finden, die wir vorher nicht kannten, von denen wir vielleicht nicht einmal etwas geahnt haben. Mose hilft uns darüber hinaus auch, kollektiv Räume aufzuspüren, sie wiederzuentdecken, sich in ihnen neu einzurichten, um sie wieder bewohnbar zu machen.

Das Abendland als gemeinsames Haus kann nur mit Mose und dem jüdischen Erbe mit all seinen Zimmern, mit all seinen Grundsteinen bewohnt werden. Es geht deshalb bei der Geschichte Moses und des Exodus nicht nur um die Geschichte des Volkes Israel, sondern es geht auch um unsere Geschichte, um die Fundamente unserer Gesellschaft.

Zu diesen Fundamenten gehört – und das ist in Zeiten der Migration, für die der Exodus beispielhaft steht, wichtig – wesentlich der Gedanke der Gleichheit aller Menschen. Der Gott Moses ist ein Gott für alle. Er ist kein Gott der Oberschicht, kein Gott der führenden Klasse wie bei den Römern oder den Ägyptern – hier ist ja der Pharao selbst göttlich –, der Gott Moses hat vielmehr für alle dieselbe Bedeutung. Er wendet sich allen gleichermaßen zu, allen zeigt er seine Allmacht und seine Barmherzigkeit, seine Rätselhaftigkeit und Undurchschaubarkeit, seine Fürsorge und sein Kümmern. Alle werden mit gleichem Maß gemessen, alle unterstehen dem Gesetz. Dieses Gesetz stammt von Gott und nicht von einem Pharao.

Auch gibt es keinen Menschen, der über dem Gesetz steht, wie das eben beim ägyptischen Pharao oder im mittelalterlichen Feudalsystem der Fall gewesen ist. Alle sind gleichermaßen dem göttlichen Gesetz untergeordnet, egal, ob es sich um einen kleinen, am Rande der Gesellschaft stehenden Menschen handelt oder um einen absoluten Herrscher.

Diese Gleichheit hängt wesentlich zusammen mit der Vorstellung, dass kein Bild Gott darzustellen vermag, dass er immer ein Geheimnis bleibt und eben kein Goldenes Kalb ist.

Die Aussage, die dahinter steckt, ist entscheidend: Je abstrakter die Vorstellung von Gott, desto humaner die Gesellschaft. Je geringer unser Zugriff auf Gott ist, je weniger wir ihn mit Statuen, Bildern oder Begriffen fassen können, desto umgänglicher gestaltet sich das Zusammenleben der Menschen. In Kulturen, die sich Gott konkret vorstellen – als Sonne vielleicht oder als Erde, als Meer oder in einem bestimmten Wald gegenwärtig, in Form eines Stieres oder eines Elefanten oder auch als iGod oder Bitcoin –, in solchen Kulturen wird es immer wieder darum gehen, Gott Opfer darzubringen, ihn zu besänftigen, zu beschwichtigen, ihn zu beeinflussen, auf die eigene Seite zu ziehen, ihn zu besitzen.

Solche Opfer werden immer einen Preis fordern, einen menschlichen Preis – wie wir heute an vielen Stellen unserer Gesellschaft erkennen können. Der Gott Moses hingegen ist in keiner Hinsicht greifbar.

Kein Bild darf ihn vergegenwärtigen, kein Bild darf von ihm gezeigt werden. Das gilt als Frevel, als Lästerung des Höchsten. Und das ist auch neu beim Gott Moses: Sein Name bezeichnet geheimnisvolle personale Nähe bei bleibender Entzogenheit. Diese Abstraktion Gottes, seine völlige Geheimnishaftigkeit, ist oft nur schwer zu ertragen. Davon zeugen viele Rückfälle, nicht zuletzt das Goldene Kalb.

Das Gesetz des Mose und seine Wüstenlektionen können helfen, diesen Rückfällen zu widerstehen, frei zu werden für den abstrakten Gott und damit für den konkreten Menschen. Der Dekalog, das Gesetz überhaupt und die Erfahrung Moses mit Gott, das ist das Fundament unseres eigenen Lebens.

Und es ist zugleich Fundament unserer Gesellschaft und Politik. Eine Beschäftigung mit Mose und dem jüdisch-christlichen Erbe ist somit auch zutiefst politisch. Es geht dabei um die Werte des Abendlandes, um das, was unsere Gesellschaft und unsere Gesellschaften zusammenhält – oder eben nicht mehr zusammenhält. Es geht um ein universales Gesetz, um etwas, das allgemeine Geltung beansprucht, nicht nur für einen kleinen Nomadenstamm.

Vor diesem Hintergrund ist klar: Wenn es stimmt, dass es niemals eine Kultur ohne Religion gibt und niemals eine Religion ohne Kultur, wenn es stimmt, dass Kultur und Religion sich gegenseitig ständig prägen und beeinflussen, und wenn es stimmt, dass die Vorstellung von Gott einen unmittelbaren Einfluss auf die Gesellschaft und auf die Zivilisation hat, dann muss man sagen, dass das Abendland stärker von der mosaischen Tradition und der jüdisch-christlichen Ausgestaltung geprägt ist als von der griechisch-römischen Tradition.

Mit anderen Worten: Das eigentliche Fundament unserer Gesellschaft, das eigentliche Fundament des Abendlandes liegt nicht in Athen, sondern findet sich am Horeb.

DANK

Wie so viele Gedanken, so gehen auch die in diesem Buch vorgestellten auf zahlreiche Urheber zurück.

Ohne Herrn Simon Biallowons wäre dieses Buch wohl nie geschrieben worden. Mit behutsamer Hartnäckigkeit ermunterte er mich zu dem Projekt. Die enge Zusammenarbeit mit ihm empfand ich als äußerst herzlich und professionell. Gern denke ich an die vielen miteinander geführten Gespräche, die jedes Mal eine Ausgeburt an Kreativität und neuer Erkenntnis waren.

Die über viermonatigen Begegnungen mit den Menschen 2016 in Südafrika und 2017 in Angola, Mosambik, dem Kongo, Kamerun, Tschad und Madagaskar erweiterten meinen Horizont. Für mich war es etwas Besonderes, ihr Schüler sein zu dürfen. Sie gaben mir eine neue Sicht auf Mose und das Abendland. Pater Léopold Mfouakouet SCJ, Kameruner und Generalrat in Rom, begleitete mich auf allen Fahrten. Wir reisten wie zweieiige Zwillinge, tauschten miteinander Ideen und Einsichten, Bücher und Proviant.

Renata und Pasquale Petrucci eröffneten mir einen speziellen Zugang zu Venedig. Die Freundschaft und der literarische Austausch mit ihnen beflügeln mich.

Die Mitbrüder Jean-Jacques Flammang, Juan José Arnaiz Ecker und Ricardo Jorge Ribeiro Freire de Oliveira unterstützten mich mit Fachliteratur und bibliografischem Rat.

Katharina Bachtler-Großmann und Rinaldo Paganelli SCJ halfen mir mit Sekretariatsarbeiten.

Dr. Martin Mark, Professor für die Exegese des Alten Testamentes in Luzern, prüfte das Manuskript unter bibeltheologischem Gesichtspunkt.

Erneut habe ich die Kooperation mit dem Verlag Herder schätzen dürfen. Mich fasziniert, mit welcher sprachlichen und logischen Präzision Dr. German Neundorfer den Text lektorierte. Die Zusammenarbeit mit ihm empfand ich immer als sehr angenehm.

Allen gilt mein herzlicher Dank.

BIBLIOGRAFIE

J. Assmann, Exodus. Die Revolution der Alten Welt, München, 2015

J. Assmann, Moses der Ägypter. Entzifferung einer Gedächtnisspur, München, Wien, 1998

J. C. Attias, Moïse fragile, Paris, 2016

C. Baudelaire, Die Blumen des Bösen – Les Fleurs du Mal, vollständige zweisprachige Ausgabe, München, 2007

E. Benz, Rudolf Ottos Bedeutung für die Religionswissenschaft und die Theologie heute, Leiden, 1971

M. Buber, Moses, Gütersloh, 1994

Camus, Der Fremde, Reinbek, 1996

S. Childs, The Book of Exodus. A critical, theological commentary, Louisville, 2004

B. Couroyer, L'Exode, Paris, 1958.

K. Daoud, Der Fall Meursault – eine Gegendarstellung, Köln, 2016

C. Dohmen, Exodus 1–18, Freiburg im Breisgau, 2015

G. Fischer, D. Markl, Das Buch Exodus, Stuttgart, 2009

Franziskus, Evangelii Gaudium, Freiburg im Breisgau, 2013

M. Idel, Qabbalah. Nuove prospettive, Milano, 2010

A. T. Khoury, Der Koran, Gütersloh, 1987

Z. Kolitz, Jossel Rakovers Wendung zu Gott, Zürich, 2008

C. S. Lewis, Dienstanweisung für einen Unterteufel, Freiburg, 2015

C. M. Martini, Vita di Mosè. Vita di Gesù esistenza pasquale, Rom, 1981

R. Michaud, Moïse. Histoire et théologie, Paris, 1979

C. Moro, I sandali di Mosè. Storia di una tradizione ebraica, Brescia, 2011

H. Nouwen, Du bist der geliebte Mensch, Freiburg im Breisgau, 2015

R. Otto, Das Heilige: Über das Irrationale in der Idee des Göttlichen und sein Verhältnis zum Rationalen, München, 2014 (1. Auflage 1917)

B. Pascal, Pensées, Édition présentée, établie et annotée par Michel Le Guern, Paris, 2004

K. Rahner, Hörer des Wortes, München, 1963

K. Rahner, Grundkurs des Glaubens, Freiburg im Breisgau, 2008 (1. Auflage 1976)

Raschi, Raschis Pentateuchkommentar. Vollständig ins Deutsche übertragen und mit einer Einleitung versehen von Rabb. Dr. Selig Bamberger. Frankfurt am Main, Universitätsbibliothek Johann Christian Senckenberg, 2016: http:// sammlungen.ub.uni-frankfurt.de/freimann/content/title info/7716358

T. Römer, Moïse en version originale. Enquête sur le récit de la sortie d'Égypte, Montrouge Cedex, 2015

F. Rosenzweig, Der Stern der Erlösung, URN: urn:nbn:de: bsz:25-opus-3105

J. L. Schlegel, Moïse et le dieu unique. Aux fondements du monothéisme, Paris, 2013

E. Wiesel, Raschi. Ein Porträt, Freiburg, 2015

P. Zimmerling, Der Ruf der Wüste. Charles de Foucauld – ein herausforderndes Leben, Gießen, 2008

NACHWEISE

S. 169–170: ALLEIN

Musik & Text: Reinhard Mey

© by edition reinhard mey GmbH

S. 223 f.: aus Zvi Kolitz: Jossel Rakovers Wendung zu Gott
aus dem Jiddischen übertragen, herausgegeben und kommentiert von Paul Badde. Copyright der deutschsprachigen Ausgabe © 2004, 2008 Diogenes Verlag AG Zürich

DIE AUTOREN

© privat

Heiner Wilmer SCJ, Dr. theol., geb. 1961, 1987 zum Priester geweiht, 1993–2007 Lehrer, Schulseelsorger, Schulleiter, davon einige Zeit in der Bronx in New York; seit 2007 Provinzial der Herz-Jesu-Priester in Deutschland. Von 2015–2018 war er Ordensgeneral der Leiter der Herz-Jesu-Priester (Dehonianer) weltweit, bevor er 2018 zum Bischof von Hildesheim ernannt wurde. Heiner Wilmer ist Autor der Bestsellers »Gott ist nicht nett« und »Trägt«.

© privat

Simon Biallowons, geb. 1984, ist studierter Philosoph und Absolvent der katholischen Journalistenschule ifp. Er arbeitete als Korrespondent in Rom, lebte im Nahen Osten und berichtete als Reporter aus vielen Ländern. Biallowons ist Verfasser zahlreicher Bücher und Cheflektor des Herder Verlages.